TEACH YOURSELF BOOKS

CONCISE
SWAHILI AND ENGLISH
DICTIONARY

CONCISE SWAHILI AND ENGLISH DICTIONARY

Swahili–English/English–Swahili
D. V. Perrott

TEACH YOURSELF BOOKS

For UK orders: please contact Bookpoint Ltd, 130 Milton Park, Abingdon, Oxon OX14 4SB. Telephone: (44) 01235 827720, Fax: (44) 01235 400454. Lines are open from 09.00–18.00, Monday to Saturday, with a 24-hour message answering service. Email address: orders@bookpoint.co.uk

For U.S.A. order enquiries: please contact McGraw-Hill Customer Services, P.O. Box 545, Blacklick, OH 43004-0545, U.S.A. Telephone 1-800-722-4726. Fax: 1-614-755-5645.

For Canada order enquiries: please contact McGraw-Hill Ryerson Ltd., 300 Water St, Whitby, Ontario L1N 9B6, Canada. Telephone: 905 430 5000. Fax: 905 430 5020.

Long renowned as the authoritative source for self-guided learning – with more than 30 million copies sold worldwide – the *Teach Yourself* series includes over 300 titles in the fields of languages, crafts, hobbies, business and education.

British Library Cataloguing in Publication Data
A catalogue record for this title is available from The British Library

Library of Congress Catalog Card Number: 92-80867

First published in UK 1965 by Hodder Headline Plc, 338 Euston Road, London NW1 3BH.

First published in US 1992 by Contemporary Books, A Division of The McGraw-Hill Companies, 4255 West Touhy Avenue, Lincolnwood (Chicago), Illinois 60712-1975 U.S.A.

The 'Teach Yourself' name and logo are registered trade marks of Hodder & Stoughton Ltd.

Printed in Great Britain for Hodder & Stoughton Educational, a division of Hodder Headline Ltd, 338 Euston Road, London NW1 3BH by Cox & Wyman Ltd, Reading, Berkshire.

Impression number   20   19
Year   2002   2001

PREFACE

THIS dictionary forms a companion to *Teach Yourself Swahili* and is intended to be of equal use to both English and Swahili-speaking people. Although it is a Concise Dictionary, its Swahili section contains all the words the compiler heard during thirty years' residence in East Africa, together with a selection of those taken for her own use from the dictionaries of Krapf, Sacleux, and Madan and the writings of Swahili authors, and a few present-day words not yet in any dictionary. It must be remembered, however, that Arabic words and words from other Bantu languages of the mainland are often introduced into Swahili, and that variations in spelling and pronunciation exist. Guidance on some of these will be found in the Alphabetical Notes before the Swahili section.

The English vocabulary is based on that used in other *Teach Yourself* dictionaries, adapted to the different circumstances of a tropical country. Its ten thousand words have therefore been well tested and found a satisfactory selection.

The dictionary contains a Concise Grammar of the Swahili language, but much fuller information is given in *Swahili* in this series.

The compiler wishes to thank the African friends who have helped her by answering her queries, provided her with vernacular periodicals, or checking the work to ensure its accuracy.

CONTENTS

INTRODUCTION

SWAHILI is a Bantu language which has incorporated words from many other sources and so Bantuized them that even the speakers do not recognize that they are foreign words. Most have been introduced by Arab and Indian settlers and traders; a few by Portuguese and German colonists, and a large number by the English. English and Arabic words are now being increasingly used. Arab introductions are distinctive, but one has to be on the lookout for disguised English ones, e.g. **nguo isiyofiti,** *a garment which does not fit.* Most of these foreign words, if nouns, are put into the N and MA classes (see page 2).

Bantu words consist of a root, the meaning of which is changed by various prefixes and suffixes, and nouns are grouped in classes according to their prefix. These prefixes affect other words in a sentence, with the result that the word given in a dictionary is frequently obscured by syllables added at the beginning and the end.

The Concise Grammar which follows is intended to summarize the chief points to be remembered in using this dictionary. They are dealt with more fully in another book in this series, *Teach Yourself Swahili,* which anyone who has not studied the language is advised to get.

A CONCISE GRAMMAR

1. Nouns

Swahili nouns fall into various classes which, for convenience, are usually grouped as shown in the Table of Concords on page 14, each class with its singular and plural.

Class 1, the *M–WA class* (e.g. **mtu watu**) is the personal class; with only one or two exceptions all the nouns in it denote human beings. Nouns in other classes take the concords of this class if they denote persons or animals.

Class 2, the *M–MI class* (e.g. **mti miti**) consists of the names of things. Trees and plants are in this class.

Class 3, the *N-class* (e.g. **njia njia**) contains the names of most animals and some fruits, and a large number of non-Bantu nouns. Most of the Bantu nouns have dropped their initial *n*. As the plural is the same as the singular, N-class nouns are shown in the dictionary with the plural sign (-), denoting that there is no change. The letter *n* causes changes in some following letters, and these are given in a note following this section.

Class 4, the *KI-VI class* (e.g. **kitu vitu**) consists mostly of the names of concrete things. Words belonging to other classes can be brought into this one by a change of their prefix to show smallness or some diminution (e.g. **mfuko**, *a bag*; **kifuko**, *a little bag*; **kipofu**, *a blind man*). They then take the concords of this class, unless they denote living beings and take the concords of Class 1. Where the noun root is a monosyllable, or confusion might occur with another word, the prefix `kiji` is used (e.g. **mto**, *a river*; **kijito**, *a stream*). *Ki* before a vowel other than *i* becomes *ch* and therefore most nouns beginning with *ch* belong to this class.

Class 5, the *MA-class* (e.g. **yai mayai**) has no singular prefix except before a vowel or monosyllabic root when **ji** is prefixed (e.g. **jicho macho**). Like the N-class it contains many non-Bantu words, and there is nothing in the form of the word to show which of the two classes it belongs to. Some words are well-established, but others vary, so do not be surprised if you find a word marked (-) in the dictionary used with a MA plural, or vice versa.

Just as nouns can be brought into the KI–VI class to show smallness, so they can be brought into the MA-class to show largeness. Then they have no prefix in the singular (unless they require *ji*) and *ma* in the plural (e.g. **mtu watu**, man, men; **jitu majitu**, giants; **fuko mafuko**, large bags).

For more about the N and MA classes see Teach Yourself Swahili, *chapters 5, 6, and 44, and for largeness and smallness chapter 10.*

Class 6, the *U-class* (e.g. **uzi nyuzi**) consists of nouns beginning with *u* or, before a vowel, *w*. Most are abstract nouns (e.g. **uzuri**, beauty) or names of substances (e.g. **unga**, flour) and these, of course, have no plural. The others, with a few exceptions, take the plural of the N-class with the usual changes caused by the letter *n*. As the plurals are shown in the dictionary, it is not necessary to remember these, but the U-class is a very interesting one, and more can be found about it in *Teach Yourself Swahili*, chapter 7.

Class 7, the *PA-class*, contains only one word, **mahali**, *place* (found sometimes as *mwahali* or *pahali*) and all its concords are made with the prefix pa. The other concords given in the Table are explained in the note on *Place* on page 12.

Class 8, the *KU-class*, contains all infinitives used as verbal-nouns (e.g. **kuimba**, *singing*). It is not given separately in the Table, but in the last column, under the prefix *ku*, there is a note "similarly infinitives". Infinitives begin with **ku**, and when used as nouns, all their concords begin with **ku** or **kw** before a vowel.

Noun Prefixes

In the Table of Concords you will see two kinds of prefixes, called there, *Adjective Prefixes* and *Verb Prefixes*. Here we are considering the first kind only.

In the first four classes they are the same as the prefixes of the nouns: **m-wa, m-mi, n-n, ki-vi**. In the MA-class there is a singular prefix **ji**. This is put in brackets, because it is only used when the adjective begins with a vowel. In the U-class the singular prefix is **m** for adjectives, with one or two exceptions. Thus, taking the key-words in the Table, and adding the adjective -**zuri**, *good*, we get **mtu mzuri, watu wazuri; mti mzuri, miti mizuri; njia nzuri, njia nzuri; kitu kizuri, vitu vizuri; yai zuri, mayai mazuri; uzi mzuri, nyuzi nzuri; mahali pazuri; kuimba kuzuri**. As living beings of any class take the concords of the personal class, the adjectives with words like **ndege**, *bird*; **kipofu**, *blind man*, will be **mzuri wazuri**.

Changes before a Vowel

Some changes take place in these prefixes before a vowel, but not all before the vowel **i**:—

M	becomes	MW
MI	,,	MY in adjectives
KI	,,	CH
VI	,,	VY
U	,,	W
I	,,	Y
KU	,,	KW
N	,,	NY

LI, JI, ZI drop their vowel, and prefixes ending in **A** amalgamate the A with a following **E** or **I** to make **E**.

Changes caused by N

Except in one or two monosyllables where it forms a separate syllable and takes the stress (e.g. **ńchi**) N is found in Swahili only before **d, g, j** and **z**. Before a vowel it becomes **ny**, and before **b, p, v** or **w** it becomes **m**. **nl** and **nr** become **nd**. Thus the following words all belong to the N-class: **ndege, nguo, njia, nzige, nyani, mbwa, mpya, mvua, mbingu, ndimi** (pl. of **ulimi**).

Noun Suffixes

Two suffixes can be added to nouns.

ji can be suffixed to a noun ending in **a**, formed from a verb, to show habitual action: e.g. **chunga**, *to herd*; **mchungaji**, *a herdsman*. **ni** changes the noun from denoting a thing to denoting a place, e.g. **mji**, *a town*; **mjini**, *to-the-town*; **hewa**, *the air*; **hewani**, *in-the-air*. These adverbial nouns no longer take the noun class prefixes but the prefixes shown in the Table under *Place*. More about them is said in the note on *Place* on page 12.

2. ADJECTIVES

In English we think of adjectives as words used with a noun, and pronouns as words used without a noun. But if we use these names (for convenience) in Swahili, we class as adjectives the words which take, with a few exceptions, the same prefixes as the nouns. These are (1) descriptive adjectives; (2) numbers; (3) the words **-ingi**, *much*, *many*; **-ingine**, *some, other*; and **-ngapi**, *how many*. It is easy to remember these three words as they all contain *ng*.

Descriptive Adjectives

Bantu languages have very few adjectives, but Swahili has borrowed several from Arabic. These do not take the Bantu prefixes. In the dictionary a short line before a word shows that the right prefix must be attached. Swahili having grown up as a spoken language, where much can be conveyed through tone and gesture, as well as by the context, some of the adjectives have a wide range of meaning: **-nyimivu** (from **nyima**, *to withhold*) can denote *economical, careful, thrifty, niggardly, stingy*, even *miserly*; **-shupavu**, *intrepid, resolute, obstinate, bigoted*. It all depends on how you look at it!

There are several ways in which other adjectives can be made:

(1) By the use of **-a**, *of*, or **-enye**, *having*: **maji ya moto**, *hot water*; **watoto wenye afya**, *healthy children*.

(2) By the use of **bila** or **pasipo**, *without*: **mahali pasipo miti**, *a place without trees*, i.e. *a treeless place*; **mji bila watu**, *an uninhabited town*.

(3) By the relative *ili*yo, *which is*, and *isi*yo, *which is not*: **maneno** **yal**iyo **kweli**, *true words*; **matendo yas**iyo **haki**, *unjust actions*. These relatives are used with verbs, e.g. **kitabu kilichopotea**, *the lost book*; **miti is**iyo**faa**, *useless poles*. As will be seen from the examples, the syllables in italics have to be changed according to the noun class.

Adjectives follow the noun they qualify, except **kila**, *every*, which precedes it. There are no special forms for comparison, **zaidi**, *more*; **kupita**, *to pass*, or **kuliko** can be used: **Ali ni mrefu, lakini Juma ni mrefu zaidi**, *Ali is tall, but Juma is taller*; **Ali ni mrefu kuliko** (or) **kumpita Juma**, *Ali is taller than Juma*.

Numbers

The numbers used in Swahili are a mixture of Bantu and Arabic roots. The Arabic ones do not vary, but the Bantu ones (one, two, three, four, five, and eight) take the adjective prefixes. In the N-class, however, the only one changed is **-wili**, *two*, which becomes **mbili**.

The numbers given below are those used in counting; when used as adjectives the six just named must be given prefixes.

1	moja	30	thelathini
2	mbili	33	thelathini na tatu
3	tatu	40	arobaini
4	nne	44	arobaini na nne
5	tano	50	hamsini
6	sita	55	hamsini na tano
7	saba	60	sitini
8	nane	66	sitini na sita
9	tisa (kenda)	70	sabini
10	kumi	77	sabini na saba
11	kumi na moja	80	themanini
12	kumi na mbili	88	themanini na nane
13	kumi na tatu	90	tisini
14	kumi na nne	99	tisini na tisa
15	kumi na tano	100	mia
16	kumi na sita	101	mia na moja
17	kumi na saba	110	mia na kumi
18	kumi na nane	200	mia mbili
19	kumi na tisa (kenda)	250	mia mbili na hamsini
20	ishirini	999	mia tisa tisini na tisa
22	ishirini na mbili	1000	elfu

When the numbers denote order they are formed with -a, of, with the right prefix: **siku ya kwanza**, the first day; **siku ya pili, ya tatu** ... up to **siku ya mwisho**, the last.

-ingi, -ingine, -ngapi,

These are the three other words that take the adjective prefixes; like the other adjectives they follow the noun: **unga mwingi**, *a lot of flour*; **watu wengine**, *other people*; **vitabu vingapi?** *how many books?*

How often? is shown by the word **mara**, *time/s*: **Mara ngapi? How often? Mara mbili**, *twice*.

3. PRONOUNS

The lower half of the columns in the Table of Concords shows the verb prefixes (often called *pronominal*). These look very different from the adjective prefixes, but actually they are remains of old noun prefixes which have been dropped in Swahili. In other Bantu languages we get **umti**, *the* tree, **imiti**, *the* trees, and **u** and **i** are equivalent to saying *it* and *they* with a verb when referring to the M-MI class. Similarly with the other classes. These prefixes have to be prefixed to the verb whether the subject has been named or not, and also to the other words shown at the side of the table.

Personal Pronouns

Before dealing with the other noun classes, we give here those belonging to Class 1:

Pronoun	Possessive pronoun	Verb prefix subject	Verb prefix object	Of
mimi, *I, me*	**-angu**	**ni-**	**-ni-**	
wewe, *you (one)*	**-ako**	**u-**	**-ku-**	
yeye, *he, him; she, her*	**-ake**	**a-** *or* **yu-**	**-m(w)-**	**wa**
sisi, *we, us*	**-etu**	**tu-**	**-tu-**	
ninyi, *you (many)*	**-enu**	**m(w)-**	**-wa-**	
wao, *they, them*	**-ao**	**wa-**	**-wa-**	

	this	*this* (2)	*that*	*having*	*self*
mimi **wewe** **yeye**	**huyu**	**huyo**	**yule**	**mwenye**	**mwenyewe**
	anyone	*all*	*which?*	*who* (*rel.*)	
mimi **wewe** **yeye**	**ye yote**		**yupi?**	**ambaye**	
	these	*these* (2)	*those*	*having*	*selves*
sisi **ninyi** **wao**	**hawa**	**ha(w)o**	**wale**	**wenye**	**wenyewe**
	any	*all*	*which?*	*who* (*rel.*)	
sisi **ninyi** **wao**	**wo wote**	**wote**	**wapi?**	**ambao**	

NOTE:

1. *This* (2) is the form used when referring to someone just mentioned.

2. The possessive pronouns are shown with a hyphen because they have to agree with the thing possessed, not with the possessor: **mimi na kitabu changu**, *I and my book.*

3. The subject prefix is the first syllable in a verb (unless the negative **ha** precedes it) and the hyphen shows that it is to be joined on to the verb with other prefixes. The object prefix comes in the word immediately before the verb root and therefore has syllables joining it on both sides.

4. A few much-used words are frequently joined to a shortened form of the personal pronoun: **mwanangu**, *my child*; **wenzetu**, *our companions*; **babaye**, *his father*, etc.

Possessive Pronouns

As the possessive pronouns given above all begin with a vowel the changes referred to on page 3 will take place, **u** becoming **w**, etc. So we get **mtoto wangu, watoto wangu; mti wangu miti yangu; njia yangu njia zangu; kitu changu vitu vyangu; yai langu mayai yangu; uzi wangu nyuzi zangu; mahali pangu; kuimba kwangu**. In speaking of things **-ake** is used both for *its* and *their*: **miti na matunda yake**, *trees and* their *fruits*.

Demonstratives

Swahili has no word for *a* or *the*, but it has three forms of demonstrative where in English we have only two, *this* and *that*. *This* is formed by the verb prefix preceded by *h* with the same vowel as in the prefix. *That* is formed by the verb prefix followed by **-le**. In the Table of Concords these two words are given for each of the noun classes, so there is no need to repeat them here. The other demonstrative is *this* with its last letter changed to **o**. It is used when someone or something has already been mentioned; **maneno hayo**, for instance, refers to words already written; **maneno haya** to those about to be written.

Relatives

There are two ways of expressing *who, which, when, where*, when these words are used as relative pronouns. One is by the relative prefix attached to **amba-**, and the other more usual one by the relative prefix put into the verb. These relative prefixes are shown in the Table of Concords, near the bottom of the columns, and are formed by the verb prefix followed by the same **o** of reference as is used in *this* (2). The *amba* relative is shown above in the section on personal pronouns, and in the other classes it is formed in the same way. The other relative will be explained in the section on Verbs.

The **o** of reference forms also the root of the Bantu words for *all*, referring to the completeness of the thing mentioned, and for *any*: **kitabu chote**, *the whole book*; **vitabu vyote**, *all the books*; **kitabu cho chote**, *any book*.

4. THE VERB

To Be

As in many other languages, the present tense of the verb *to be* is irregular, and is best taken separately.

Connectives. When *am, is* or *are* are merely connectives **ni** can be used for all the noun classes, or even omitted altogether. In the negative **si** replaces **ni** and cannot be omitted: **chakula (ni) tayari**, *the food is ready*; **machungwa si mazuri**, *the oranges are not good*. If it is desired to stress the person the pronominal syllables **ni u yu** are used instead of **ni** for the three persons singular, and **tu m wa** for the plural; with **si** for all persons in the negative: **Tu wageni**, *We are strangers*; **U nani?** *Who are you?* **Si haki**, *It isn't fair*. For things the verb prefixes are used if necessary.

Place. The place syllables **ko mo po** can be added to the prefixes given above to denote place: **Upo wapi?** *Where are you?* **Nipo hapa**, *I am here*. **Yuko wapi Ali?** *Where is Ali?* **Yumo jikoni**, *He is in the kitchen*. The negative forms with persons are **sipo hupo hayupo hatupo hampo hawapo**. In the other classes **ha** is prefixed: **Kitabu kipo?** *Is the book there?* **Hakipo**, *It is not here*.

Emphasis. **Ndi** (a more emphatic form than **ni**) can be joined to a shortened form of the personal pronouns or to the verb prefixes: **ndimi**, *It is I*, **ndiwe**, *it is you*, **ndiye**, *it is he*, **ndio**, *it is they*. The following verb should have both a relative prefix and an object one: **Ndicho kitabu nilichokitaka**, *This is the book which I wanted*. These forms are shown in the Table of Concords. Note also the following words in common use: **Ndiyo** (*it is so*) = *Yes*; **Siyo**, *No*; **Ndipo**, *It is there*, or *It is then*; **Ndivyo ilivyo**, *That's how it is*.

Relative. To make the relative the root **li** is used, preceded by the subject prefix of the right class and followed by the relative prefix. Here are the forms for reference:

Persons: **niliye tulio** and for **mti ulio, miti iliyo**
         uliye mlio things: **njia iliyo, njia zilizo**
         aliye walio   **kitu kilicho, vitu vilivyo**
                                   yai lililo, mayai yaliyo
                                   uzi ulio, nyuzi zilizo
                                   mahali palipo; kuimba kuliko

For negative in all classes substitute **si** for *li*.

To Have

Have is expressed in Swahili by *be with*, and what seems to be the present tense of *have* is really I-with, you-with, etc.

affirmative **nina tuna**   negative **sina hatuna**
            una   mna   **huna hamna**
            ana   wana   **hana hawana**

In the other classes the **na** is added to the verb prefix, prefixing **ha** in the negative: **Mti una miiba**, *the tree has thorns*; **Mti hauna miiba**, *the tree has no thorns*. If there is an object the relative prefix is added at the end: **Una*cho* kitabu changu? Nina*cho*.** *Have you my book? (Yes) I have it.*

The relative is the same as that for *be* followed by **na**. If there is an object the **-o** prefix is attached to the **na**: **Watu wasio na watoto**, *people who have no children*. Notice that the subject and object are not always the same: **Kitabu *nilicho* nacho**, *the book which I have (it)*.

The other tenses of to be *and* to have *are conjugated like any other verb, as shown in the next section.*

Verb Tenses

The verb as given in a dictionary is found only in the Imperative, e.g. **Tazama!** *Look!* or, preceded by **ku** in the Infinitive, **kutazama**, *to look*. Usually it is preceded by prefixes, in the order: Subject, Tense, Relative, Object, with often a negative **ha** before them. If the verb is reflexive the object prefix is replaced by **ji**. The prefixes given in the Table of Concords serve both for subject and object. Those for persons are slightly irregular, but are all shown in the Table of Verb Tenses.

The tense prefixes are as follows:
Affirmative
  a simple present; **nataka**, *I want*
  na present continuous; **ninataka**, *I am wanting*
  ta future; **nitataka**, *I shall want*
  li past; **nilitaka**, *I wanted*
  ka connective; **nikataka**, *and I wanted*
  ki if, when; **nikitaka**, *if I want*
  nge, ngali, conditional; **ningetaka, ningalitaka**, *if I wanted, if I had wanted.*
Negative
  ku past; **sikutaka**, *I did not want*
  ta future; **sitataka**, *I shall not want*
  ja not-yet tense; **sijataka**, *I have not wanted (yet)*
  sipo if-not; **nisipotaka**, *unless I want*
  nge, ngali, conditional; **nisingetaka, nisingalitaka**, *if I did not want, if I had not wanted.*

The subject prefixes already given in the Table of Concords are given again in the table of Verb Tenses on page 16. In the simple present, as the tense prefix begins with a vowel, they will be slightly modified, combining with the **a** as in *of* in the Table of Concords.

In the negative tenses the negative prefix **ha** precedes all the subject prefixes except those for *I* and *you*; here **hani** becomes **si**, and **hau, hu.**

Tenses without prefixes

The subjunctive, also used as a polite imperative, is formed by the subject prefix followed by the verb with its last letter, if **a**, changed to **e**. In the negative the prefixes remain the same, and the other negative sign **si** precedes the verb: **Nitazame,** *Let me look*; **Usiende,** *Don't go*; **Nifikiri,** *Let me think.*

Verbs borrowed from Arabic end in **i** *or* **u** *and the ending does not change.*

A habitual tense, used for any time and any person, is made with the prefix **hu**: **husema,** *they say*; **Magari hupita kila siku,** *Trains pass every day.* There is no corresponding negative tense.

The negative present is formed by the negative subject prefix, followed by the verb, with its final letter, if **a**, changed to **i**: **Sitaki,** *I do not want*; **Hawafikiri,** *They don't think.*

The object prefix comes immediately before the verb:

Usingali*ni*onyesha kitabu nisingali*ki*taka, *If you had not shown me the book I should not have wanted it.*

The Relative

On page 7 one way of expressing *who, which, when,* or *where* when used as relatives was explained. The commoner, and better way, is to put the relative prefix into the verb. All the prefixes, except in the singular of the personal class, end in **o.** They are in the Table of Concords, and were given again in these notes on page 8 with the verb *to be.* The Table of Verb Tenses shows how to use them in the present, past, and future tenses. Except in the simple present they follow the tense prefix; in the simple present the tense prefix is omitted and they come at the end. This, however, is for the affirmative only.

In the negative there is only one form for all three tenses: subject prefix, negative **si**, relative, verb, with object (if any) just before the verb.

Compound Tenses can be formed with the past tense of *kuwa* (to be) as shown at the bottom of the Table. The KI-tense given above for *if* and *when* is also a present participle, **nikitaka,** *I wanting.*

Infinitive and Imperative

The infinitive is preceded by **ku**; to form the negative **to** is put after the **ku,** very often with another **ku**: **kutotaka** or **kutokutaka,** *not to want.* A monosyllabic verb (*see below*) must always have the second **ku**: **kutokuwa,** *not to be.*

The infinitive is a verbal noun and takes the **ku** prefixes as shown in the Table of Concords: **Kusema ni kuzuri, na kutokusema ni kuzuri,** *Speaking is good, and silence is good.*

The imperative is the simplest form of the verb: **Soma,** *read!* In speaking to more than one person **ni** is added and the last letter of the verb, if **a**, is changed to **e**: **Someni!** This change to **e** is usually made in the singular as well if there is an object, and in **leta**, *bring*, even without an object: **Visome**, *read them (books)*; **Nipe**, *give me*; **Lete**, *bring (it)*. There are a few irregular imperatives: **Njoo! Njoni!** from **kuja**, *to come*: **Nenda! Nendeni!** from **kuenda**, *to go*.

The negative subjunctive is used in place of a negative imperative: **Usisome** or **Msisome**, *Do not read*. **Usije**, *Do not come*, etc.

Monosyllabic Verbs

There are a few verbs which, without the **ku**, have only one syllable: **kuwa**, *to be*; **kufa**, *to die*; **kuja**, *to come*; **kula**, *to eat*. For ease of pronunciation, these retain the **ku** in the **na**, **me**, and **ta** tenses, in the conditional, and after a relative pronoun: **anakuja**, *he is coming*; **watakuwa**, *they will be*; **nilichokula**, *which I ate*. The **ku** is often retained in the verbs **enda**, *go*, and **isha**, *finish*.

Impersonal Forms

There is, there are are translated by **kuna**, negative **hakuna**: **Kuna maji njiani? Hakuna.** *Is there water on the way? (No,) there isn't.* For *it*, when used impersonally, the singular of the N-class, **i**, is used: **Yafaa tuende**, *it is good that we go*, i.e. *we had better go*; **Haifai kuchelewa**, *it's not good to be late*. Three very common phrases of this kind are: **haifai**, *better not*; **haiwezekani**, *it can't be done*; **haidhuru**, *it doesn't matter*.

There is also the **hu** tense, already mentioned, **husema**, *they say*.

Verb Suffixes

The following syllables can be attached to the end of a verb:

je, *how? what?* **Ulijuaje?** *How did you know?* **Asemaje?** *What does he say?*

pi, *where?* **Wamekwendapi?** *Where have they gone?*

ni, plural sign, forming the plural of the imperative. This **ni** can also make a second plural of *you* as an object prefix; in speaking to more than one person the usual object prefix is **wa** (see Personal Pronouns, page 6) but the singular **ku** can be used with the suffix **ni**: **Nimekuambia**, *I have told you (one person)*; **Nimekuambieni**, *I have told you (many)*. Notice that the same change of the **a** to **e** takes place as in the imperative.

po, **ko**, or **mo** can be added to the other tenses of the verb *to be* just as they were to the present tense: **Nitakuwapo**, *I shall be there*; **Vitabu vikiwako**, *if the books are there*; **Hawakuwamo nyumbani**, *They were not in the house*.

For more about verbs consult *Teach Yourself Swahili* or any good grammar.

5. DERIVATIVE VERBS

Bantu languages have a very interesting and useful way of altering the meaning of a verb by changes at the end. The notes here are to guide the reader in the use of the dictionary and to enable him to make out the meaning of verbs of this sort that he meets in his reading. References are given to the relevant chapters of *Teach Yourself Swahili* for further study if desired.

wa at the end of a verb (except **kuwa**) shows the passive, e.g.

piga, *to hit*; **pigwa**, *to be hit*; **jibu**, *to answer*; **jibiwa**, *to be answered*; **nunua**, *to buy*; **nunuliwa**, *to be bought*. The apparent irregularities in the last two words are explained in *Teach Yourself Swahili*, chapter 22.

ika or **eka** gives a meaning rather similar to the passive, but instead of thinking of the act and who caused it, we think of the resulting state; e.g. **kikombe kimevunjwa**, *the cup has been broken (by some-one)*; **kikombe kimevunjika**, *the cup is broken*; **Barua haikusomwa**, *the letter was not read*; **Barua haikusomeka**, *the letter was unreadable*. A suffix **na** is sometimes added, and so we get the very common words, **patikana**, *be obtainable*; **wezekana**, *be possible*; **onekana**, *be visible*; **julikana**, *be known*. This form is usually called the stative, and there is more about it in *Teach Yourself Swahili*, chapter 22.

ia or **ea** is a prepositional ending, showing *to*, *for*, etc., e.g. **leta**, *to bring*; **letea**, *bring to*; **pata**, *to get*; **patia**, *get for*; **toa**, *to offer*; **tolea**, *to offer to*. Notice that in this form the object is the person, not the thing: *Kilete*, *bring it (the food)*; *Niletee*, *bring-to me*. See *Teach Yourself Swahili*, chapter 34.

sha, za, nya as well as being ordinary verb endings, often denote the causative form: **anguka**, *fall*; **angusha**, *make fall* (i.e. *drop or break down*); **jaa**, *get full*; **jaza**, *make full, fill*; **pona**, *get well*; **ponya**, *make well, cure*. Causative verbs can be made from adjectives by adding **sha**: **safi**, *clean*; **safisha**, *make clean*; **imara**, *firm*; **imarisha**, *make firm*. See *Teach Yourself Swahili*, chapter 39.

ana makes a reciprocal verb, denoting each other or one another: **penda**, *love*; **pendana**, *love one another*; **ona**, *see*; **onana**, *see each other* (i.e. *meet*). See *Teach Yourself Swahili*, chapter 37.

Of course, these derived verbs can also make other forms; e.g. **ponya**, *cure*; the causative form of **pona**, *get better*, can add a stative ending, **ponyeka**, *get cured* or *be curable*; **niletee**, *bring to me*, can make a passive, **niletewe**, *be brought to me*.

Doubling a verb shows either a repeated action, or some modification of it: **Mbona unasitasita?** *Why do you go on hesitating?* **Anajaribujaribu**, *he is trying (but not very hard)*.

6. ADVERBS

Adverbs, having nothing to do with nouns, do not need any class prefix. There are, however, three adverbial prefixes which help to form adverbs:

vi makes adverbs from adjectives: **vizuri, vibaya, v(y)ema**, etc. It also makes adverbs like **hivi**, *thus*; **vilevile**, *in the same way*, and is used as an adverbial relative in verbs: **hivyo ulivyosema**, thus as you said. **ki** used with a noun denotes "in the manner of": **Simameni kiaskari**, *stand like soldiers*; **amevaa kizungu**, *he is dressed in European fashion*.

pa, ku, and **mu** make adverbs of place: **hapa**, *here*; **pale**, *there*, etc. They can also denote time: **papa hapa**, *just then*.

Apart from adverbs made with these prefixes there are a large number without any prefix, showing *how*, *when*, or *where*. They will all be found in the dictionary. Three of them are really intensifiers: **sana, mno** and (sometimes) **kabisa**. Although the general meaning is *very*, they can be translated in various ways: **kimbia sana**, *run fast*; **shika sana**, *hold tight*; **Umekaa mno**, *you have stayed a very long*

time. The reverse is shown by **kidogo**, *a little*: **Yuko mbali kidogo**, *he is a little way off*; **kazi yake nzuri kidogo**, *his work is fairly good.*
The chief interrogatives are: **lini?** *when?* **wapi?** *where?* **namna gani?** *how?* **kwa nini** or **mbona?** *why?*

7. PLACE

As we saw, when considering nouns and their classes, there is one Swahili word for *place*, **mahali**. But neighbouring Bantu languages have three words, and probably Swahili did too, in the forms of *patu, kutu, mutu*, each with its own prefixes, roughly denoting *at, to*, and *in.* When the Arabic word came into use these three words dropped out, but their prefixes remained. These are shown in the last column of the Table of Concords. When the word *mahali* is used, the **pa** prefixes are used with it; otherwise the **pa** prefixes denote a definite position, or at a place; the **ku** an indefinite one, or to a place; and the **mu** an inside one, in a place. These prefixes form adverbs like **hapa**, *here*; they form the subject of the impersonal verbs *there is* and *there are*, **kuna, pana, mna**; and they are attached to the verb *be* to show place: **nitakuwapo**, *I shall be there.* But perhaps their most frequent use is with verbal nouns: **Yumo nyumbani mwake**, *he is in his house*; **Amekwenda shambani kwake**, *he has gone to his cornfield.* **Anasimama pale mlangoni pake**, *He is standing there at his door.*
Many folk-tales begin "**Hapo zamani palikuwa na mtu**"; *Long ago there was a man.*

8. PREPOSITIONS AND CONJUNCTIONS

Most of the work of these is done by the prepositional form of a verb, and by the KA-tense, see pages 8, 11. It is difficult to distinguish prepositions from conjunctions; it is better to look upon them all as words of association.
Many are made from the **-a** of association:
-a preceded by the class prefix makes **of**; **majani ya mti**, *the leaves of the tree.* All the forms of *of* are shown in the Table of Concords.
-a preceded by **ku** makes **kwa**, *to, from, with, for*, etc.: **Tuende kwa mwalimu**, *Let us go to the teacher*; **Barua imetoka kwa nani?** *Who has the letter come from?* **Kata kwa kisu**, *Cut it with a knife*; **Nimekuja kwa dawa**, *I have come for medicine.* **Kwa** can be combined with the possessive pronouns: **Njoni kwangu**, *Come to me*; **Naomba kwako**, *I ask from you*; **Ulifika kwake?** *Did you get to him?* **Nakwenda kwetu**, *I am going home*; **Kwenu ni mbali?** *Is your home far off?* **Tuende kwao**, *Let us go to their home.*
ya with an adverb forms a preposition: **Weka ndani**, *Put it inside*; **Weka ndani ya nyumba**, *Put it in the house*; **Nipe zaidi**, *Give me more*; **Watu zaidi ya ishirini**, *more than twenty people.*
na can be translated in several ways: **Lete chai na maziwa**, *Bring tea* and *milk*; **Unaitwa na baba yako**, *You are called by your father*; **Nenda na Hamisi**, *Go with Hamisi.*
For the introductory *that* we use **kama, ya kwamba**, or **ya kuwa: Alisema kama atakuja**, *He said that he would come.*
Kama has other important uses:
if: **Kama akija**, *If he comes.*
whether: **Sijui kama atakuja**, *I don't know whether he will come.*

like: **Nyama ni nzuri leo, si kama ile ya jana**; *the meat is good today, not like that of yesterday.*

as: **Fanya kama upendavyo,** *Do it as you like.*

about: **kama futi kumi,** *about ten feet.*

as though: **Si kama (kwamba) aliona mwenyewe,** *It is not as though he had seen it himself.*

Dis-association is shown by:

au or **ama,** *or*: **Nipe chai au maji,** *Give me tea or water.*

wala, *and not, nor*: **Sikumwona wala sikusikia habari zake,** *I didn't see him, nor did I hear about him.*

lakini or **bali,** but: **Alikuja lakini sikumwona,** *He came but I did not see him.*

ila or **isipokuwa,** *except*: **Hakuna watu ila mtoto mmoja tu,** *There are no people, except one child.*

Among other important words are **ili,** *in order that*; **kwa sababu,** *because*; **kwa hiyo,** *therefore*; **ingawa,** *although*; **ijapo,** *even if.*

Instead of the introductory words *Well, So, Now,* etc., with which many sentences begin in English, **basi, hata, tena, ikawa** are common in Swahili.

For more about these words see *Teach Yourself Swahili,* chapters 32, 33, 36, 38

ORTHOGRAPHY AND PRONUNCIATION

Comments are made on this, where necessary, in the following Notes on the Swahili section of the Dictionary. It should be remembered that Swahili words are stressed on the syllable before the last, and therefore any suffixes move the stress forward: e.g. **kitábu,** *book*; **kitabúni,** *in the book*; **Amekwénda,** *He has gone*; **Amekwendápi?** *Where has he gone?*

TABLE OF CONCORDS

Noun classes	mtu	watu	mti	miti	njia	njia	kitu	vitu
Adjective Prefix	m	wa	m	mi	n	n	ki	vi
-zuri nice	mzuri	wazuri	mzuri	mizuri	nzuri	nzuri	kizuri	vizuri
-ema good	mwema	wema	mwema	myema	njema	njema	chema	vyema
-ingi much, many	mwingi	wengi	mwingi	mingi	nyingi	nyingi	kingi	vingi
-ngapi? how many?		wangapi		mingapi	ngapi			vingapi
Verb Prefix	ni-, u-, a-	tu-, m-, wa-	u-	i-	i	si	ki	vi
of	wa	wa	wa	ya	ya	za	cha	vya
his, its[1]	wake	wake	wake	yake	yake	zake	chake	vyake
all[3]	wote	wote	wote	yote	yote	zote	chote	vyote
this, these	huyu	hawa	huu	hii	hii	hizi	hiki	hivi
that, those[3]	yule	wale	ule	ile	ile	zile	kile	vile
this spoken of	huyo	hao	huo	hiyo	hiyo	hizo	hicho	hivyo
relative prefix	ye	o	o	yo	yo	zo	cho	vyo
this is it (he)	ndiye	ndio	ndio	ndiyo	ndiyo	ndizo	ndicho	ndivyo
and it (he)	naye	nao	nao	nayo	nayo	nazo	nacho	navyo

[1] Similarly -angu -ako -etu -enu -ao.
[2] Similarly -pi ? which ? except with mahali.
[3] Similarly -enye, -enyewe, -o-ote, except in sing. of WATU class.

TABLE OF CONCORDS—Continued.

Noun classes	yai	mayai	uzi	nyuzi	mahali		
	(ji)	ma	m	n	pa	ku[4]	mu
Adjective Prefix							
-zuri nice	zuri	mazuri	mzuri	nzuri	pazuri	kuzuri	
-ema good	jema	mema	mwema	njema	pema	kwema	
-ingi many	jingi	mengi	mwingi	nyingi	pengi	kwingi	
-ngapi? how many?		mangapi		ngapi	pangapi	kungapi	
Verb Prefix	li	ya	u	si	pa	ku	mu
of	la	ya	wa	za	pa	kwa	mwa
his, its[1]	lake	yake	wake	zake	pake	kwake	mwake
all[3]	lote	yote	wote	zote	pote	kote	mwote
this, these	hili	haya	huu	hizi	hapa	huku	humu
that, those	lile	yale	ule	zile	pale	kule	mle
this spoken of[2]	hilo	hayo	huo	hizo	hapo	huko	humo
relative prefix	lo	yo	o	zo	po	ko	mo
this is it (he)	ndilo	ndiyo	ndio	ndizo	ndipo	ndiko	ndimo
and it (he)	nalo	nayo	nao	nazo	napo	nako	namo

[1] Similarly -anga -ako -etu -enu -ao.
[2] Similarly -pi? which? except with mahali.
[3] Similarly -enye, -enyewe, -o-ote, except in sing. of WATU class.
[4] Similarly infinitive.

VERB TENSES

Verb Prefixes	Present A, NA	Past LI	Future TA
CLASS I PERSONAL *Subject* AFFIRMATIVE ni tu u m a wa	ataka — he wants atakaye — he who wants anataka — he is wanting anayetaka — he who is wanting hataki — he does not want asiyetaka — he who does not want	alitaka — he wanted aliyetaka — he who wanted hakutaka — he did not want asiyetaka — he who did not want	atataka — he will want atakayetaka — he who will want hatataka — he will not want asiyetaka — he who will not want
NEGATIVE si hatu hu ham ha hawa	**Present Perfect** ametaka — he has wanted hajataka — he has not yet wanted	**KI tense** akitaka — if he wants asipotaka — if he does not want	**KA tense** akataka — and he wanted
Object ni tu ku wa m wa	**HU tense** hutaka[1] — he wants (habitually)	**Subjunctive** atake — let him want asitake — let him not want	**Conditional (Present)** angetaka — he would want asingetaka } he would not want hangetaka
NON-PERSONAL CLASSES.	**Conditional (Past)** angalitaka — he would have wanted asingalitaka } he would not have hangalitaka } wanted	**Imperative** taka } want takeni usitake } do not want msitake	**Infinitive** kutaka — to want kutokutaka — not to want

CLASS	SING.	PLUR.
2	u	i
3	i	zi
4	ki	vi
5	li	ya
6	u	zi
7	pa, ku, mu	
8	ku	

Subject and object prefixes are the same. Prefix ha for the negatives

Compound Tenses

alikuwa akitaka
alikuwa hataki } he was wanting
hakuwa akitaka } he was not wanting

alikuwa ametaka — he had wanted
alikuwa hakutaka — he had not wanted

[1] All persons.

SWAHILI–ENGLISH
DICTIONARY

NOTES ON THE SWAHILI–ENGLISH SECTION

A is pronounced like the English *a* in *father*. For the class prefixes to be used with the possessives **-angu, -ako**, *my, your*, etc., and with **-a**, *of*, see page 6 and the Table of Concords. For the suffix to be used with **amba-**, see page 7. Some words beginning with **a** may be verbs in which the **a** stands for the subject *he* or *she*, e.g. **asema**, *she says*; **atakuja**, *he will come*. These will be found under **S** and **J**, i.e. **sema** and **ja**.

B is sometimes confused with V and doublets occur, e.g. **buruga** and **vuruga**, and a word not found under B may be looked for under V, and vice versa. In using an adjective beginning with B with an N-class noun, remember that the N changes to M; e.g. **nyumba mbovu**.

C is not found in the Swahili alphabet; its place is taken by K or S. CH is the form the KI prefix takes before a vowel.

D is one of the few letters before which N can stand; therefore an adjective beginning with *d* if used before an N-class noun will take the prefix N: e.g. **nyumba ndogo**. DH has the sound of the English *th* in this, with, etc. It is found in words taken from the Arabic, and is often pronounced, or even written as *z*.

E has the sound of the English *a* in *say*, but without the closer sound made in English at the end. **-enu, -etu, -enye**, and **-enyewe** take the verb prefixes, and **-embamba** and the other adjectives the noun prefixes. See the Table of Concords. Note that **-ema** with an N-class noun becomes **njema**.

G is always hard, as in *get*. The soft English G, as in *gem* is shown by J. GH, which occurs in a few Arabic words, is a throaty sound, something between G and R. Many people pronounce it like G. N can stand before G, and therefore adjectives beginning with *g* prefix N with N-class nouns.

H enters into several prefixes which will, of course, have to be discarded before looking for the word in the dictionary. For **ha** as a negative prefix see page 7. For **hu** as a tense prefix see page 9; and for **ha hi hu** as the first syllables of *this* and *these* see pages 6–7.
H now takes the place of the Arabic KH, and words heard or written with that sound should be looked for under H.

I is pronounced as the English *ee* in *see*. For the concords of **-ingi** and **-ingine**, see page 5. I is the subject prefix of verbs used with nouns of the N-class, e.g. **Nyumba inavuja**, *The house is leaking*; here the second word will be found under V.

J Notice the uses of the syllable **ji**:
    (1) A singular prefix in some MA-class nouns, e.g. **jicho**, an eye.

(2) A singular prefix denoting largeness, e.g. **jumba**, a palace (from **nyumba**).

(3) A reflexive verb prefix denoting *self*: **kuficha**, *to hide*; **kujificha**, *to hide oneself*. In many cases the meaning is slightly changed, e.g. **kujiona**, *to see oneself*, means to be conceited. A selection of these verbs is given in the dictionary, with the *ji* in italics.

(4) As a suffix at the end of a noun it can denote a customary occupation, e.g. **wachezaji**, *the players*.

K enters into many prefixes, which it may be convenient to summarize here, although they are more fully explained in the grammar section.

ki (1) Noun and verb prefix in the KI–VI class; the verb as well as its subject will begin with *ki*.

(2) Diminutive prefix by which a thing can be made smaller, e.g. **kichupa**, *a little bottle*. Such words will be found in the dictionary in their original form, e.g. **chupa**.

(3) In a verb, coming after the subject prefix, it makes the IF tense or the present participle: **Akija**, *If* or *when he comes*; **Nilikuona ukija**, *I saw you coming*.

ko refers to place. *See page 7.*

ku (1) A place syllable, see note on page 12.

(2) The object prefix in a verb, denoting *you*, as in **nili*ku*ona** above.

(3) The infinitive prefix. When the infinitive is used as a noun it takes the **ku** concords: **Kuja *kw*ako *ku*menifurahisha sana**, *Your coming has made me very happy.*

ka (1) Although **ki** has taken its place in Swahili, **ka** is the old Bantu prefix for smallness and is sometimes found in Swahili, **katoto**, *a little child*.

(2) Following the subject prefix in a verb it shows an action subsequent to the previous one; it thus takes the place of *and*: **Alikuja akaniambia**, *He came and told me.*

L is frequently heard as R and R as L, therefore a word not found under one letter should be looked for under the other. **Li** is the verb prefix used with singular nouns of the MA-class and so many words beginning with **li** are verbs: e.g. **linauma**, *it hurts*, is the verb **uma**.

M Most of the nouns beginning with M belong to the first class, if people, and to the second if things. Plural nouns beginning with **mi** are given under their singular **m** or **mw**. Words beginning with **ma** are usually plurals in the MA-class: **machungwa**, for instance, will be found in the dictionary as **chungwa**. But some have no singular, e.g. **maji**, *water*; and others are abstract nouns with another form beginning with **u**, e.g. **uasi** *or* **maasi**, *rebellion*. Any word not found under **ma** should be looked for under **u** or the letter following the **ma**.

mo and **mu** are place prefixes.

N For N as the prefix of the N-class, see note on page 3.

na, *and*, *with*, *by*, is frequently joined to a pronoun in a shortened form: **nami nawe naye nasi nanyi nao**, *and I*, *and* *you*, etc. At the beginning of a verb it is the prefix of the *-a-* of the simple present tense preceded by **ni**, *I*: **Nataka**, *I want*.

ni is the subject prefix *I*: **Niende**, *Let me go*; it is also used with all persons and things as a copula: **Chakula ni tayari**, *the food is ready*.

ny is the form **n** takes before a vowel other than *i*. It must be pronounced like the *ni* in onion, e.g. **nyama** is two syllables, **nya-ma**, not *ne-a-ma* or *ni-a-ma*.

ng' has the sound of *ng* in singing; there must be no *g* sound in it, even when it begins a word.

O is pronounced like the French or German O, i.e. without the closed sound at the end of our English O.

P For **pa** as a place prefix see page 12.

-pi, which? is preceded by a verb prefix: **Mti upi?** *Which tree?* **Miti ipi?** *Which trees?* **Mtu yupi?** *Which man?* It can also be added to the end of a verb to show *where?* **Wamekwendapi?** *Where have they gone?*

Note that the monosyllabic verb **pa**, *give*, must always have a personal object, e.g. **Nitawapa fedha**, *I will give* them *the money*. N before P becomes **m**, hence we get **nyumba mpya**, *a new house*; in the singular of the MA-class, **pya** being a monosyllable, **ji** is prefixed, **neno jipya**, *a new word*.

R occurs only in foreign words, and the nouns in this section belong to the MA or N-class. But there is considerable confusion between the Arabic R and the Bantu L.

S is always pronounced as the S in *this*; the sound of the S in *these* is written with **z**. Many speakers interpose an *i* between *s* and a following consonant, so we find **stawi** and **sitawi**, *prosper*; others change the *s* to *sh*, and we get **stuka**, **situka**, **shtuka**, all in use for *be startled*.

T **ta** is an Arabic prefix and words with this prefix are frequently introduced into Swahili. Several of them are in the dictionary. If you find one that is not, take off its *ta* and look for a word of three syllables having the same consonants; this will be the same word in its Swahili form: e.g. **takabali, kubali**; **tabaruki, bariki**; **tanafusi, nafasi**, etc. The syllable **ta** after the subject prefix in a verb, shows the future tense.

th represents the sound of the English *th* in *thin*; its sound in *then* is written **dh**. Both are Arabic sounds, and Swahili speakers often replace **th** by **s**, just as they do **dh** by **z**.

U is pronounced as *oo* in *tool*, without any *y* sound; **yu** in Swahili sounds the same as the English word *you*. The prefix U forms abstract nouns from nouns, adjectives, and verbs: **mfalme**, *king*; **ufalme**, *kingdom*; **-chache**, *few*; **uchache**, *fewness*; **kupenda**, *to love*; **upendo**, *love*. It is, of course, impossible to give every abstract noun that could be made in this way, and any that are not found in the dictionary should be looked for under the other abstract prefix **ma** or under the letter following the U.

U is also the verb prefix for the singular of the M–MI class, and for *you* (one person), and therefore many words beginning with *u* are verbs. U before a vowel becomes *w*.

V VI or VY usually denotes the plural of the KI–VI class, and nouns such as **vitu** will be found in the singular, under K. It is also an adverbial prefix, e.g. **vizuri**, *well*; **vibaya**, *badly*.

W is the form U takes before a noun; **wema**, for instance, is an abstract noun formed from the adjective **-ema**, *good*.

    wa is the plural prefix of the personal class; nouns beginning with **wa** should be looked for under M, and verbs under the root: e.g. **Watu wamefika**: look for **mtu** and **fika**.

    wa is also the root of the verb *to be*; being a monosyllabic verb it keeps the **ku** of the infinitive in most of its tenses.

Y is the form *i* takes before a vowel, so **ya, yangu, yako**, etc., are the possessives *of, my, your*, etc., for the plural of the M–MI class, the singular of the N-class, and the plural of the MA-class: **milima ya Kenya**, *the Kenya mountains*; **nyumba yangu**, *my house*; **mayai yako**, *your eggs*. **ya** is also the subject and object prefix for the MA-class.

    ye, a shortened form of **yake** or **yeye** is attached to the end of some words: **nduguye**, *his brother*; **baadaye**, *after that*; **ndiye**, *it is he*, etc. For the personal prefix **yu** see page 6.

Z is frequently heard for the Arabic **dh**, and vice versa. **Za, zi**, and **zo** are concords of nouns in the N-class plural.

A

-a, of
abiri, to travel as passenger
abiria(-), a passenger
abirisha, to convey as passenger
abudu, to worship; abudiwa, be worshipped
acha, to leave; let; achwa, be left
achama, to open mouth wide
achana, to leave one another; diverge
achia, to leave to
achilia, to forgive; achiliwa, be forgiven
achilio(ma), forgiveness
achisha maziwa, to wean a child
ada(-), a fee
adabu(-), good manners
adha(-), trouble
adhabu(-), punishment
adhama(-), honour; glory
adhana(-), Moslem call to prayer
adhibika; adhibiwa, be punished
adhibisha; adhibu, to punish
adhimisha, to honour
adhini, to call to prayer
adhuhuri, noon
adibisha, to train in good manners
adili, righteous; just
adilisha, to teach right conduct
adimika, be scarce
adimu, rare; unobtainable
adui(ma), an enemy
afa(ma), a calamity; ill-omened person
afadhali, preferable; preferably
afikiana, to make an agreement
afisa(ma), an officer
afisi(-), an office
afu, afua(-), deliverance from calamity
afua, to deliver; save
afya(-), health
afyuni(-), opium
aga, to take leave of
agana, to say Goodbye; to make an agreement
agano(ma), an agreement

Agano Jipya, the New Testament
Agano la Kale, the Old Testament
agia, to befit; to suit
agiza, to order; direct; agizwa, be ordered
agizo(ma), directions
agua, to divine; predict; aguliwa, be predicted
ahadi(-), a promise
ahera(-), place of future life
ahidi, to promise; ahidiwa, be promised
ahidiana, to promise one another
ahirisha, to postpone
aibika, be disgraced
aibisha, to put to shame
aibu(-), shame
aidha, moreover; next
aili, to blame
aina(-), kind; species
ainika, be specified
ainisha, to classify; distinguish
ajabu(ma), a wonder; wonderfully
ajali(-), fate
ajili, sake; kwa ajili ya, because of
ajiri, ajirisha, to hire for work; ajiriwa, be hired
ajizi(-), slackness
aka, to work as mason
akali, a few
-ake, his; hers; its
akiba(-), reserve; store
akili(-), mind; intelligence; clever idea
akina, relations; connections; akina mama, the women-folk; akina sisi, people like us
-ako, your/s
ala(-), tool; utensil
ala(ny), a sheath
alama(-), a mark; sign
alasiri(-), afternoon
alfabeti(-), alphabet
alfajiri(-), before dawn
Alhamisi, Thursday
alika, alisha, 1 to click; crackle; 2 to invite; summon

Allah, God

almaria(-), braid; embroidery

almasi(-), a diamond

ama, either; or

amali(-), action; occupation

amana(-), pledge; deposit

amani(-), peace

amara( ), urgent business

amari(-), cable

amba-, who; which; **vitu amba-vyo,** things which

amba, to abuse

ambaa, to skirt; avoid

ambata, to stick to

ambatana, to stick together

ambatisha, to cause to adhere

ambia, to tell; say to; **ambiwa,** be told

ambika, to bait a trap

ambilika, be approachable; affable

ambo(ma), glue; gum

ambua, to peel off; **ambuka,** to come off

ambukiza, to infect

ambukizo(ma), infection

ami, amu, paternal uncle

amia, to guard crops from birds; **amiwa,** be guarded

amini, to believe; **aminiwa,** be believed

amini, -aminifu, faithful

aminika, be trusted

aminisha, to entrust

amka, to awake

amkia, amkua, to greet

amri(-), command; authority

amriwa, be ordered

amsha, to awaken someone

amua, to arbitrate; judge; **amu-liwa,** be judged

amuru, to command

amwa, to suck the breast; **amwisha,** to suckle

ana, he has

-anana, soft; gentle

anasa(-), luxury; pleasure

andaa, andalia, to prepare; **jiandaa,** to make oneself ready

andaliwa, be ready

andama, to follow; **andamwa,** be followed by

andamana, to follow in procession

andika, *1* to set in order; set the table; *2* to write; to enrol

andikia, to write to; **andikiwa,** be written to

andiko(ma), something written

anga(-), the sky; light

angaa, angaza, to shine; give light

angalia, to pay attention; take care; **angaliwa,** be taken care of

-angalifu, careful; attentive

angama, to hang in mid-air

angamia, to perish

angamiza, to destroy

-angavu, clear; shining

angaza, to give light

angika, to hang up; **angikwa,** be hung up

-angu, my; mine

angua, to throw down; hatch eggs; **anguliwa,** be taken down; hatched

anguka, to fall

anguko(ma), a fall; a ruin

angusha, to throw down: make fall

angusho(ma), destruction

anika, put out to dry; **anikwa,** be put out

ankra(-), invoice

anua, to take in, from rain, etc.

anuka, to clear up (*weather*)

anwani(-), the address

anza, to begin

anzisha, to start off; institute; **anzishwa,** be started off

-ao, their/s

apa, to take an oath

apisha, to put on oath

apiwa, be sworn to

apiza, to curse

apizo(ma), a curse

arabuni(-), a deposit; guarantee

ardhi(-), soil; ground

ari(-), eagerness; self-respect

arifu, to inform; **arifiwa,** be informed

aroba, four

arobaini, forty

arusi(-), a wedding; **maarusi,** the bridal couple

asali(-), honey; syrup
asante, thank you
asherati(-), fornication; profligate
ashiki(-), strong desire
ashiria, to make a sign to; ashiriwa, be signalled to
asi, to disobey; rebel
asili(-), origin; nature
asilia, genuine; original
askari(-), a soldier
askofu(ma), a bishop
asubuhi(-), morning
atamia, to sit on eggs
athari(-), a mark; blemish
athiri, to mark; mar
Ati, I say!
atika, to plant out
atua, to split; crack; atuka, be cracked
au, or
aua, to survey; inspect; auliwa, be surveyed
aula, important; better
auni(-), help
awali(-), the beginning; first
aya(-), a verse; short section
ayari(-), a cheat; a rogue
azali, without beginning; eternal
azima, 1 to borrow; lend; 2 a charm
azimia, azimu, to intend; azimiwa, be intended
azimio(ma), intention; plan
aziri, to disparage publicly
azizi(-), a treasure; excellent

B

baa(ma), 1 disaster; plague; 2 public bar
baada ya, after
baadaye, afterwards
baadhi, some
baba(-), father
baba mkubwa; baba mdogo, paternal uncle
babaika, to babble
babaiko(ma), meaningless talk
babaisha, to cause confused speech
babata, to tap lightly
babu(-), grandfather
babua, to strip off with fingers

babuka, be disfigured
badala(-), a substitute
badala ya, instead of
badili, badilisha, to change; exchange
-badilifu, changeable; unstable
badilika; badiliwa, be changed
badiliko(ma), change
bado, not yet; still
bafta(-), thin white calico
bagua, to separate; segregate; baguliwa, be separated
bahari(-), the sea
baharia(ma), a sailor
bahasha(-), envelope; bag; bundle
bahati(-), luck; chance; bahati nasibu, a lottery
bahatisha, to guess; take a chance
bahili(-), a miser; miserly
baina ya, between; among
bainika, be clear; manifest
bainisha, to show clearly
baisikeli(-), a bicycle
baki(ma), remainder
baki, to remain over
bakiza, to leave over
bakora(-), a walking-stick
bakshishi(-), a tip
bakuli(-), a basin
balaa(ma), a calamity
balehe, to reach puberty
bali, but; on the contrary
balozi(ma), a consul; ambassador
bamba, to hold; arrest; bambwa, be arrested
bana, to squeeze; hold by pressure
banda(ma), a barn, shed
bandari(-), a harbour
bandi(ma), stitching
bandia(-), home-made doll
bandika, to attach; stick on; bandikwa, be stuck on
bandua, to strip off; banduliwa, be stripped off
banduka, to get detached from
bangi(-), bhang (*hemp*)
bangili(-), a bangle
bango(ma), mudguard; protective sheath
banika, fix in a spit
banja, to crack nuts

banzi(ma), spit for roasting

bao(ma), *1* board for game or divination; *2* goal; points

bapa(ma), a broad flat surface

bara(-), a continent; mainland

barabara(-), *1* highroad; *2* exactly right

baradhuli(ma), a simpleton

barafu(-), ice

baragumu(ma), a war-horn

baraka(-), blessing; prosperity

baraza(-), verandah; council-house

baridi(-), cold, coolness

bariki, to bless: **barikiwa,** be blessed

barizi, to hold a reception; attend a council

barua(-), a letter

baruti(-), gunpowder

bashiri, to predict; bring news; **bashiriwa,** be announced; predicted

basi, well! That's all!

basi(ma), a bus

bastola(-), a pistol

bata(ma), a duck

bata la bukini, a goose

bata mzinga, a turkey

bati(ma), galvanized iron sheets

batili, batilisha, to annul: **batilika,** be annulled; cancelled

batili, invalid; worthless

batiza, to baptize

batobato(ma), coloured markings

bawa(ma), a wing

bawaba(-), a hinge

bawabu(ma), a doorkeeper

-baya, bad

bayana, certainty

beba, to carry on back (*child*); bear cobs (*maize*)

beberu(ma), a he-goat; a strong man

bega(ma), shoulder

behewa(ma), *1* inner courtyard; *2* compartment of train

bei(-), price

bekua, to parry

bemba, to wheedle; seduce

bembeleza, to coax; soothe

bendera(ma), a flag; banner

benibeni, askew; awry

benuka, to bulge: protrude

beti(-), *1* small leather pouch; *2* verse of a song

beza, to scorn

-bezi, disdainful

bia(-), co-operation

biashara(-), commerce

bibi(-), grandmother; lady

Biblia, Bible

-bichi, unripe; uncooked; damp

bidhaa(-), merchandise

bidi, to be obligatory; **imeni-bidi,** I feel bound to

bidii(-), energy; effort; **jibidi-isha,** to exert oneself

biga(ma), earthenware beer-pot

bikari(-), drawing compasses

bikira(ma), a virgin

bikiri, to deflower; **bikiriwa,** lose virginity

bila, without

bilashi, in vain

bilauri(-), a glass; tumbler

bilingani(ma), aubergine

bima(-), insurance

bin, son of

binadamu, son-of-Adam; a human being

bindo(ma), a fold of loincloth used as pocket

bingwa(ma), an expert

binti(ma), daughter

birika(ma), kettle; tank

bisha, to knock; oppose

bishana, to wrangle

bisi, popcorn

bisibisi(-), a screwdriver

bitana(-), thin lining material

-bivu, ripe

biwi(ma), a rubbish heap

bizari(-), curry powder

bizimu(-), buckle; brooch

blanketi(ma), a blanket

boboka, to blurt out

boga(ma), a pumpkin

bohari(ma), a warehouse

bokoboko, a mashy substance

bokoka, to come off (*as handle*)

boma(ma), a fort; government office

bomba(ma), a pump; pipe; chimney

bomoa, to break down; **bomolewa**, be broken down

bomoka, to collapse

bomoko(ma), a demolished building

bonde(ma), a valley

bonge(ma), a lump; ball of string, etc.

bonyea, to sink in

bonyeka, to be dented

bonyeza, to press in

bopa, be soft; sink in

bopo(ma), a soft place; mud-hole

bora, fine; excellent

boriti(ma), thick pole; beam

boronga, to bungle

borongo(ma), spoilt work

-bovu, rotten; worthless

bua(ma), stem of maize, millet, etc.

buba, yaws

bubu(ma), a dumb person

bubujika, to bubble out

bubujiko(ma), a bubbling-up

buburushana, to scuffle

budi, a way out; alternative; **sina budi**, I must

buibui(-), *1* a spider; *2* woman's covering-cloak

bukua, to ferret out scandal

bulula, a tap

buluu, blue

bumba(ma), a lump; cluster of bees, etc.

bumbuaza, to confuse; perplex

bumbuazi(-), perplexity; helpless confusion

bumburuka, be startled; rush off

bumburusha, to startle; frighten away

bunda(ma), a parcel; bale

bundi(ma), an owl

bunduki(-), a gun

bungu(ma), a boring insect

bungua, to bore holes in wood, grain, etc.

bunguka, be worm-eaten

buni(-), coffee berries

buni, to compose; make up; **buniwa**, be invented; imaginary

burashi(-), a brush

bure, *1* free of charge; *2* useless

burudika, be refreshed

burudisha, to cool; refresh

burudisho(ma), relaxation

buruga, to stir up

burura, to drag

busara(-), prudence

bustani(-), a garden

busu, to kiss

butu, blunt

buu(ma), maggot; grub

buyu(ma), calabash

bwaga, to throw down; **bwaga moyo**, throw off cares; rest

bwana(ma), master; gentleman

bwawa(ma), swamp; bog

bweni(-), sleeping quarters for girls or boys

bweta(-), small box

CH

For prefix ch *see page 2*

cha, of

cha, *1* to dawn; *2* to reverence

chacha, to ferment; go sour

chachari(ma), restlessness

chachatika, to tingle

-chache, a few; not much

-chafu, dirty

chafua, to soil; mess up; **chafuliwa**, be messed up

chafuka, be in disorder

chafuko(ma), muddle; disorder

chafya, a sneeze; **piga chafya**, to sneeze

chaga, to do vigorously; be prevalent

chagiza, be insistent; pester

chagua, to choose; vote for; **chaguliwa**, be chosen

-chaguzi, critical; fastidious

chai(-), tea

chakaa, to grow old; wear out

chakacha, to rustle

chakarisha, to make a rustling noise

chaki(-), chalk

chakula(vy), food

chakura, to scratch the ground

chale(-), incisions; tribal marks

chali, flat on back

chama(vy), a society; **wana-chama**, members

chambega, on the shoulders

chambo(vy), bait
chambua, to clean cotton, vegetables, etc.
chamchela(-), a whirlwind
chamshakinywa, breakfast; first food of the day
chana, to comb hair; to split leaves for plaiting
chandalua(vy), mosquito net
chane(-), slit leaves for plaiting
-changa, young
changa, *1* to chop up; *2* to collect (*money, etc.*)
-changamfu, cheerful
changamka, be cheerful
changamsha, enliven
changanua, to separate; analyse
changanya, to mix
changanyiko(ma), a mixture
changarawe(-), grit; gravel
chango(-), contribution; levy
chango(vy), hook; peg
changua, to dismember
chanikiwiti, light green
chanja, to cut; vaccinate; **chanjwa**, be vaccinated
chano(vy), wooden tray
chanua, to put forth leaves; to flower
chanuo(-), a comb
chanyata, to slice up; wash carefully
chanzo(vy), a beginning
chapa(-), a mark; print; **piga chapa**, to print
chapua, to speed up; **chapua miguu**, stamp; walk quickly
chapuchapu!, Hurry up!
chapukia, be well-flavoured
chapwa, insipid
charaza, do with vigour or skill
chatu(-), a python
chawa(-), a louse; lice
chaza(-), an oyster
checha, to cut into small pieces
cheche(-), spark; small piece
chechemea, to limp
cheka, to laugh; laugh at
chekecha, to sieve
chekecheke(-), a sieve
chekelea, to smile
chekesha, to amuse
cheko(ma), a roar of laughter

chekwa, in large quantities
chelewa, be late
cheleza, to keep overnight
chelezo(vy), a raft; buoy
chembe(-), a grain
chemchemi(-), a spring of water
chemka, to bubble up; boil
chemsha, to boil
chenezo(vy), a measuring-line
chenga, a dodge; **piga chenga**, to dodge
chengachenga, small bits; grains
chenza(ma), tangerine orange
cheo(vy), size; measure; rank
chepe(ma), ill-bred person
chepechepe, moist; soppy
cherehani(-), sewing machine
-cheshi, amusing
chetezo(vy), a censer
cheti(vy), certificate; pass; chit
cheua, to eructate; chew the cud
cheza, to play
chezacheza, be loose-fitting
chezea, to play with; to mock; **chezewa**, be mocked
chicha(-), grated coconut
chimba, to dig; **chimbika**, be dug
chimbua, to dig out
chimbuka, to appear
chimbo(ma), a pit; quarry
chimbuko(ma), a pit; source
chimvi, ill-omened person or animal
chini, on the ground; **chini ya**, under; below
chinja, to slaughter
chipua, chipuka, to sprout
chipukizi(ma), young plant
chocha, to prod
chochea, to stir up; provoke
choka, to get tired
chokaa(-), lime; whitewash
chokoa, to poke out
chokochoko(-), discord
chokoza, to provoke
-chokozi, annoying
choma, to stab; to burn; **chomwa**, be stabbed; burnt
chombo(vy), *1* any kind of utensil; *2* sailing vessel
chomeka, to stick into
chomoa, to draw out

chomoza, to burst forth
chonga, to cut to shape
chongea, to slander; **chongewa**, be slandered
chongelezo(ma), talebearing
chongo, one-eyed
chongoa, cut to a point
chongoka, be sharp, jagged
chonyota, to smart
choo(vy), *1* cess-pit, lavatory; *2* faeces; urine
chopi, limping
chopoa, pull out; snatch away
chopoka, let slip
chora, to engrave; **chorachora**, to scribble
choroko(-), small peas
chosha, to fatigue; **-a kuchosha**, dreary; tiresome
chota, take up little by little
choto(ma), small amount
-chovu, tiring
chovya, to dip; immerse; **chovywa**, be immersed
choyo, greed
chozi(ma), *1* a tear-drop; *2* a sunbird
chubua, to graze the skin
chubuka, be grazed
chubuko(ma), a raw place
chuchu(-), a teat
chuchumia, to reach up to
chuguu(ma), an ant-heap
chui(-), a leopard
chuja, to filter; strain; **chujwa**, be strained
chujio(-), a strainer
chujo(-), the strained product
chujuka, to fade
chuki, hatred; resentment
chukia, to hate; dislike; **chukiwa**, be disliked
chukiza, to inspire aversion; **chukizwa**, be offended
chukizo(ma), a disgusting thing
chukua, to carry; **chukuliwa**, be carried
chukuana, to agree together; be relevant
chukuliana, bear with one another
chukuza, employ as porter
chuma(vy), iron, steel

chuma, *1* to gather flowers or fruit; *2* to gain by trade
chumba(vy), a room
chumvi(-), salt
chuna, to skin
chunga, *1* to look after; shepherd; *2* to sift
-chungu, bitter
chungu(vy), cooking pot
chungu(-), *1* an ant; *2* a heap
chungua, chunguza, to scrutinize
chungulia, to peep at; inspect carefully; **chunguliwa**, be scrutinized
chungwa(ma), an orange
chuo(vy), a book; school
chupa, to jump down
chupa(-), a bottle
chura(vy), a frog
churuzika, to trickle away
chuuza, to trade
chwa, to set (*sun*)
chwea, chwelewa, be overtaken by dark

D

daawa(-), a lawsuit
dada(-), sister; **dadiye**, his sister
dadisi, be inquisitive
dafina(-), treasure
daftari(-), account-book; register, etc.
dafu(ma), a young coconut
dagaa(-), whitebait
dai, to claim; **jidai**, to claim falsely
dai(ma), a claim
daima, constantly; **-a daima**, perpetual
daiwa, be sued
daka(ma), a recess
daka, to pounce on; catch
dakika(-), a minute
dakiza, to interrupt; contradict
dakizo(ma), an objection; contradiction
daktari(ma), a doctor
dakua, to let out secret
dalali(-), an auctioneer; broker
dalasini(-), cinnamon
dalili(-), a sign

damu(-), blood
danga, to scoop up carefully
danganya, to deceive; **dangan-ywa**, be deceived
-danganyifu, crafty
danganyika, be deceived
danganyo(ma), a deception
danguro(ma), a brothel
daraja(ma), a bridge; steps; rank
daraka(ma), responsibility
darasa(ma), a class; classroom
dari(-), ceiling; flat roof
darubini(-), telescope; microscope
dau(ma), native dhow
dawa(-), medicine; **dawa ya viatu**, shoe-polish
debe(ma), 4-gallon oil tin
deka, be conceited
dekeza, to spoil a child
dekua, bring down at one blow
dema(-), a fish-trap
demani(-), end of south monsoon; lee-side
dengu(-), lentils
deni(-), a debt
dereva, driver
desturi(-), custom
dhabihu(-), a sacrifice
dhahabu(-), gold
dhahiri, evident
dhaifu, weak
dhalimu, unjust
dhalimu(ma), a tyrant
dhamana(-), surety; bail
dhambi(-), sin
dhamini, to guarantee
dhamiri(-), conscience
dhana(-), a supposition
dhani, to think; suppose
dhara(-), harm
dharau(-), contempt; scorn
dharau, to despise; **dharauliwa**, be despised
-dharaulifu, discourteous
dharuba(-), a blow
dhati(-), free-will; determination
dhihaka(-), ridicule
dhihaki, to ridicule; **dhihakiwa**, be ridiculed
dhihirisha, to show clearly; **dhihirika**, be clear
dhiki(-), distress

dhikika, be hard-pressed
dhili, to humiliate; **dhiliwa**, be humiliated
dhili(-), mean condition
-dhilifu, mean; insignificant
dhoofika, to lose strength
dhoofisha, to weaken
dhoruba(-), a storm
dhulumu, to treat unjustly; oppress; **dhulumiwa**, be oppressed
dhuru, to harm; **dhurika**, be harmed
dia(-), a ransom; compensation
dibaji(-), a preface
didimia, to sink down
didimisha, to force down
dimbwi(ma), a pool
dini(-), religion
dira(-), mariner's compass
diriki, to be in time to
dirisha(ma), a window
divai(-), wine
diwani(ma), a councillor
doa(ma), a blotch; stain
dobi(ma), a laundryman
dodoki(ma), a loofah
-dogo, small
dokeza, to hint
dokezo(ma), a hint
dola, the government
dona, donoa, to peck at
dondoa, to pick up bit by bit; make a selection
dondoo(ma), selections; anthology
donge(ma), a lump; ball of thread, etc.
donoa, to peck; strike (*snake*)
doria(-), a patrol
dosari(-), a blemish
dua(-), a petition; prayer
duara(-), a circle; wheel
dubu(-), a bear
dubwana(ma), a monster
dudu(ma), large insect
duduka, be pock-marked
dufu, insipid
dugi, blunt
dugika, be blunt
duka(ma), shop
dukiza, to eavesdrop
dumaa, be stunted; stupid

dume(ma), a male animal
dumisha, to cause to continue
dumu, to continue; persevere
dunduliza, to save up
dungu(ma), raised platform for bird scarers
duni, inferior
dunia(-), the world
dunisha, to underrate; despise
dutu(ma), a wart, pimple, etc.
duwaa, be dumbfounded

E

eda(-), wife's period of mourning
edashara, eleven
egama, to lean
egamia, to lean on
egemea, see tegemea
eka(-), an acre
-ekundu, red
elea, *1* be intelligible; *2* to float
eleka, to carry on back or hip
elekea, be inclined to; be probable
-elekevu, quick to learn
elekeza, to show the way; direct
eleleza, to follow a pattern
elewa, to understand
eleza, to explain
elezo(ma), explanation
elfeen, two thousand
elfu, a thousand
elimisha, to educate; elimika, be educated
elimu(-), knowledge; science
-ema, good
-embamba, narrow; thin
embe(ma), a mango
enda, to go
endeka, be passable
endekeza, to adapt; put right; spoil a child
endelea, to continue; progress
endesha, to drive
enea, be spread out; be sufficient
eneo(ma), area
eneza, to spread abroad; measure; fit
enezi(ma), distribution
engua, to skim off
-enu, your/s
-enye, having
-enyewe, self

Enyi!, You!
enzi, might; dominion
epa, to avoid
epea, to miss the mark
-epesi, *1* quick; *2* light in weight; *3* easy
epua, to take pot off fire
epuka, to avoid; epukwa, be avoided
eropleni(-), aeroplane
-etu, our/s
eua, to purify ceremonially
-eupe, white
-eusi, black
Ewe!, You there!
ezeka, to thatch; ezekwa, be thatched
ezua, to take thatch off

F

fa (kufa), to die
faa, be useful; proper
fadhaa(-), dismay
fadhaika, be troubled
fadhaisha, to disquiet
fadhili(-), a favour
fadhili, do a kindness to
fafanisha, fafanua, to liken to; make clear
fafanuka, be clear
fafanusha, to explain; make clear
fagia, to sweep; fagiwa, be swept
fagio(ma), a broom
fahali(ma), a bull
fahamika, be comprehensible
fahamisha, to inform; remind
-fahamivu, intelligent
fahamu(-), consciousness
fahamu, to know; understand
fahari(-), splendour
fahirisi(-), table of contents; index
faida(-), profit
faidi, to profit from
faini(-), a fine
fali(-), augury of good or bad luck
fanaka(-), prosperity
fanana, to resemble
fananisha, to compare
fanikiwa, to prosper
fanusi(-), a hand-lamp

fanya, to do; make
fanyika, be done; be doable
fanyiza, to make
fara, level measure
faradhi(-), obligation
faragha(-), seclusion; **faraghani**, in private
faraja(-), consolation
faraka(-), a division
farakana, be estranged
farakano(ma), a sect
farasi(-), a horse
fariji, to console; **farijika**, be comforted
fariki, to die
farisi, expert; capable
fasaha, fasihi, elegant in speech or writing
fasiki(-), a profligate
fasiri, to interpret; translate; **fasiriwa**, be translated
fataki(-), fireworks; crackers, etc.
fatiha, opening of the Koran; prayer for the dead
faulu, to succeed
fedha(-), silver; money
fedheha(-), shame
fedheheka, be put to shame
fedhehesha, to put to shame
feli, *1* an act; *2* a misdeed
fenesi(ma), jakfruit
ficha, to hide; **fichwa**; **fichika**, be hidden
fidhuli, insolent
fidi, to ransom
fidia(-), a ransom
fifia, to fade
figo(-), a kidney
fika, to arrive
fikara(-), meditation
fikia, to reach; overtake
fikicha, to crumble; rub
fikichika, be friable
fikiliza, to bring about
fikira(-), reflection
fikiri, to consider; **fikiriwa**, be considered
fikirisha, to make one think
fikisha, help someone to arrive
filimbi(-), a whistle; pipe
filisi, to ruin
filisika, to go bankrupt
fimbo(-), a light stick

finga, to protect by charms
fingirika, fingirisha, to roll along
fingo(ma), a charm
finya, to pinch; make too narrow
finyana, be shrivelled; wrinkled
finyanga, to make pots
finyo(ma), a narrow place; a crease
fisadi(ma), a corrupt person; seducer
fisha, to kill
fisi(-), a hyena
fisidi, to corrupt; seduce
fitina(-), discord
fitini, fitinisha, make discord
fiwa, be bereaved
foka, to burst out; boil over
fora(-), a success; a win
forodha, The Customs
frasila(-), a measure *c.* 35 lbs
fua, *1* to wash clothes; *2* to work in iron; *3* to husk coconuts
fuata, to follow; **fuatwa**, be followed
fuatana, to accompany
fuatisha, to copy
fuawe(-), an anvil
fudifudi, (to lie) face downwards
fudikiza, turn upside down
fufua, to revive
fufuka, to come to life
fuga, to keep livestock
fugo(ma), stock-keeping; animal given in payment
fuja, to bungle; waste
fujo(ma), mess; disorder
fukara(-), a destitute person
fukarika, become poor
fukarisha, make poor
fukia, *1* to fill in a hole; *2* to give out smoke
fukiza, to fumigate
fukizo(ma), vapour; fumes
fuko(ma), *1* an excavation; *2* a mole
fukua, to dig out; **fukuliwa**, be dug out
fukuto(ma), sweat
fukuza, to drive away; **fukuzwa**, be driven away
fukuzana, to chase one another
fukuzano(ma), a persecution

fulana(-), vest
fulani, a certain person or thing
fuliza, fululiza, to keep on doing; continue
fuma, to weave; knit
fumania, to take in the act; **fumaniwa,** be caught doing
fumba, to close; mystify
fumbata, to grasp
fumbo(ma), a dark saying; mystery
fumbua, to unclose; reveal
fumua, to unravel; unpick
fumukana, to disperse
funda, *1* to pound; *2* to gulp; *3* to instruct
fundi(ma), a craftsman
fundika, to make a knot
fundisha, to teach
fundo(ma), a knot
funga, to fasten; to fast; **fungwa,** be fastened
funganya, fungasha, to pack
fungate(-), seven-days honeymoon
fungu(ma), *1* a portion; *2* a sandbank; heap; *3* a group
fungua, to unfasten; open; **funguliwa,** be opened
funguka, to come undone
funika, to cover; **funikwa,** be covered
funua, to uncover; reveal
fununu(-), a rumour
funza(ma), maggot; jigger
funza, to instruct
funzo(ma), instruction
-fupi, short; low
fupisha, to shorten
fura, to swell; effervesce
furaha(-), joy
furahi, to rejoice; **furahiwa,** be rejoiced at
furahisha, to delight
furika, to overflow
furiko(ma), a flood
furufuru(-), confusion
furukuta, be restless
furushi(ma), a bundle
futa, *1* to wipe; obliterate; *2* to unsheathe
futika, to stick into belt, etc.
futua, to pull out

fuu, fuvu(ma), empty shell; the skull
fuzi(ma), shoulder
fuzu, to succeed; win
fyata, to put between legs; **fyata ulimi,** control your tongue
fyatua, let off a gun or trap
fyatuka, go off suddenly
fyeka, to cut down bush
fyeko(ma), cleared space for cultivation
fyoa, to reap by cutting
fyonza, to suck

G

gaagaa, to roll from side to side
gadi(ma), a prop
gadimu, to prop; shore up; **gadimiwa,** be propped up
gaidi(ma), a bandit
gamba(ma), bark; scale
gambusi(-), native banjo
ganda(ma), shell; pod; skin of fruit
ganda, to coagulate; freeze
gandama, be frozen, coagulated
gandamia, adhere to
gandamiza, to press; compress
gando(ma), crab's claw
gandua, to pull away; rescue
ganga, to mend; heal
gango(ma), a splint; splice
gani?, what kind of?
ganzi(-), numbness; **kufa ganzi,** go numb
gao(ma), a handful
gari(ma), a wheeled vehicle
gati(-), landing-stage
gauni(ma), a dress
gawa, gawanya, to divide; **gawiwa,** be divided
gawia, gawanyia, give a share to
gazeti(ma), magazine; newspaper
gego(ma), a molar tooth
gema, to tap (*for rubber, palm-wine, etc.*)
genge(ma), precipice; ravine
-geni, strange; **-a kigeni,** foreign
gereji(ma), a garage
gereza(ma), a prison
-geugeu, changeable

ǧeuka, ǧeuza, to turn round; change

ǧhadhabika, be angry

ǧhadhabu(-), anger

ǧhafilika, be taken unawares

ǧhafula, suddenly; unexpectedly

ǧhairi, to change one's mind; ǧhairi ya, without

ǧhala(-), store-room

ǧhali, scarce; expensive

ǧhalika, to rise in price

ǧhamu(-), grief

ǧharama(-), expense

ǧharika(-), a flood

ǧharikisha, to inundate

ǧharimia, to bear the expense of

ǧhasi, to disturb

ǧhasia(-), disturbance

ǧhiliba, rivalry

ǧhilibu, get the better of

ǧhofira(-), absolution

ǧhoshi, to adulterate

ǧhuba(-), a gulf

ǧiza(-), darkness

ǧoboa, to break off; strip off

ǧodoro(ma), a mattress

ǧofu(ma), a broken-down house

ǧogo(ma), a log

ǧogota, to tap

ǧoigoi, lazy; useless

ǧololi(ma), a marble

ǧoma, to strike work

ǧomba, ǧombana, to quarrel

ǧombea, to compete for; dispute

ǧombeza, to reprimand

ǧombo(ma), leaf of book

ǧome(ma), bark; shell

ǧonga, to knock

ǧongana, to collide

ǧongo(ma), a cudgel

ǧongomea, to nail up; ǧongomewa, be nailed up

ǧota, to tap

ǧoti(ma), a knee; piga magoti, kneel down

ǧubeti(-), prow of native vessel

ǧubika, to cover; ǧubikwa, be covered

ǧubua, to uncover

ǧudi(ma), a dock

ǧudulia(ma), water-jar

ǧugu(ma), a weed

ǧugumia, to gulp down

ǧugumiza, to stutter

ǧuguna, to gnaw

ǧumba, sterile; kidole ǧumba, the thumb

-ǧumu, hard; difficult

ǧuna, to grunt; show discontent

ǧundi(-), adhesive gum

ǧundua, to catch unawares; startle; ǧunduliwa, be come upon unexpectedly

ǧunga, to keep a taboo

ǧunia(ma), a sack

ǧuno(ma), grumbling

ǧunzi(ma), a maize cob

ǧurudumu(ma), a wheel

ǧusa, to touch; ǧuswa, be touched

ǧusika, be touchable

ǧuta, to shout

ǧutu(ma), a stump

ǧutua, to startle; ǧutuka, be startled

ǧwaride, military parade

H

For other words with H prefixes see page 19

haba, few; very little

habari(-), news; habari za, about

Habeshi, Abyssinia

hadaa, to cheat; hadaiwa, be cheated

hadaa(-), trickery

hadhara(-), a meeting; in front of

hadhari(-), caution

hadhari, be cautious; jihadhari!, Look out!

hadi, until; up to

hadithi(-), a story

hadithia, to narrate; hadithiwa, be told

hafifu, insignificant

hai, alive

haiba, noble bearing

haidhuru, it doesn't matter

haini(-), a traitor; to betray

haja(-), need; request

hajambo, he is well

haji(-), pilgrimage to Mecca

haki(-), justice; right; **-a haki,** just

hakika(-), certainty

hakikisha, to make sure

hakimu(ma), a judge

hakuna, no; there is not

halafu, afterwards

halaiki(-), a crowd

halali, lawful

halalisha, to legalize

hali, state; **U hali gani?** How are you?

halifu, to rebel against; disobey

halisi, genuine; truly

halmashauri(-), a council

halzeti, olive oil

hama, to move away; **hamia**, to move to

-hamaji, migratory

hamaki, to get angry suddenly; quick temper

hamali(ma), a porter

hamamu(-), public baths

hame(ma), a deserted village

hamira(-), yeast

hamisha, to move people; banish

hamu(-), a yearning

hanamu, oblique; sloping edge

handaki(ma), a trench

hangaika, be anxious

hangaiko(ma), anxiety

hangaisha, make anxious

hani, to condole with

hapa, here

hapana, no; there is not

hapo, there; then

hara, to have diarrhoea

-harabu, destructive

haraka(-), haste

harakisha, to hustle

haramia(ma), bandit; pirate

haramu, prohibited

harara(-), body heat; hot temper

hari(-), heat

-haribifu, destructive

haribika, be spoilt

haribu, to destroy; spoil

harimisha, to excommunicate; declare illegal

harimu(ma), forbidden persons or things

hariri(-), silk

harisha, to cause diarrhoea; purge

harufu(-), odour

hasa, especially

hasara(-), loss; damage

hasira(-), anger

hasiri, to damage; **hasiriwa,** be damaged; incur loss

hata, until; up to; **hata kidogo,** not at all

hatamu(-), bridle

hatari(-), danger

hati(-), document; **hati ya ma- ombi,** application form

hatia(-), guilt

hatima(-), end; **hatimaye,** finally

hatirisha, to endanger

hatua(-), a step; pace

hawa(-), strong desire; **hawa nafsi,** egotism

haya(-), modesty; bashfulness

hayawani(-), a beast

hazina(-), treasury

hedaya(-), a costly gift

hedhi(-), menses

hekaheka, shouts of encouragement

hekalu(ma), temple

hekaya(-), a legend

hekima(-), wisdom

hema(-), a tent; **piga hema,** pitch a tent

hema, to pant for breath

hemera, to search for food

heri(-), happiness; **Kwa heri,** Goodbye

herufi(-), a letter (*alphabet*)

hesabia, consider to be

hesabu(-), accounts; arithmetic

hesabu, to reckon; **hesabiwa,** be reckoned

heshima(-), honour; respect

heshimu, to honour; **heshimiwa,** be honoured

hewa(-), air

hiari(-), choice; free-will; **-a hiari,** voluntary

hidi, to convert; **hidiwa,** be converted

hifadhi, to preserve; **hifadhiwa,** be preserved

hiji, to go on pilgrimage

hila(-), craftiness

hima(-), haste; quickly

himaya(-), protection

himidi, to praise (*God*); **himidiwa,** be praised

himili, to bear; support

himiza, to urge haste

hini, hinisha, to withhold from

hirizi(-), a charm; amulet

hisa(-), a share; portion

hisani(-), kindness

hitaji, to need; **hitajiwa,** be needed

hitilafiana, be different

hitilafu(-), difference; blemish

hitimu, to finish education

hivi, hivyo, thus

hizi, to disgrace

hodari, brave; capable

hodi, May I come in? *Ans.* **karibu**

hofia, be afraid for

hofu(-), fear

hohe hahe, utterly destitute

hoi, in a bad state

hoja(-), subject under discussion; business

hoji, to interrogate

hojiana, to discuss

homa(-), fever

honga, to bribe; pay toll

hongeza, *1* extort payment; *2* to congratulate

hori(-), *1* a creek; *2* a manger

hotuba(-), a sermon; address

hua(-), a kind of dove

huba(-), love; friendship

hubiri, to preach

hudhuria, to attend a meeting

hudhurio(ma), attendance

huduma(-), service; ministry

huenda, perhaps

huisha, to give life to

hujambo?, Are you well?

huko, huku, here; there; **huko nyuma,** meanwhile

hukumu(-), judgement

hukumu, to judge; **hukumiwa,** be judged

hulka(-), human condition, characteristics, etc.

huluku, to create

humo, humu, in there

huru, free

huruma(-), compassion

hurumia, show mercy to

husiana, be relevant

husika, to apply to; be concerned with

husu, to concern

husuda(-), envy

husudu, to envy; **husudiwa,** be envied

hususa, special; especially

hutubu, to preach

huzuni(-), grief

huzunika, be grieved

huzunisha, to grieve

I

iba, to steal

ibada(-), worship

Ibilisi, the Devil

ibia, to rob; **ibiwa,** be robbed

idadi(-), a number; **bila idadi,** uncountable

idara(-), a Government Department

idhini(-), permission

idhini, idhinisha, to sanction; authorize

idi(-), Moslem festival

iga, igiza, to imitate

igizo(ma), imitation; dramatization

ijapo, although

ijara(-), wages

ijumaa, Friday

ikiwa, if

ikiza, to lay across

iktisadi(-), economy

ila, except; **ilakini,** but

ila(-), a flaw

ilani(-), a notice; proclamation

ili, in order that

imamu, Mosque minister

imani(-), faith

imara, firm

imarisha, make firm

imba, to sing

imla, dictation

inama; inamisha, to bend down

inda(-), spite

ingawa, although

-ingi, many; much

ingia, to enter; **ingiwa,** be entered

-ingine, some; other

ingiza, to admit; put in

ini(ma), the liver

Injili, the Gospel
inshallah, God willing
inua, to lift up; **inuliwa,** be lifted up
inuka, to get up
inzi(ma), a fly
ipi?, which?
isha, to finish; be finished
ishara(-), a sign; signal
ishi, to live
ishilio(ma), stopping point
ishirini, twenty
ishiwa na, to have none left
isipokuwa, unless
islamu, Moslem religion
ita, to call; **itwa,** be called
itika, to answer a call
itikio(ma), response
iva, to get ripe; be well-cooked
iwapo, if

J

ja (kuja), to come
jaa(-), a rubbish-heap
jabali(ma), rocky prominence
jadi(-), lineage
jadili, to cross-question
jadiliana, to debate
jadiliano(ma), a debate
jaha(-), good fortune
jahazi(ma), a dhow
jaji(ma), a judge
jalada(-), a book cover
jali, to heed; respect
jalia, to grant; **jaliwa,** be granted
jalidi, to bind a book
jamaa(-), family; relatives
jamala(-), courtesy
jambia(-), Arab dagger
jambo (mambo), a matter; something; **jambo!,** a greeting
jamhuri(-), a republic
jamii(-), a group: collection
jamii, to have intercourse
jamvi(ma), plaited mat
jana, yesterday
jangwa(ma), desert
jani(ma), a leaf
-janja, cunning
japo, although
jaribio(ma), an experiment; trial
jaribosi, metal foil

jaribu, to try; test; **jaribiwa,** be tested
jaribu(ma), trial; temptation
jasho(-), sweat; **toka jasho,** to perspire
jasiri, to venture; **-jasiri,** daring
jasisi, to spy
jasusi(ma), a spy
jawabu(ma), an answer; a matter
jaza, to fill
jazi, to bestow on
je?, well? **-je,** how?
Jehanum, Hell
jela(-), prison
jemadari(ma), a commanding officer
jembe(ma), a hoe
jeneza(-), a bier
jenga, to build; **jengwa,** be built
jengo(ma), a building; building materials
jeraha(ma), a wound
jeruhi, to wound; **jeruhiwa,** be wounded
jeshi(ma), an army
jeuri(-), violence
jia, to come to; **jiwa,** be visited
jibini(-), cheese
jibu, to answer; **jibiwa,** be answered
jibu(ma), an answer
jicho (macho), an eye
For prefix **JI** *see page* 20
*ji*endesha, be automatic
*ji*fanya, to pretend
*ji*gamba, to brag
*ji*hadhari, take care
*ji*hini, to abstain from
*ji*ke (majike), female animal
*ji*ko (meko), cooking place; **jikoni,** kitchen
*ji*kwaa, to stumble
*ji*mbo(ma), province; county
*ji*na(ma), a name
-jinga, stupid; ignorant
*ji*ni(ma), a genie
*ji*no (meno), a tooth
jinsi, how
*ji*nyima, to deny oneself
*ji*ona, be vain
*ji*oni, evening
*ji*patia, to acquire

jipu(ma), abscess
jirani(ma), neighbour
*ji*sifu, to boast
*ji*stahi, have self-respect
*ji*suka, to balance oneself
jitahidi, make an effort
*ji*tanguliza, put oneself forward
*ji*tegemea, be self-reliant
jitihadi(-), an effort
jitu(majitu), a giant
jiuzulu, abdicate
*ji*vuna, to boast; *ji*vunia, pride oneself on
jiwe (mawe), a stone
jogoo(ma), a cock
johari(-), a jewel
joho(ma), an Arab robe
joka(ma), a huge snake; dragon
joko(ma), a kiln
jongea, jongeza, to move along
jongoo(ma), a millipede
jora(ma), a bale of cloth
joto, heat
jozi(-), a pair
jua(ma), the sun
jua, to know; juliwa, be known
juana, to know one another
juha(ma), a simpleton
juhudi(-), zeal
jukwaa(ma), stage; scaffolding
julikana, be known
julisha, make known
juma(ma), a week
Jumamosi, Saturday
Jumapili, Sunday
jumba(ma), a hall; large house
jumbe(ma), a Chief
jumla(-), the total
jumlisha, to add up
jumuiya(-), a society; association
juta, to regret
juto(ma), remorse
juu, up; above; juu ya, over; down from
juujuu, superficially
juzi(ma), day before yesterday
juzu, be fitting; behove

K

kaa(ma), charcoal; coal; embers
kaa(-), a crab
kaakaa(ma), roof of mouth

kaanga, to fry; kangwa, be fried
kaango(-), a frying-pan
kaba, to press, throttle; kabwa, be throttled
kabari(-), a wedge
kabati(ma), a cupboard
kabidhi, to entrust to; kabidhiwa, be entrusted with
-kabidhi, economical; miserly
kabidhi(-), charge; guardianship
kabila(-), tribe
kabili, to face towards
kabiliana, to confront one another
kabisa, absolutely
kabla (ya), before (*time*)
kaburi(ma), a grave
kadamnasi, in front of
kadhalika, likewise
kadha, various; such-and-such
kadha wa kadha (kwk), etcetera (etc.)
kadhi(ma), Moslem judge
kadiri, kadirisha, to evaluate; kadiriwa, be estimated
kadiri(-), amount; moderation
kadiri ya, about
kafara(-), a sacrifice
kafi(ma), a paddle
kafiri(ma), an infidel
kaga, to protect by charms
kago(ma), a protective charm
kagua, to inspect; audit; kaguliwa, be inspected
kahaba(ma), a prostitute
kahawa, coffee (*after grinding*)
kaidi, to contradict; be obstinate; -kaidi, obstinate
kaimu(ma), an agent
kaka(ma), elder brother
kakakaka, in a hurry
-kakamizi, stubborn
kakamua, to struggle to do something
kakao(-), cocoa
kakara, struggling; wrestling
kakawana(ma), a strong well-built man
kalamka, be quick-witted
kalamkia, to outwit; kalamkiwa, be outwitted
kalamu(-), pen; pencil

kale, old times; **-a kale**, old; **-a kikale**, old-fashioned

kale na kale, for ever and ever

kalenda(-), calendar

-kali, sharp; fierce

kalika, kaliwa, be inhabited

kama, to squeeze; milk

kama, *1* as, like; *2* if, whether; *3* that; *4* about

kamari(-), gambling

kamata, to seize; **kamatwa**, be seized

kamba(-), *1* rope; *2* lobster; *3* honeycomb

kambi(-), a camp

kambo, step-; **baba wa kambo**, stepfather

kame, arid

kamia, to extort by threats

kamili, -kamilifu, perfect; complete

kamilika, be completed, perfected

kamilisha, to complete, make perfect

kamio(ma), threatening demands

kampuni(ma), company

kamsa(-), an alarm

kamua, to squeeze; **kamuliwa**, be squeezed

kamusi(-), a dictionary

kamwe, never; not at all

kana, to deny

kana kwamba, as if

kanda, to knead

kandika, to plaster; **kandikwa**, be plastered

kandiko(ma), clay for plastering

kando, aside; **kando ya**, beside

kanga(-), *1* women's garment; *2* guinea-fowl

kanikana, be deniable

kaniki, dark cotton material

kanisa(ma), a church

kanuni(-), a rule; principle

kanusha, to refute

kanya, to forbid, rebuke

kanyaga, to trample on, tread; **kanyagwa**, be trodden on

kanzu(-), men's garment

kao(ma), dwelling-place

kaputula(-), shorts

karafuu(-), cloves

karaha(-), disgust

karakana(-), a factory

karama(-), a gracious gift

karamu(-), a feast

karanga(-), groundnuts

karani(ma), a clerk

karata(-), playing-cards

karatasi(-), paper

karibia, to draw near

karibiana, to converge

karibisha, to welcome; **karibishwa**, be welcomed

karibu! Come in!

karibu, near; nearly

karimu, generous

karipia, to rebuke; **karipiwa**, be rebuked

karipio(ma), a reprimand

kariri, to repeat, recite

karne(-), a century

kasa(-), a turtle

kasa, less by; **kasa robo**, three-quarters

kasha(ma), a box

kashifa(-), slander; libel

kashifiwa, be slandered

kashifu, to slander

kasi, with force

kasia(ma), an oar

kasidi, intentionally

kasirani(-), anger

kasirika, to be angry

kasirisha, to anger

kasisi(ma), a priest

kaskazi(-), north-wind; the hot season

kaskazini, the north

kasoro, less by; a blemish

kasuku(-), a parrot

kaswende(-), syphilis

kata(-), a ladle

kata, to cut; to decide; **katwa**, be cut

kataa, final; decisive

kataa(-), a section; a part of

kataa, to refuse; **kataliwa**, be refused

katani(-), sisal

kataza, to forbid; **katazwa**, be forbidden

katazo(ma), a prohibition

kati, katikati, in the middle

kati ya, between; among

katibu(-), a clerk
katika, in; out of; off
-katili, cruel
katiza, to cut short
katua, to polish; **katuliwa,** be polished
kauka, to get dry
kauli(-), expressed opinion
kauri(-), a cowrie shell; china
kausha, to dry
-kavu, dry
kawa(-), a plaited dish-cover
kawaida(-), custom; usage
kawia, to delay
kawilisha, to detain
kawisha, to get into arrears
kayamba(-), a rattle
kaza, to make fast; emphasize; **kazwa,** be emphasized
kazana, to make a united effort
kazi(-), work
-ke, female
kefu, kifu(-), sufficiency
kekee(-), a boring tool
kelele(ma), uproar; shouting
kemea, to rebuke; **kemewa,** be rebuked
kenda, nine
kengele(-), a bell; **piga kengele,** to ring
kengeua, to turn from the right way
kera, to irritate, worry
kereketa, to irritate
kero(-), importunity
kesha, to stay awake; keep watch
kesho, tomorrow
kesho kutwa, day after tomorrow
kesi(-), a lawsuit
keti, to sit down
   KH *is now written as* H. *For prefix* KI *see page* 20
ki, it is
kiada, carefully; distinctly
kiaga(vi), a promise
kiambaza(vi), a partition wall
kianga, sunshine
kiangazi, the hot season
kiapo(vi), an oath
kiarabu, Arabic
kiasi, amount; moderation; **-a kiasi,** temperate
kiatu(vi), shoe

kiazi(vi), potato
kibaba(vi), grain measure *c.* 1 pt.
kibali, acceptance; favour
kibanda(vi), shed; hut
kibandiko(vi), anything stuck on
kibano(vi), tweezers, pincers, vice, etc.
kibanzi(vi), splinter
kibao(vi), slate; shelf, board
kibarua(vi), a casual labourer
kiberiti(vi), a match; sulphur
kibeti(vi), a dwarf
kibiongo(vi), a hunchback
kibofu(vi), bladder
kiboko(vi), hippopotamus
kibonyeo(vi), a dent
kibuhuti, perplexity
kiburi(-), pride
kiburudisho(vi), anything refreshing
kibuyu(vi), a calabash
kibweta, small box
kichaa, insanity
kicha(vi), bunch of palm-leaf strips
kichaka(vi), bush; copse
kichala(vi), bunch of fruit
kichefuchefu, nausea
kicho, awe
kichochoro(vi), alley; passage
kichomi(vi), a stabbing pain
kichuguu(vi), an anthill
kichwa(vi), head
kidau(vi), an inkpot
kidevu(vi), chin
kidhi, to grant; satisfy; **kidhiwa,** be granted
kidimbwi(vi), a pool
kidogo, a little; **kidogo kidogo,** gradually
kidokezi(vi), a clue
kidole(vi), a finger; toe; **kidole gumba,** thumb
kidonda(vi), an ulcer
kidonge(vi), a pill; small lump
kidudu(vi), small insect
kielekezo; kielelezo(vi), directions; pattern
kifaa(vi), a useful thing
kifaduro, whooping cough
kifani(vi); kifano(vi), something similar
kifaranga(vi), chicken

kifaru(vi), rhinoceros
kifichifichi, stealthily
kificho(vi), concealment
kifijo(vi), applause
kifiko(vi), arrival
kifo(vi), death
kifua(vi), chest; chest complaint
kifudifudi, prostrate
kifundo(vi), a knot
kifungo(vi), a button; fastening
kifungoni, in prison
kifuniko(vi), a lid
kifupi, briefly
kifurifuri, brimming over
kifusi(vi), debris
kigae(vi), piece of broken pot; a roof-slate
kigego(vi), ill-omened child or animal
-a kigeni, unusual
kigeugeu, changeableness
kigingi(vi), a tethering-peg
kigongo(vi), a hump
kigosho(vi), a deformed arm
kigugumizi, stammering
kigwe(vi), braid, cord, etc.
kiherehere, anxiety
kihoro, great grief
Kiingereza, the English language; **-a kiingereza**, English
kiini(vi), inner part; kernel
kiinimacho, jugglery; magic
kiitikio(vi), refrain; response
kijaluba(vi), small metal box
kijana(vi), a youth
kijicho, envy; malice
kijidudu(vi), a germ; microbe
kijiji(vi), a village
kijiko(vi), a teaspoon
kijiti(vi), a small stick; peg
kijito(vi), a brook
kijivu, grey
kijumba(vi), a small compartment; a cell
kijumbe(vi), a go-between
kikaango(vi), a frying-pan
kikaka, a rush, hurry
kikao(vi), position; place of residence
kukapu(vi), plaited basket
-a kike, female
kikiki, firmly
kikisa, to perplex

kiko(vi), *1* tobacco pipe; *2* elbow
kikoa(vi), co-operation; a team
kikombe(vi), a cup
kikomo(vi), end
kikoromeo(vi), larynx
kikosi(vi), a band; a troop
kikuku(vi), a bracelet
kikumbo(vi), a shove
kikuza-sauti, microphone
kila, every
kilaji, food
kile, that
kilele(vi), a peak; tree-top
kilema(vi), a lame person
kilemba(vi), a turban
kileo(vi), an intoxicant
kilima(vi), a hill
kilimi, uvula
kilimo, agriculture
kilindi(vi), deep water
kilio(vilio), a mourning; lamentation
kilo(-), a kilogramme
kiluwiluwi(vi), a tadpole; mosquito larva
kima(-), *1* a monkey; *2* price
kimaada, genuine
kimacho, alert
kimbia, to run
kimbilia, to run to safety
kimbilio(ma), a refuge
kimbiza, to drive away; **kimbizwa**, be driven away
kimbunga(vi), typhoon
kimelea(vi), a parasite
kimetameta(vi), a sparkling light
kimia, network; trellis
kimo, height
kimombo, the English language
kimu, to provide for
kimulimuli(vi), firefly
kimwa, be put out; be sulky
kimwondo(vi), meteor
kimya, silence; silently
kina, *same as* **akina**
kina(vi), *1* depth; *2* rhyme
kinai, to be *1* satisfied; *2* surfeited
kinaisha, to satisfy; to nauseate
kinanda(vi), stringed instrument
kinara(vi), candlestick
kinaya(-), self-sufficiency
kinga, to ward off; guard; **kingwa**, be protected

kinga(-), an obstruction
kingalingali, on the back
kingama, to lie across
kingi, much
kingine, another
kingiza, to protect; ward off
kinu(vi), mortar for pounding corn; grinding mill
kinubi(vi), a Nubian harp
kinundu(vi), a knob
kinyaa, filth; disgust
kinyemi, something good
kinyesi, excrement
kinyevu, humidity
kinyonga(vi), a chameleon
kinyongo, illfeeling; kwa kinyongo, unwillingly
kinyozi(vi), a barber
kinyume, the contrary; backwards
kinywa(vi), mouth
kinywaji(vi), a beverage
kinza, kinzana, to oppose; obstruct
kioja(vi), a marvel
kiolezo(vi), a pattern; sample
kiongozi(vi), a leader, guide
kionjo(vi), a taste
kionyo(vi), a hint
kioo(vi), glass; mirror
kipaji(vi), a gift
kipaku, speckled
kipande(vi), a piece
kipandio(vi), step; rung
kipatanisho, a reconciling gift
kipawa(vi), 1 a gift; 2 a ladle
kipengee(vi), a side-path; subterfuge
kipenyo(vi), an opening
kipenzi(vi), darling; favourite
kipeo(vi), the highest point; maximum
kipepeo(vi), butterfly
kipimio(vi), a scale to measure with
kipimo(vi), measurement
kipindi(vi), a period of time
kipini(vi), a nose ornament
kipofu(vi), a blind person
kipokeo, by turns
kipunguo, deficiency
kipunguzi, discount
kipunjo, slyly

kipusa, rhino horn; a young girl
kiraka(vi), a patch; spot
kiri, to acknowledge
kiriba(vi), water-skin
kirihi, to abhor
kirimu, be generous to
kiroboto(vi), a flea
kisa(vi), story; report
kisahani(vi), a saucer
-a kisasa, modern; up-to-date
kisasi, revenge
kisha, then; afterwards
kishaufu(vi), a trinket
kishawishi(vi), an incentive
kishenzi, uncivilized (abusive)
kishimo(vi), burrow; small hole
kishindo(vi), a shock
kisi, kisia, to estimate; kisiwa, be estimated
kisigino(vi), heel; elbow
kisima(vi), a well
kisio(ma), estimation
kisirani(-), misfortune
kisiwa(vi), island
kisogo(vi), back of head; kupa kisogo, turn the back on
kisonono, gonorrhoea
kisu(vi), knife
kisua(vi), a garment
kisulisuli, giddiness
kisura, a pin-up
kita, to stand firm; fix firmly
kitabu(vi), a book
kitakia(vi), a pad
kitalu(vi), a fenced enclosure
kitambaa(vi), a cloth; material
kitambo, a short period
kitana(vi), a comb
kitanda(vi), a bed
kitanga(vi), 1 palm of hand; 2 pan of scales; 3 plaited mat
kitani, linen; flax
kitanzi(vi), a loop
kitasa(vi), a lock
kitefutefu, sobbing
kitembe, a lisp
kitendawili(vi), a riddle
kithiri, to increase
kiti(vi), a seat; mwenye-kiti, chairman
kitisho(vi), a threat
kito(vi), a jewel
kitovu(vi), the navel

kitoweo(vi), side-dish eaten with main dish

kitu(vi), an object; a thing

kitubio(vi), a penance

kituko(vi), feeling of fear; alarm

kitumbuizo(vi), a lullaby

kitundu(vi), a cage

kitunguu(vi), an onion

kituo(vi), a resting-place; pause

kiu, thirst

kiumbe(vi), a created thing; human being

kiume, male

kiunga(vi), suburb

kiungo(vi), a joint

kiuno(vi), the waist

kiunzi(vi), framework

kivimbe(vi), a swelling

kivivu, lazily

kivuko(vi), a ford

kivuli(vi), a shadow; shade

kivumbi, commotion

kivumi, a rumour; reputation

-kiwa, solitary; desolate

kiwambo(vi), a screen; anything stretched over a frame

kiwanda(vi), a workshop

kiwango, position in life; corresponding duty

kiwanja(vi), a plot of ground

kiwasho, irritation; inflammation

kiwete(vi), a cripple

kiwi, dazzle

kiwiko(vi), wrist; ankle

kiwimbi(vi), a ripple

kiyama(vi), the general resurrection

kiyoga(vi), mushroom; toadstool

kiyowe(vi), a scream

kizazi(vi), a generation

kizibo(vi), a cork; stopper

kizibuo(vi), a corkscrew

kizimba(vi), a coop; hutch

kizingiti(vi), the threshhold

kizio(vi), hemisphere

kiziwi(vi), a deaf person

kizuizi(vi), an impediment

kizuka(vi), an apparition

kizunguzungu, dizziness

ko kote, anywhere; wherever

kobe(ma), a tortoise

kochokocho, abundantly

kodi(-), tax; rent

kodi, kodisha, to rent, let

kodolea macho, stare, glare at

kofi(ma), the open hand; piga kofi, to slap; piga makofi, to clap

kofia(-), hat; cap

koga(-), 1 mould; blight; 2 to show off

kohoa, to cough

kojoa, to urinate

kokota, to drag along; kokotwa, be dragged

-kokotevu, dilatory

kokwa(-), stone of fruit; nut

kolea, be well-seasoned

koleo(ma), tongs

koleza, to season food

koma, to come to an end

komaa, be full-grown; ripe

komamanga(ma), a pomegranate

komba, to hollow out; kombwa, be hollowed out

kombe(ma), large dish; anything bowl-shaped

kombe(-), kome(-), kinds of sea-shells

kombeo(ma), sling for throwing stones

kombo(ma), 1 scraps of food; 2 malformation

komboa, to redeem; kombolewa, be redeemed

komeo, to bolt, bar a door; komewa, be barred

komeo(ma), bolt or bar

komesha, to bring to a stop

komoa, to unbar; komolewa, be unbarred

komwe(-), seeds used as marbles

konda, to get thin

konde(ma), 1 the fist; 2 a field

kondoo(-), a sheep; kikondoo, meekly

konga, to grow old

kongoa, to extract nails

kongoja, to walk feebly; jikongojea, walk with a stick

kongoka, to come apart

kongolea, to take to pieces

kongomea, to put together; nail up

-kongwe, old, worn-out

konokono(-), a snail
konyeza, give covert sign; wink
konzi(ma), a fist; fistful
koo(ma), *1* throat; *2* a breeding animal
kopa, to borrow
kope(ma), *1* a loan; *2* eyelids and lashes
kopesha, to lend
kopo(ma), a tin; can
korija(-), a score
-korofi, evil-minded
koroga, to stir
korokoni, a lock-up
koroma, to snore; grunt
korongo(ma), *1* a heron; *2* a donga
korosho(ma), a cashew nut
korti(ma), lawcourt
kosa(ma), a fault; mistake
kosa, to fail; to err
kosana, to disagree
kosea, to make a mistake
kosekana, be missing
kosesha, to lead astray
kotekote, everywhere
koti(ma), a coat
kovu(-), a scar
kua, to grow
kuba(-), vaulted roof; dome
kubali, to agree to
kubalika, be acceptable; kubaliwa, be accepted
-kubwa, large; great
kucha(ma), a claw
kucha(-), sunrise; kuchwa, sunset
kufuli(-), a padlock
kufuru, to blaspheme
kuhani(ma), Jewish priest
kuku(-), a hen
kulabu(-), a hooked instrument; hook
kule, there
kuliko, than
kulungu(-), bushbuck
kumba, kumbana, to push, jostle
kumbatia, to embrace; kumbatiwa, be embraced
Kumbe!, Behold
kumbikumbi(-), flying ants
kumbuka, to remember

kumbuko(ma), memory; memories
kumbukumbu, a souvenir
kumbusha, to remind
kumbusho(ma), reminder
kumi, ten
kuna, to scratch; grate
kuna, there is; there are
kundaa, be stunted
kunde(-), small beans
kundi(ma), a flock; group
kunga(-), confidential teaching
kungugu(-), mist, fog
kungumanga(-), nutmeg
kunguni(-), a bug
kunguru(ma), a crow
kung'uta, to winnow
kung'uto(ma), a sifting tray
kungwi(ma), instructor at initiation rite or marriage
kuni, firewood(-)
kunja, to fold; kunjwa, be folded
kunjamana, to be wrinkled, creased
kunjo(ma), wrinkle; crease
kunjua, to unfold; smooth out; kunjuliwa, be unfolded
-kunjufu, genial
Kunradhi, Excuse me
kunyanzi(ma), a wrinkle; crease
kupe(-), cattle tick
kupua, to shake off; throw off
kupuka, to rush off
kura, a lot; piga kura, cast lots
kurunzi(-), searchlight; electric torch
kusanya, to collect; kusanywa, kusanyika, be collected
kusanyiko(ma), an assembly
kushoto, the left side
kusi, the south monsoon; kusini, the south
kusudi(ma), intention; kwa kusudi, intentionally
kusudi, kusudia, to intend; kusudiwa, be intended
kuta, to come upon
kutana, to meet
kutano(ma), a meeting
kuti(ma), a coconut leaf
kutu, rust; tarnish
kutwa, all day
-kuu, great; -kuukuu, worn-out

kuume, the right side
kuvu(-), mould; mildew
kuwa, to be; **kuwapo,** to be present
kuwadi(ma), a procurer
kuwili, two-sided
kuza, to enlarge; exalt
kuzimu, place of the dead
kwa, to; by; with; for
kwa heri, goodbye
kwa hiyo, therefore
kwa kuwa, kwa sababu, because
Kwa nini?, Why?
kwaa, to stumble; trip over
kwajuka, to fade; get spoilt
kwama, to get jammed
kwamba, that
kwangua, to scrape
kwani, why? because
kwanza, first; at first
kwapa(ma), armpit; **kwapani,** under the arm
Kwaresima, Lent
kwaruza, to grate; graze
-kwasi, wealthy
kwata(-), drill; parade
kwatua, to clean; **kwatuka,** be clean and tidy
kwaza, cause to stumble
kwazo(ma), a stumbling block
kwea, to go up
kwekwe(-), weeds
kweli, truth; true
kwenye, towards; to
kwepua, to snatch
kweza, to raise
-kwezi, climbing
kwikwi(-), hiccup

L

la! No; not so!
la (kula), to eat; **liwa,** be eaten
laana(-), a curse
laani, to curse; **laaniwa,** be cursed
labda, perhaps
ladha(-), flavour
laghai, to cheat
-laghai, dishonest
laiki, what is fitting; be fitting
laini, smooth; soft

lainika, be softened
lainisha, make smooth, soft
laiti!, if only!
laki, go to meet; **lakiwa,** be met
lakini, but; however
lala, to sleep; lie down
lalamika, to cry for mercy
lalamiko(ma), an appeal for mercy
lamba, to lick; **lambwa,** be licked
lami(-), tar
lango(ma), gate; portal
laumiwa, be blamed
laumu, to blame
lawama(ma), reproach; blame
laza, to lay down; **lazwa,** be laid down
lazima(-), necessity; obligation
lazimika, lazimiwa, be obliged to
lazimisha, to compel
lazimu, to be obligatory
lea, to bring up a child
legalega, be loose; rickety
legea, to be slack, loose
-legevu, slack, lazy
legeza, to loosen
lemaa, be disfigured; maimed
lemaza, to cripple; maim
lemea, to burden; **lemewa,** be burdened
lemeza, to oppress
lenga, _1_ to aim; _2_ to slice
lengelenge(ma), a blister
lengo(ma), aim
leo, today
lepe(ma), drowsiness
leso(-), handkerchief; scarf
leta, to bring; fetch; **letwa,** be brought
letea, to bring to; **letewa,** be brought to
levuka, to get sober
levya, to intoxicate
lewa, to get drunk
lia, to utter a sound; to cry
licha, not only
lika, be eatable
likiza, to give leave; send away
likizo(-), vacation; leave
lilia, to weep for; **liliwa,** be wept for

lima, to plough; hoe; **limwa,** be ploughed
limau(ma), a lemon
limbika, to wait till ripe; **limbikwa,** be waited for
limbuka, to enjoy the firstfruits
limbuko(ma), firstfruits
linda, to guard; **lindwa,** be guarded
linga, put together for comparison
lingana, to match
linganisha, to compare and rectify
linganya, to harmonize
lini?, when?
lipa, to pay; **lipwa,** be paid
lipiza, to exact payment
lipizo(ma), a forced payment
lipo(ma), a payment; recompense
lipu(-), plaster; **piga lipu,** to plaster a wall
lipuka, to flare up; explode
lisha, to feed; graze; **lishwa,** be fed
liwa, be eaten
liwaza, to console
liwazo(ma), consolation
loga, to bewitch; **logwa,** be bewitched
logoa, to remove a spell
londea, hang round hoping for something
lowa, lowana, to get drenched
loweka, loweza, put to soak
lozi(ma), an almond
lugha(-), language
lulu(-), a pearl
lungula, to extort money; blackmail

M

For prefix **ma** *see page* 20
maadamu, while; as
maadili, honourable conduct
maafa, disaster
maafikano, maagano, an agreement
maagizo, commands; directions
maaguzi, predictions
maakuli, diet
maalum, special
maamkio, maamkizi, greetings

maamuzi, arbitration
maana(-), the meaning; the reason; because
maandalio, preparations
maandamano, procession
maandazi, confectionery
maandiko, writings
maangalizi, watchfulness
maanguko, a fall
maanisha, to denote
maarifa, knowledge
maarufu, well known
maasi, rebellion
maawio ya jua, sunrise
maazimio, intention
mabaya, evil
mabishano, contention
mabomoko, ruins
maburudisho, recreation
machachari, disturbance
machafuko, disorder
machela(-), hammock
macheo, sunrise
macho, eyes
machozi, tears
machukio, sulkiness
machungani, pasture
madaha, gracefulness; **-enye madaha,** attractive
madahiro, elegance
madai, claims
madaraka, responsibility
madhahabu(-), altar
madhali, while; seeing that; since
madhara, harm
madhehebu, customs; sect
madhubuti, reliable
madhumuni, intention
madini(-), metal
madoadoa, mottling, spots
maelekeo, tendency
maelezo, explanation
maendeleo, progress
maenezi, distribution
mafaa, utility
mafua, a cold
mafuatano, a following-together
mafundisho, mafunzo, teaching
mafuriko, overflow; flood
mafuta, oil; fat
mafya, fire-stones
magadi, soda
magazini(-), warehouse

mageuzi, fluctuations
magharibi, the west
magofu, broken-down houses
magugu, weeds
mahabusi, a prisoner
mahali, a place; mahali pote, everywhere
mahame, a deserted place
maharagwe, beans
mahari(-), marriage payment
maharimu, close relations (forbidden marriage)
mahindi, maize
mahiri, skilful
mahitaji, needs
mahususi, special
maili(-), mile
maisha, life
maishilio, livelihood
maiti(-), corpse
maizi, to know
majadiliano, debate
majaliwa, things granted by God
majani, grass; leaves
maji, water
majilio, coming
majira, season; ship's course
majisifu, boasting
majivu, ashes
majivuno, boasting
majonzi, grief
majusi(ma), astrologer
majuto, remorse
majuzi, recently
Maka, Mecca
makaa, fuel; embers
makaburini, cemetery
makala(-), a written article
makali, the sharp edge of knife
makamasi, a cold
makamu, deputy; Vice-; Acting-
makao, makazi, residence
makaribisho, welcoming
makatazo, embargo, prohibition
makelele, noise; shouting
makinda, young birds
makini(-), serenity; calm
makokoto, pebbles
makopa, dried cassava cooked
maksai, castrated animal
maktaba, library
makufuru, blasphemy
makuruhi, offensive

makusudi, on purpose; purposing
makutano, a crowd
makuti, coconut leaves for thatching
makuu, 1 good qualities; 2 self-importance
malaika(-), 1 angel; 2 soft down
malaji, diet
malalamiko, supplication
malale, sleeping-sickness
malalo, malazi, sleeping accommodation
malango, initiation teaching
malaya, a prostitute
malezi, upbringing
mali(-), wealth; property
malidadi, well-dressed; smart
malimbuko, firstfruits
malimwengu, worldly affairs
malipo, recompense; payment
malisho, pasture
maliza, to finish
malkia(-), queen
mama(-), mother
mama mkubwa, mama mdogo, maternal aunt
mamba(-), a crocodile
mambo, affairs; difficulties
mamlaka(-), authority
manati(-), a catapult
mandari(-), a picnic
mandhari(-), scene; view
manjano, turmeric; yellow
manowari(-), battleship
manufaa, usefulness; useful things
manukato, perfume
manyoya, feathers
manyunyu, a shower
manza(-), litigation
manzili, state of life
maombezi, intercessions
maombi, petitions
maongezi, conversation
maongozi, guidance
maono, feelings
mapaa, roof
mapambazuko, dawn
mapangilio, rotation (*crops*)
mapatano, agreement
mapatilizo, retribution
mapato, receipts; income

MAP 48 **MBA**

mapema, early
mapendezi, pleasing things
mapenzi, good-pleasure
mapigano, fighting
mapindi, windings
mapokeo, tradition
maponea, livelihood
mara(-), a time; at once
mara moja, once; at once
maradhi, sickness
maradufu, double
marahaba (*answer to greeting*), Thankyou
marashi, perfume
marehemu(-), the departed
marejeo, return
marhamu, ointment
maridhawa, plentiful
marijani(-), coral
marika, contemporary in age, initiation, etc.
marisaa, shot
marmari(-), marble
marufuku, forbidden
masalio, masazo, left-overs
masamaha, forgiveness
mashairi, poetry
mashaka, troubles
mashapo, dregs; residue
mashariki, the east
mashindano, contest; match
mashine, machine
mashtaka, accusation
mashua(-), a boat
mashudu, dregs; residue
mashuhuri, renowned
masihara(-), a jest
masika(-), the rainy season
masikilizano, agreement
masikitiko, regrets
masilahi, reconciliation
masimulizi, a story, news
masingizio, slander
Masiya, Messiah
masizi, soot
maskani, dwelling place
maskini, poor, miserable
masurufu, housekeeping money
masuto, open accusations
matako, buttocks
matakwa, wants
matamko, pronunciation
matamvua, fringe

matandiko, furnishings, bedding
matanga, days of mourning
matangazo, proclamation; advertisement
matata, trouble
matatizo, perplexing matters
mate, saliva
mateka, plunder, captives
matembezi, a stroll, trip; gadding about
matengenezo, arrangements
mateso, sufferings
mateteo, matetezi, arguments in law-suit
matilaba(-), motive
matokeo, sequel; result
matope, mud
matubwitubwi, mumps
matukano, abuse
matumaini, hope
matumbo, entrails
matusi, vile abuse
mauaji, massacre
mauguzi, medical treatment
mauidha, good advice
maujudi, what is to be expected
Maulana, Lord
maulizo, interrogation
maumbile, created state; nature
maumivu, pains
maungo, limbs
mauti(-), death
mavi, excrement
mavu(-), hornet
mavuno, the harvest
mawaidha, and so on; furthermore
mawe, stones; weights
mawese, palm-oil
mawindo, prey from hunting
mazao, crops; produce
mazigazi, optical illusion; mirage
maziko, a funeral
mazingaombwe, magic, jugglery
mazingira, environment
mazingiwa, blockade
maziwa, milk
mazoea, habits
mazungumzo, conversation
For prefix **M** *see page* 20
mbaazi(-), pigeon-peas
mbalamwezi, moonlight

mbali, far; mbalimbali, different

mbamia(-), okra

mbandiko(mi), anything stuck on

mbano(mi), pincers; vice; etc

mbao(-), planks, timber

mbashiri(wa), a soothsayer

mbata(-), copra

mbavu(-), ribs; side; mbavuni, alongside

mbawa(-), wings

mbayuwayu(-), a swallow

mbega(-), colobus monkey

mbegu(-), seeds

mbele(ya), in front of; before

mbeleko(-), child's carrying-cloth

mbembe(wa), a smooth-tongued man; seducer

mbenuko(mi), a bulge; protrusion

mbezi(wa), a scornful person

mbigili(mi), a thornbush

mbili, two

mbilikimo(-), a pygmy

mbingu(-), the sky

mbinguni, heaven

mbini(wa), a forger

mbinja(-), a whistle; piga mbinja, to whistle

mbio(-), running; piga mbio, to run

mbishi(wa), an argumentative person

mbiu(-), a proclamation

mbizi(-), a dive; piga mbizi, to dive

mboga(-), vegetables

mbogo(-), a buffalo

mbolea(-), manure

mbona?, why?

mbu(-), mosquito

mbuga(-), low-lying grassy plain

mbugi(-), small bells

mbung'o(-), tsetse fly

mbuni(-), an ostrich

mbuni(mi), coffee bush

mbuyu(mi), baobab tree

mbuzi(-), a goat

mbwa(-), a dog

mbweha(-), a jackal; fox

mcha Mungu, mchaji, a god-fearing man

mchaguo(mi), an election

mchaguzi(wa), an elector; a fastidious person

mchai(mi), tea-bush; lemon-grass

mchakacho(mi), a rustling

mchana(mi), daytime; mchana kutwa, all day

mchanga, sand

mchanganyiko(mi), a mixture

mchango(mi), a worm

mchawi(wa), a sorceror

mche(mi), a seedling

mchele(mi), husked rice

mcheshi(wa), an entertaining person

mchenza(mi), tangerine-orange tree

mchezo(mi), a game

mchi(mi), a pestle

mchicha(mi), spinach

mchirizi(mi), a gutter

mchokoo(mi), a pointed stick

mchokozi(wa), an annoying person

mchongelezi(wa), a tale-bearer

mchoro(mi), engraving; scribble

mchukuzi(wa), a porter

mchumba(wa), fiancé, fiancée

mchungaji(wa), shepherd; herdsman

mchunguzi(wa), inquiring person

mchungwa(mi), an orange tree

mchuuzi(wa), a trader

mchuzi(mi), gravy; sauce

mchwa, termites

mdai(wa), claimant; mdaiwa-(wa), defendant, debtor

mdakizi(wa), an eavesdropper

mdalasini(mi), cinnamon

mdeni(wa), a debtor

mdhalimu(wa), unjust oppressor

mdhamini(wa), a sponsor; guarantor

mdomo(mi), lip; beak

mdudu(wa), insect

mdukizi, see mdakizi

mdukuo(mi), a poke; nudge

mdumu(mi), a can, mug, jug

mdundo(mi), a drumming

mea, to grow (plants)

mega, to break a piece off

meka, to grow

meli(-), a ship
mema, good things
memeteka, to sparkle
mende(-), cockroach
meno, teeth (see jino)
menya, to peel, shell
meremeta, metameta, see me-
  meteka
methali, see mithali
meza(-), *1* a table; *2* to swallow
mezani, dining-room
mfadhili(wa), a benefactor
mfalme(wa), a king
mfano(mi), an example; parable
mfanya(wa), a doer
mfasiri(wa), a translator, inter-
  preter
mfenesi(mi), a jakfruit tree
mfereji(mi), a ditch
mfidhuli(wa), an insolent per-
  son
mfiko(mi), range; reach
mfinyanzi(ma), a potter
mfitini(wa), a mischief-maker
mfo(mi), a torrent
mforsadi(mi), a mulberry tree
mfu(wa), a dead person
mfuasi(wa), a follower
mfuko(mi), a bag
mfulizo, mfululizo(mi), a series
mfumbi(mi), a water-channel
mfumi(wa), a weaver
mfungwa(wa), a prisoner
mfuo(mi), a furrow
mfupa(mi), a bone
mfuto(mi), *1* abolishment; *2*
  plain, undecorated work
mgambo(mi), a proclamation
mganda(mi), a sheaf
mganga(wa), a native doctor
mgawo(mi), a dividing; distribu-
  tion
mgemi(wa), a tapper for palm-
  wine
mgeni(wa), a stranger; guest
mghalaba(-), commercial com-
  petition
mgogoro(mi), an obstacle
mgomba(mi), a banana plant
mgomvi(wa), a quarrelsome per-
  son
mgongano(mi), a collision;
  knocking together

mgongo(mi), the back
mgonjwa(wa), a sick person
mgono(mi), fish-trap
mgoto(mi), a tapping, beating
mguu(mi), leg; foot
mgwisho(mi), a fly-switch
Mhabeshi(wa), an Abyssinian
mhamaji(wa), an emigrant
mhamiaji, an immigrant
mharabu(wa), a vandal
Mheshimiwa, the Honourable
mhimili(mi), a support
Mhindi(wa), an Indian
mhisani(wa), a kind person
mhitaji(wa), a person in need
mhubiri(ma), a preacher
mhudumu(wa), a minister, ser-
  vant
mhuni(wa), a vagrant
mhunzi(wa), a blacksmith
mia, a hundred
miayo, yawning; kupiga miayo,
  to yawn
mifugo, livestock
mihindi, maize
mila(-), traditional customs
milele, eternity; for ever
milia, striped
miliki, to rule over; milikiwa,
  to be ruled
milioni, million
milki(-), dominion
mimba(-), pregnancy
mimbari(-), pulpit
mimi, I, me; mimi mwenyewe,
  I myself
mimina, to pour out
miminika, to be poured out; to
  overflow
minajili, because of
minghairi, without, except
mintarafu, concerning
minya, to squeeze out
miongoni mwa, among
Misri, Egypt
mithali, a proverb, similitude
mithali ya, like; as if
mithilisha, to compare
miunzi, whistling
mivuo, bellows
miwani, spectacles
mizani, scales for weighing
mizungu, clever ruses

mjadili(wa), a debater
mjakazi(wa), a female slave
mjane(wa), widow; widower
mjanja(wa), a cunning person
mjasiri(wa), a venturesome person
mjasusi(wa), a spy
mjeledi(mi), a whip
mjengaji(wa), a builder
mjeuri(wa), a violent man
mji(mi), town, village
mjinga(wa), foolish, ignorant person
mjomba(wa), uncle
mjukuu(wa), grandchild
mjumbe(wa), delegate
mjusi(wa), a lizard
mjuvi(wa), an impudent person
mjuzi(wa), an experienced sagacious person
mkaaji(wa), mkaazi(wa), a resident
mkaguo(mi), an audit, inspection
mkaguzi(wa), an inspector, auditor
mkahawa(mi), a cafe, a bar
mkaidi(wa), an obstinate person
mkale(wa), an ancestor
mkandaa(mi), a mangrove
mkanju(mi), a cashew-nut tree
mkano(mi), a denial
mkarafuu(mi), a clove tree
mkarimu(wa), a generous person
mkasa(mi), an event
mkasi(mi), scissors
mkataa, final
mkataba(mi), a contract
mkate(mi), bread, loaf
mkatili(wa), a cruel person
mkato(mi), a deduction
mkazo(mi), force; emphasis
mke(wa), wife; mkewe, his wife
mkebe(mi), a tin
mkeka(mi), plaited mat
mkesha(mi), a vigil
mkia(mi), tail
mkichaa(wa), a mad person
mkimbizi(wa), a runaway; a pursuer
mkingamo(mi), obstacle
mkinzani(wa), an obstructionist
mkiwa(wa), a friendless person

mkoa(mi), district; region
mkoba(mi), wallet
mkogo(mi), showing-off
mkojo(mi), urine
mkoko(mi), mangrove
mkoma(wa), leper
mkomamanga(mi), pomegranate tree
mkondo(mi), current
mkonga(mi), elephant's trunk
mkonge(mi), sisal plant
mkongwe(wa), very old person
mkono(mi), arm, hand
mkoo(wa), a slattern; hooligan
mkorofi(wa), a villain
mkorosho(mi), cashew-nut tree
mkosaji(wa), a sinner
Mkristo(wa), a Christian
mkubwa(wa), a superior
mkufu(mi), a chain
mkuki(mi), a spear
mkuku(mi), keel of ship
mkulima(wa), a grower of crops
mkunga(wa), a midwife
mkunjo(mi), a fold, crease
mkurugenzi(wa), a leader; Chancellor of University
mkutano(mi), a meeting
mkuu(wa), chief person
mkwaju(mi), tamarind tree
mkwaruzo(mi), a scraping; trail of snake
mkwe(wa), an in-law
mlafi(wa), a greedy person
mlaghai(wa), a cheat
mlango(mi), door, gate
mle, in there
mlegevu(wa), a slack person
mlevi(wa), a drunkard
mlezi(wa), a child's nurse
mlia(mi), coloured stripe
mlima(mi), mountain, hill
mlimaji (wa), a cultivator
mlimau(mi), lemon tree
mlimbiko(mi), a saving-up
mlimbuko(mi), using for first time after waiting
mlimwengu(wa), inhabitant of the earth
mlingoti(mi), a mast, pole
mlinzi(wa), a guard
mlio(mi), a cry, a sound
mlozi(wa), a sorceror

mlozi(mi), an almond tree
mlungula(mi), blackmail
mluzi(mi), whistling
mmea(mi), plant; vegetation
mmomonyoko(mi), soil erosion
mnada(mi), an auction sale
mnadi(wa), auctioneer
mnafiki(wa), hypocrite
mnajimu(wa), an astrologer
mnamo, about
mnanasi(mi), pineapple plant
mnara(mi), tower
mnazi(mi), coconut tree
mndimu(mi), lime tree
mng'aro(mi), brightness
mngoja(wa), **mngojezi(wa)**, a guard, keeper
mno, exceedingly
mnofu(mi), flesh-meat
mnong'ono(mi), a whispering
mnukio(mi), a sweet smell
mnuko(mi), a bad smell
mnunuzi(wa), a buyer
mnyama(wa), an animal
mnyamavu(wa), a silent person
mnyang'anyi(wa), a robber
mnyenyekevu(wa), a humble person
mnyofu(wa), an upright man
mnyonge(wa), a sick, weak person
mnyoo(mi), a worm
mnyororo(mi), chain, fetters
moja, one; **moja moja**, one by one; **moja kwa moja**, straight on
mojawapo, one of
Mola, Lord God
moma(-), puff-adder
momonyoka, be eroded
moshi(-), smoke
mosi, one
moto(mi), fire, heat
moyo(mi), heart
mpagazi(wa), a porter
mpaji(wa), a generous giver
mpaka(mi), boundary
mpaka, until; up to; as far as
mpangaji(wa), a tenant
mpango(mi), a plan
mpanzi(wa), a sower
mpapai(mi), pawpaw tree
mparuzi(wa), careless worker

mparuzo(mi), rough work
mpasi(wa), a grasping avaricious person
mpasua(wa) mbao, a sawyer
mpasuko(mi), a crack; split
mpatanishi(wa), reconciler
mpayukaji(wa), a gossiper
mpekuzi(wa), a prying person
mpelekwa(wa), one sent out
mpelelezi(wa), a spy; a detective
mpendwa(wa), **mpenzi(wa)**, a loved one
mpenyezi(wa), a smuggler
mpenyezo(mi), illicit entry; bribe
mpera(mi), guava tree
mpiko(mi), pole for carrying load
mpimaji(wa), surveyor
mpindano(mi), cramp
mpinduzi(wa), a revolutionary
mpingo(mi), ebony
mpini(mi), handle
mpinzani(wa), an opposer
mpira(mi), rubber
mpishi(wa), a cook
mpitaji(wa), a passer-by
mpotevu(wa), a wasteful person
mpotovu(wa), an unprincipled person
mpumbavu(wa), a fool
mpunga(mi), rice before husking
mpungate(mi), prickly pear
mpurukushani(wa), a slipshod worker
mpwa(wa), nephew, niece
mpweke(wa), solitary person
mraba(mi), square
mradi(mi), intention
mrama(mi), rolling motion
mrembo(wa), well-dressed person
Mreno(wa), a Portuguese
mrija(mi), reed; pipe
Mrima, East African Coast
mruko(mi), a jump; a flight
Mrumi(wa), an Ancient Roman
msaada(mi), help
msafa(mi), line; row
msafara(mi), an expedition
msafiri(wa), a traveller
Msahafu, Koran; Bible
msahaulifu(wa), a forgetful person
msaidizi(wa), a helper

msaka(wa), a trapper; hunter
msala(mi), *1* a closet; lavatory; *2* a prayer-mat
msalaba(mi), a cross; crucifix
msaliti(wa), a traitor
msameheji(wa), a forgiving person
msanaa(wa), msanii, a skilled craftsman
msasa(mi), sandpaper
msemaji(wa), a fluent speaker
msengenyi(wa), a calumniator
mseto, a mash; purée
mshahara(mi), wages; salary
mshairi(wa), a poet
mshale(mi), an arrow
mshangao(mi), astonishment
mshari(wa), an evil-minded man
mshaufu, showy frivolous person
mshauri(wa), counsellor
mshazari, slanting
mshindaji(wa); mshindi(wa), winner
mshinde(wa), loser
mshindo(mi), noise; bang
mshipa(mi), muscle; vein
mshipi(mi), belt; sash
mshiriki(wa), a sharer; communicant
mshoni(wa), tailor
mshono(mi), sewing
mshtaki(wa·), accuser; plaintiff
mshtakiwa(wa), the accused; defendant
mshtuko(mi), a jerk
mshuko(mi), descent
mshumaa(mi), candle
mshupavu(wa), an intrepid obstinate man
msiba(mi), misfortune; grief
msichana(wa), a young girl
msikiaji(wa), a hearer
msikiti(mi), a mosque
msikivu(wa), an attentive obedient person
msikwao(wa), a homeless person; displaced person
msimamizi(wa), overseer; foreman
msimu(mi), a season
msimulizi(wa), a narrator
msindani(wa), competitor
msingi(mi), building foundation

msiri(wa), a confidant
msisimko(mi), excited feeling
msitu(mi), bush; woodland
msomaji(wa), a reader
msongano(mi), a crowd
msonge(mi), a round house
mstaarabu(wa), a civilized person
mstadi(wa), a skilled worker
mstari(mi), line; row
mstatili(mi), a rectangle
mstiri(wa), a concealer
msufi(mi), kapok tree
msukosuko(mi), a disturbance
msuluhishi(wa), a peacemaker
msumari(mi), a nail
msumeno(mi), a saw
mswaki(mi), a toothbrush
mtaa(mi), a district
mtaalamu(wa), scientist; scholar
mtafiti(wa), an inquisitive person
mtai(mi), a scratch
mtaimbo(mi), a crowbar
mtajo(mi), a mention
mtama(mi), millet
mtambatamba(wa), a braggart
mtambo(mi), a spring; machine
mtangatanga(wa), a loiterer
mtangulizi(wa), leader; pioneer
mtanguo(mi), abolishment
mtani(wa), a familiar friend
mtatizo(mi), an entanglement
mtawa(wa), a devout person
mtawala(wa), a ruler
mtazamaji(wa), a spectator
mtego(mi), a trap
mtekaji(wa), a marauder
mtelemko(mi), a downward slope
mtembezi(wa), a walker; tourist; gadabout
mtemi(wa), native chief
mtendaji(wa), active person; a doer
mtende(mi), date palm
mtengenezaji(wa), an administrator; editor
mtepetevu(wa), a slack, lazy person
mteremeshi(wa), a genial, friendly person
mteremo(mi), comfort; cheerfulness

mtesa(wa), a persecutor
mteswa(wa), a victim
mteteaji(wa), an advocate
mtetemeko(mi), earthquake
mteule(wa), a chosen person
mteuzi(wa), fastidious, critical person
mti(mi), tree; stick; wood
mtihani(mi), school examination
mtii(wa), an obedient person
mtindi(mi), buttermilk; cream; beer
mtindo(mi), sort; style
mtini(mi), fig-tree
mtiririko(mi), trickling; gliding; trail of snake
mto(mi), 1 river; 2 pillow
mtoa(wa), mtoaji(wa), a giver
mtongozi(wa), a seducer
mtopetope(mi), custard-apple tree
mtoro(wa), a truant; runaway
mtoto(wa), a child
mtribu(wa), a musician
mtu(wa), a person
mtulinga(mi), the collar-bone
mtulivu(wa), a quiet person
mtumba(ma), a bundle, bale
mtumbwi(mi), native canoe
mtume(mi), an apostle
mtumishi(wa), a servant
mtumwa(wa), a slave
mtungaji(wa), an author
mtungi(mi), a waterpot
mtungo(mi), an essay
mtupa(mi), fish-poison
mtupo(mi), a throw
mtutumo(mi), distant rumbling
muda, period
muhimu, important; urgent
muhindi(mi), maize plant
muhogo(mi), cassava
muhtasari, syllabus; summary
muhula, a period of time
muhuri, a seal; tia muhuri, to seal, confirm
mujibu, what is fitting
mulika, to give light to
mume(wa), husband
mumo; mumu, in there
mumunya, to suck, munch, mumble
mumunyika, to be friable

mundu(mi), a scythe
Mungu(mi), God; a god
murua, elegant; refined
mustarehe, repose; comfort
Muumba(wa), Creator
muwa(mi), sugarcane
mvazi(wa), a well-dressed man
mvi(-), grey hair
mvinyo, wine; spirits
mviringo(mi), a circle
Mvita, Mombasa
mvivu(wa), an idler
mvua(-), rain
mvuke(mi), vapour; gas
mvuko(mi), a ford
mvulana(wa), boy; youth
mvumbuzi(wa), a discoverer
mvunaji(wa), a reaper
mvungu(mi), a cavity
mvurugo(mi), a muddle
mvuto(mi), pulling; persuasion
mvuvi(wa), a fisherman
mwaga, to pour away
mwagika, to be spilt
mwaguzi(wa), a soothsayer
mwaka(mi), a year
mwako(mi), a blaze
mwali(w), a virgin bride
mwali(mi), a ray; a flame
mwaliko(mi), a summons
mwalimu(w), a teacher
mwamba(mi), a rock
mwamuzi(wa), a referee; judge
mwana(w), a child; mwanangu, my child
mwanachama(w), member of a society
mwanadamu(w), human being
mwanafunzi(w), learner, disciple
mwanakondoo(w), a lamb
mwanamaji(w), a sailor
mwanambuzi(w), a kid
mwanamke (wanawake), woman
mwanamume (wanaume), man
mwanamwali (wanawali), maiden
mwananchi(w), citizen
mwanasheria(w), lawyer
mwandikaji(wa), a writer
mwandiko(mi), writing
mwanga, mwangaza(mi), light

mwanga(wa), wizard
mwangalizi(wa), a caretaker
mwangamizi(wa), a destroyer
mwangavu(wa), an intelligent person
mwangwi(mi), echo
mwanya(mi), a gap
mwanzi(mi), bamboo
mwanzo(mi), the beginning; mwanzoni, at first
Mwarabu(wa), Arab
mwaridi(mi), rose-tree
mwasherati(wa), an adulterer
mwashi(wa), a mason
mwasi(wa), a rebel
mwatuko(mi), crack; crevice
mwavuli(mi), an umbrella
mweleka, wrestling; kushinda-na mieleka, to wrestle
mwembe(mi), a mango tree
mwendo(mi), movement; journey
mwenendo(mi), conduct
mwenge(mi), a firebrand
mwenye(w), possessor of
mwenyewe(w), the owner; himself
mwenyeji(w), householder; host; citizen
Mwenyezi, Almighty
mwenzi(w), companion; mwenzangu, my companion
mwewe, a hawk; kite
mwezi(mi), moon; month; mwezi mwandamo, new moon
mwiba(mi), a thorn
mwigaji(wa), imitator; actor
mwigo(mi), a copy
mwiko(mi), _1_ a spoon; _2_ a taboo
mwili(mi), body
mwimbaji(wa), a singer
mwinamo(mi), a slope
mwindaji(wa), a hunter
Mwingereza(wa), Britisher
mwingilio(mi), an entry
mwingine(we), someone else; another
mwinuko(mi), an elevation
mwisho(mi), the end; mwishowe, ultimately
Mwislamu(wa), a Moslem
mwitu(mi), forest
mwivi(we), mwizi(we), a thief

mwivu(wa), a jealous person
mwoga(wa), a coward
mwokaji(wa), a baker
mwokozi(wa), saviour
mwombezi(wa), intercessor
mwongo(wa), a liar
mwongofu(wa), a converted person
mwovu(wa), an evil person
mwuaji(wa), a murderer
mwuguzi(wa), a sick-nurse
mwujiza(mi), a miracle
mwungano, mwungamano(mi), unification
mwungwana(wa), a gentleman
mwuzaji(wa), a salesman
Myahudi(wa), a Jew
myeyusho(mi), a solution; melting
Myunani(wa), ancient Greek
mzabibu(mi), grape vine
mzaha(mi), joking; ridicule
mzalendo(wa), a patriot
mzalishi(wa), a midwife
mzao(wa), offspring
mzazi(wa), a parent
mzee(wa), an old person; village elder
mzeituni(mi), olive tree
mzembe(wa), careless idle person
mzigo(mi), a load
mzima?, Are you well? _Ans:_ mzima
mzimu(mi), spirit of dead person
mzinga(mi), a beehive; a cannon
mzingo(mi), circuit; winding
mzinzi(wa), an adulterer
mzishi(wa), a burier
mzizi(mi), a root
mzoga(mi), a dead animal
mzuka(mi), sudden apparition
mzungu(mi), clever device; something wonderful
Mzungu(wa), a European
mzunguko(mi), a going-round; turning-round

N

For prefix **N** _see page_ 20
na, _1_ and; _2_ by; _3_ with
naam, yes
nabii(ma), a prophet

nadhari(-), choice
nadhifisha, to tidy
nadhifu, tidy; neat
nadhiri(-), a vow; **weka nadhiri,** make a vow; **ondoa nadhiri,** fulfil a vow
nadi, to announce; hold a sale
nadra, unusual
nafaka(-), corn
nafasi(-), spare time; opportunity
nafisika, be eased
nafsi(-), self; person
nafuu(-), improvement
nahodha(ma), ship's captain
naibu(ma), delegate; Acting-
najisi, to defile
nakala(-), a copy
nakawa, sound; good-looking
nakili(-), a copy; to copy
nakshi(-), carving; decoration
nama, be flexible
namba(-), a number
nami, and I, *see page* 20
namna(-), sort; pattern
namua, to disengage
nanasi(ma), a pineapple
nane, eight
nanga(-), an anchor
nani?, who?
nasa, to trap; snare; **naswa,** be caught
nasaba(-), lineage
nasibu, to trace lineage; **jinasibu,** to claim relationship
nasibu(-), chance; **kwa nasibu,** unintentionally
nasua, to take out of trap
nata, to adhere; be sticky
nauli(-), fare
nawa, to wash hands or face
nazi(-), coconut
ncha(-), tip; point
nchi(-), country
ndama(-), a calf
ndani, inside
ndege(-), bird; omen
ndevu(-), beard
ndiga(-), root eaten in famine
ndimi, it is I, *see page* 7
ndimi, *see* ulimi
ndimu(-), a lime
ndipo, then

ndivyo, thus
ndiyo, yes; it is so
ndizi(-), banana
ndoa(-), marriage
ndoana(-), fish-hook
ndoo(-), bucket
ndoto(-), a dream; **kuota ndoto,** to dream
ndovu, elephant
ndugu(-), brother; kinsman
ndui(-), smallpox
neema(-), favour; grace of God
neemeka, be comfortably off
neemesha, to provide well for
nema, nemesha, to bend
nemsi(-), good reputation
nena, to speak
Nenda!, Go!
-nene, thick; fat
nenea, to speak against
nenepa, to get fat (*person*)
nenepesha, to fatten
neno(ma), word
nepa, to sag
neva(-), a nerve
ng'aa, to shine
ng'akia, to snarl (*dog*)
ngalawa(-), a dug-out canoe
ngama(-), ship's hold
ng'ambo(-), the far side (*river. etc.*)
ngamia(-), a camel
ng'amua, to realize
ng'ang'ania, to pester
ngano, *1* wheat; *2* a tale
ngao(-), a shield
-ngapi?, How many? **Saa ngapi?,** What time is it?
ngariba(-), a circumciser
ng'arisha, ng'ariza, to polish; shine
ngazi(-), ladder; stairs
nge(-), scorpion
ngiri(-), wart-hog
ngisi(-), cuttlefish
ng'oa, to uproot
ngoa, jealousy
ngoja, to wait, wait for; **ngojewa,** be waited for
ng'oka, be uprooted; come out
ng'olewa, be pulled out
ngoma(-), drum; dance
ng'ombe(-), cow; cattle

ngome(-), a stronghold
ng'onda(-), sun-dried fish
ng'ong'a, to buzz
ngono, sexual intercourse
ngozi(-), skin; leather
ngumi(-), fist; **pigana ngumi**, to box
nguo(-), clothes; material
nguruma, to growl; rumble
ngurumo(-), loud roar; thunder
nguruwe(-), a pig
nguvu(-), strength; power
nguzo(-), a pillar; strong pole
ngwe(-), small plot of ground
ni, is; are; I am
nia(-), intention; to resolve
nidhamu(-), discipline
nikaha(-), marriage
ning'inia, to dangle, sway
nini?, what? **kuna nini?**, what's the matter? **kwa nini?**, why?
ninyi, you
nira(-), a yoke
nishani(-), medal; badge
njaa(-), hunger
njama(-), confidential discussion
nje, outside
njema!, Good!
njesi(-), hinge
njia(-), road; way
njiwa(-), a dove
njoo, njoni, Come here!
njozi(-), a vision
njuga(-), ankle bells
njugu(-), groundnuts
nne, four
noa, to sharpen; **nolewa**, be sharpened
nona, to get fat (*animals*)
nondo(-), a moth
nonesha, to fatten
nong'ona, nong'oneza, to whisper
nongwa(-), a grudge
-nono, fat (*animals*)
nta(-), wax
nufaika, to prosper
nuia, to intend
nuka, to smell (*bad*); **nukia**, to smell (*sweet*)
nukilia, nukiliza, to follow a scent

nuksani(-), a mischievous action
nukta(-), a second; a dot
nuna, to sulk; grumble
nundu(-), a hump
nungu(-), a porcupine
nung'unika, to grumble
nunua, to buy; **nunuliwa**, be bought
nurisha, to show light
nuru, light
nusa, to smell something
nusu, half
nusura, almost
nusurika, to be succoured in time of trouble
nusuru, to succour
nya, to rain; urinate
nyakua, to snatch; **nyakuliwa**, be snatched away
nyama(-), meat; animal
nyamaa, nyamaza, to be quiet
-nyamavu, silent
nyamazisha, to silence
nyambua, to pull to pieces; **nyambuka**, to fall to pieces
nyangalika, a what's-its-name
nyang'anya, to seize; rob; **nyang'anywa**, be robbed of
nyangumi(-), a whale
nyani(-), a baboon
nyanya(-), tomato
nyanyasa, to annoy
nyara, booty
nyasi(ma), grass; reeds
nyati(-), a buffalo
nyatia, creep up to
nyauka, to dry up; wither
nyayo(-), footprints, track
nyemelea, to stalk; **nyemelewa**, be taken by surprise
nyenya, to ply with questions
nyenyekea, to act humbly
-nyenyekevu, humble
nyesha, to rain; to send rain
nyeta, be hard to please
nyigu(ma), a hornet
nyika(-), dry grassland
nyima, to withhold from
-nyimivu, stingy
nyinyirika, to glide along
nyoa, to shave; **nyolewa**, be shaved
-nyofu, upright

nyoka, to be straight; straight-forward

nyoka(-), a snake

nyonga(-), the hip

-nyonge, weak; mean

nyongeza(-), an increase; supplement

nyongo, bile; bitterness

nyonya, to suck the breast

nyonyesha, to suckle

nyonyoa, to pluck out (*feathers, hair*)

nyonyoka, to fall out

nyonyolewa, be plucked

nyonyota, to drizzle

nyosha, to stretch out

nyota(-), a star

nyote, you all; ninyi nyote, all of you

nyoya(ma), feather; wool

nyuki(-), a bee

nyukua, to pinch

nyuma, behind

nyumba(-), a house; nyumbani, at home

nyumbu(-), a mule

nyumbuka, to be elastic, flexible

nyundo(-), a hammer

nyuni(-), a bird

nyunya, to drizzle

nyunyiza, to sprinkle

-nyuzinyuzi, fibrous

nywa, to drink; nywewa, be drunk; evaporate

nywea, to shrink, shrivel

nywele(-), hair

nywesha, to give drink to

nzige(-), locust

O

oa, to marry (*man*); olewa, be married (*woman*)

oga, to bathe

ogelea, to swim

ogesha, to bathe someone

ogofya, to frighten

ogopa, to be afraid

oka, to bake

okoa, to save; okoka, okolewa, be saved

okota, to pick up; okotwa, be picked up

ole, woe; ole wangu!, woe is me!

olewa, *see* oa

oleza, to copy a pattern

omba, to ask; beg

ombea, to intercede for

omboleza, to lament

omekeza, to pile up

omo(ma), forepart of ship

omoa, to break up; dig up; omolewa, be dug up

ona, to see; feel

onana, to meet

ondoa, to take away; ondolewa, be taken away

ondoka, to go away

ondokeo(ma), departure

ondoleo(ma), removal; forgiveness

onea, to oppress; onewa, be oppressed

onekana, be seen

ongea, to talk, converse

ongeza, to increase; ongezwa, ongezeka, be increased

ongezewa, to receive an increase

ongezo(ma), an increase

ongoa, to guide aright; ongolewa, be guided

ongoka, be converted

ongoza, to direct

onja, to taste; onjwa; onjeka, be tasted

ono(ma), feelings

onya, to warn; onywa, be warned

onyesha, to show

onyeshano(ma), an exhibition

onyo(ma), a warning

opoa, to draw out; rescue; opolewa, be rescued

orodha(-), a list; tables, etc.

orofa(-), an upper room; storey

-ororo, smooth; soft

osha, to wash; oshwa, be washed

osheka, be washable

ota, 1 to grow; 2 ota ndoto, to dream; 3 ota jua, to bask

otamia, to sit on eggs

-ote, all; the whole

otea, to lie in wait for

oteo(ma), an ambush

otesha, 1 to grow plants; 2 to cause a dream

-ovu, wicked
ovu(ma), evil
ovyo, just anyhow
oza, *1* to marry (*parents, priest*);
2 to go bad

P

For prefix PA see page 12

pa, of
pa, to give to; **pewa,** be given
paa(-), small gazelle
paa(ma), roof of native house
paa, *1* to ascend; *2* to scrape
paaza, to lift up
pacha(ma), a twin
pachapacha, exactly alike
pachika, to insert between two things
pafu(ma), a lung
pagawa, be possessed
pahali, *see* **mahali**
paja(ma), thigh; **pajani,** on the lap
paji(ma), forehead
paka(-), cat
paka, *1* to smear on; *2* to fix boundary
pakacha(ma), plaited fruit basket
pakana, be adjacent
pakata, to nurse a child
pakia, to embark passengers or cargo
pakiza, to load
pakua, to unload; dish up food
pale, there; **pale pale,** just there; just then
palia, to hoe up weeds
palikuwa na, there was
pamba, to decorate; **pambwa,** be decorated
pamba(-), cotton
pambana, to meet in conflict
pambanisha, to bring together; contrast
pambanua, to separate; distinguish between
pambanya, to browbeat
pambazua, to make clear
pambazuka, to dawn
pambizo(ma), margin
pambo(ma), adornment

pamoja, together; **pamoja na,** with
pana, there is; there are
-pana, wide; flat
panda(-), *1* a crosspiece; fork; **njia panda,** crossroads; **mti wa panda,** a forked stick
panda(-), *2* a trumpet; **piga panda,** blow a trumpet
panda, *1* to mount; go up; *2* to sow; plant
pande(ma), a block; large piece
pandikiza, to plant out
pandikizo(ma), seedlings; planting-out
pandio(ma), steps for climbing
pandisha, to raise
panga(ma), a large bush-knife
panga, *1* to arrange; *2* to rent; *3* to co-habit
panganya, to stack
pangilia, to alternate; interpose
pangilio(ma), interposition; rotation
pangisha, to let accommodation
pango(ma), cave; den
pangusa, to dust; **panguswa,** be dusted
panua, to widen; **panuliwa,** be widened
panuka, to get wider
panya(ma), rat
panzi(ma), grasshopper
pao(-), roofing poles; iron rods
papa(-), a shark
papa, *1* to palpitate; *2* be porous
papa hapa, just here; just then
papai(ma), a pawpaw
papara(-), haste
papasa, to stroke; grope about
papasi(ma), fever-tick
papatika, to flutter
papi, thin laths; **upapi,** a lath
papo(ma), palpitation
papura, to rend; claw
paraga, to swarm up tree
paruparu, roughly
paruza, to graze; be rough
pasa, to concern; behove; **imenipasa,** it is my duty
Pasaka, Easter

pasha, cause to get; **pasha habari,** inform; **pasha moto,** warm up

pasi(-), an iron; **piga pasi,** to iron

pasipo, without

pasisha, to inflict

pasiwa, be liable for

pasua, to tear; split; saw

pasuka, to burst; be torn; split

pata, to get

pata(-), a hinge

patana, to agree

patanisha, to reconcile

patanisho(ma), reconciliation

patikana, be obtainable; be caught

patiliza, to punish; visit on

pato(ma), an acquisition

patwa, to be seized by; **kupatwa mwezi,** be eclipsed

paua, to roof a house

paya, payuka, to talk foolishly; be delirious

payo(ma), foolish talk

paza, *see* **paaza**

pazia(ma), a curtain

peke, alone; **peke yangu,** by my-self

-a pekee; -a peke yake, unique; lonely

pekecha, to drill hole; **peketeka,** be drilled

pekesheni(-), investigation

pekua, to scratch the ground

-pekuzi, inquisitive

peleka, to send; take; **pelekwa,** be sent

pelekea, to send to

peleleza, to spy out

pemba, to hook down; outwit

pembe(-), *1* horn; tusk; ivory; *2* an angle; corner

pembea(-), a swing; see-saw; to swing

pembeza, to set swinging; to rock

penda, to love; like; **pendwa,** be loved

pendana, to love one another

pendeka, be popular

*ji*pendekeza, to ingratiate one-self

pendeza, to please

pendo(ma), love

penga, to blow the nose

pengine, sometimes; another time or place

pengo(ma), a gap; notch

penya, to penetrate

penye, at

penyeka, to be penetrable

penyeza, to introduce by stealth; to bribe

penzi(ma), desire; will

pepea, to wave; fan

peperuka, be blown away

peperusha, to blow away

pepesa, to blink

pepesuka, to stagger

pepeta, to winnow

pepo(-), disembodied spirit

Peponi, Paradise; Heaven

pera(ma), guava

peremende(-), sweets

pesa, money

peta, to bend round

petana, petemana, be bent into a circle

pete(-), a ring

peupe, an open place

-pevu, mature

pevuka, be fully developed

pewa, to receive; *see* **pa**

pezi(-), fin of fish

-pi?, who? which? what?

pia, all; also

pia, child's top

picha(-), picture; photograph; **piga picha,** to photograph

piga, to hit; beat; **pigwa,** be beaten

pigana, to fight

pigano(ma), a battle; fight

pigilia, to ram concrete floors

pigo(ma), a blow

pika, to cook; **pikwa,** be cooked

pikipiki(ma), *1* stick thrown to knock down fruit; *2* motorcycle

pili, two; **-a pili,** the second; **kwa pili,** the other side

pilipili(-), pepper

pima, to measure, weigh, test; **pimwa,** be measured

pimika, be measurable

pinda, to bend; fold

pindi(ma), a curve
pindika, be bent
pindo(ma), a hem
pindua, to turn upside down
pinduka, be overturned
pinduli(ma), a pendulum
pinga, to obstruct; **pingwa**, be thwarted
pingamana, be in opposition
pingamizi(ma), an obstacle
-pingani, obstructive
pingo(ma), a barrier; door-bar
pingu(-), *1* fetters; *2* charm against evil
pipa(ma), a barrel
pisha, to allow to pass
pishi(-), a grain measure *c.* ½ gallon
pita, to pass
pitika, be passed; be passable
pitisha, to make pass; make way for
pito(ma), a path
plau(-), a plough
poa, to get cool; feel better
podo(ma), arrow quiver
-pofu, blind
pofua, pofusha, to blind; **pofuka**, get blind
pogo, lopsided
pogoa, to lop, prune; **pogolewa**, be pruned
pokea, to receive; **pokewa**, be received
pokeo(ma), tradition; custom
pokeza, to hand over
pokezana, to take turns
pokonya, to take by force
-pole, gentle; **pole!**, a condolence
polepole, slowly; gently
polisi(ma), a policeman
pombe, beer
pomboo(-), a porpoise
pona, to get well
ponda, to crush by pounding; **pondwa**, be crushed
pondo(ma), a punting pole
pongeza, to congratulate
pongezi, congratulations
ponya, to cure
ponyeka, be curable
ponyoka, to slip away
ponyosha, to let fall

pooza, be paralysed; be dull, lifeless
popo(-), a bat
po pote, anywhere; wherever
popotoa, to wrench
popotoka, be strained
pori(ma), treeless plain
poromoka, to descend with a rush
poromoko(ma), landslide; cataract
poromosha, to shower down
posa, to ask in marriage; **poswa**, be courted
posho(-), rations
posta(-), post
pota, to twist; make string
pote, everywhere
potea, to get lost
-potevu, wasteful
poteza, to lose; misuse
potoa, to distort, spoil
-potofu, wrongheaded
potoka, be crooked; perverted
potosha, to pervert
povu(-), froth; scum
poza, to cool, heal
pua(-), nose
-pujufu, shameless
pukupuku, full to overflowing
pukusa, *1* to shower down; *2* strip maize off cob
pukuso(-), a congratulatory present
pukutika, to fall off in showers
puliza, to blow on; blow up
puma, to throb
pumbaa(ma), relaxation
pumbaa, *1* be foolish; *2* be relaxed
pumbaza, *1* make a fool of; *2* take the mind off
pumu(ma), lung
pumzi(-), breath
pumzika, to rest
punda(-), donkey
punda milia(-), zebra
punde, a little
punga, to wave; to exorcize
punga pepo, to drive out a devil
punga upepo, to have a change of air
pungia mkono, to wave to; beckon
pungua, punguka, to get less

-pungufu, deficient
pungukiwa na, be short of
punguza, to make less
punja, to cheat; defraud
punje(-), a grain of corn
pupa(-), over-eagerness
purukusha, to treat with contempt
purukushani(-), wilful negligence
puza, to treat lightly; talk nonsense; jipuza, play the fool
-puzi, silly
pwa, to dry up; ebb
pwani, the coast
pwaya, be loose-fitting
pwelea, to run aground; pwelewa, be aground
pwewa, be dried up; hoarse
pweza(-), cuttlefish
pwita, to throb
-pya, new

R

rabsha(-), brawling
radhi, goodwill; omba radhi, ask forgiveness
radi(-), thunderclap; piga radi, to thunder
rafiki(-), friend
rafu(-), shelf
raha(-), rest; happiness
rahisi, cheap; easy; light
rahisika, to get cheaper, easier
rahisisha, to cheapen; make easier; make light of
rai(-), 1 opinion; reflection; 2 ability
rai, rairai, to flatter, cajole
raika, be cajoled
raia(-), citizen; subject
rakaa(-), Moslem prayers with bows
rakibisha, rekebisha, to put together, assemble; put right
rakibishwa rekebishwa, be put together, put right
rakibu, to mount; ride
Ramadhani, Moslem month of fasting
ramani(-), a map
rambaza, to cruise about for fish

ramisi, to amuse oneself
ramli(-), divination
ramsa(-), merrymaking; a fair
randa, to show off; to dance
randa(-), carpenter's plane; piga randa, to plane
rangi(-), colour
rarua, to tear, rend; raruka, raruliwa, be torn
rasi(-), a promontory, cape
rasilmali, assets; capital
rasmi, official
ratibu, ratibisha, to arrange; ratibika, be in order
ratli(-), a pound (*weight*)
raufu, gentle
ree(ma), ace of cards
-refu, long; tall; high; deep
refusha, to lengthen
rehani(-), a pledge; weka rehani, to pawn
rehema(-), mercy
rehemu, to pity
rejareja, retail
rejea, to return; refer to
rekebisha, *see* rakibisha
reli(-), railway
remba, to decorate
rembo(ma), ornament
rembua, to disfigure
riba(-), usury; interest
ridhaa(-), agreement, contentment
ridhi, to please, content; ridhika, be satisfied
ridhia, to approve
ridhisha, to satisfy
rika(ma), a contemporary; rika moja, same age
ringa, to put on airs: be self-conceited
ripota(-), a reporter
ripoti(-), a report
risasi, a bullet; tia risasi, to solder
risiti(-), a receipt
rithi, to inherit
riziki(-), food and other needs
robo, a quarter
robota(ma), bundle; bale
roho(-), soul; spirit
ropoka, to talk nonsense
roshani(-), balcony

ruba(-), leech
rubani(ma), a pilot
rudi, to return; to punish; to shrink
rudisha, to give back; send back
rudishiwa, to receive back
rudufiwa, be doubled
rudufu, to double
rufaani(-), legal appeal
ruhusa(-), permission
ruhusiwa; be permitted
ruhusu, to permit
ruka, to jump; fly
ruko(ma), a leap; flight
rungu(ma), a knobbed stick
rusha, to throw
rusho(ma), a throw
rushwa(-), a bribe; kula rushwa, to take bribes
rutuba(-), moisture; fertility
rutubisha, to improve the soil
ruzuku, to supply food and other needs

S

saa(-), an hour; a clock; watch
saba, seven
sababu(-), reason; kwa sababu, because
sabahi, to make morning visit
sabalheri, Good morning
sabini, seventy
sabuni(-), soap
saburi(-), patience; to be patient
sadaka(-), a religious offering
sadifu, correct; exact
sadiki, to believe; sadikiwa, be believed
sadikika, be believable
sadikisha, to convince
safari(-), a journey
safi, clean; pure
safidi, to put in order; safidika, be clear, orderly
safihi, be arrogant, rude
safina(-), Noah's ark
safiri, to travel
safirisha, to send on a journey
safisha, to clean
safu(-), a row; line; safu-safu, in rows
safura(-), hookworm disease

saga, to grind; sagwa, sagika, be ground
sahani(-), plate; dish
sahau, to forget; sahauliwa, be forgotten
-sahaulifu, forgetful
sahaulisha, to cause to forget
sahihi(-), signature; attestation; correct
sahihisha, to correct; attest
saidia, to help; saidiwa, be helped
saidiana, to co-operate
saili, to question; sailiwa, be questioned
saka, to hunt; to trap
sakafu(-), concrete floor or roof
sakama, to stick fast
saki, to fit tight
sakifu, to make concrete floor etc.; sakifiwa, be concreted
sakini, to settle in a place
sakitu(-), hoar-frost
sala(-), a prayer
Salaam!, Peace!
salama(-), peace; safety
salamu(-), greetings
sali, to pray
salia, to remain over
salimu, to greet; salimiwa, be greeted
salisha, to lead prayers
saliti, to betray; salitiwa, be betrayed
sama, to stick in the throat
samadi(-), manure
samaki(-), a fish
samani(-), utensils of any kind
samawati, sky-blue
sambaa, be scattered about
sambamba, alongside
samehe, to forgive; samehewa, be forgiven
samli, ghee (*clarified butter*)
sana, very; very much
sana, to forge knives, hoes, etc.
sanaa(-), skilled handicraft
sanamu(-), a statue; photograph; picture
sanda(-), a shroud
sandali(-), sandal-wood
sandarusi(-), resin
sanduku(ma), box; chest

sanifu, to compose; invent

sanii, to make with skill; invent

sanjari, in a convoy

santuri(-), a gramophone

sarafu(-), a coin

sare, equality between two things; a draw

sarifu, to use words grammatically

sarufi, grammar

sasa, now; sasa hivi, at once

sataranji(-), the game of chess

saumu(-), a fast

sauti(-), sound; voice

sawa, equal; alike

sawazisha, to make equal

sawia, just then

sayari(-), a planet

saza, to leave over

sazo(ma), remainder

sebule(-), entrance hall

sedeka, be of long duration

sega(ma), honeycomb

sehemu(-), portion; fraction

sema, to say; speak; semwa, be said

sembuse, much less; much more; let alone

semeka, to be utterable

semezana, to talk together

senea, be blunt

seng'enge(-), fencing wire

sengenya, to backbite; sengenywa, be spoken ill of

sentensi(-), a sentence

senti(-), a cent

seremala(ma), carpenter

Serikali, Government

seta, to mash

setiri, to conceal

Shaabani, month before Ramadhani

shaba, copper

shabaha(-), *1* target; aim; *2* likeness

shabihi, to resemble

shada(-), a string of beads; bunch; cluster, etc.

shahada(-), the Moslem creed

shahamu(-), fat grease

shahidi(ma), a witness; martyr

shairi(ma), a poem

shaka, doubt

Sham, Syria; Bahari ya Sham, the Red Sea

shamba(ma), cultivated field; plantation

shambulia, to attack

shambulio(ma), an attack; shambuliwa, be attacked

shangaa, to be astonished

shangaza, to astonish

shangazi(-), paternal aunt

shangilia, to shout with joy; shangiliwa, be received with rejoicings

shangwe(-), rejoicings

shani(-), an adventure; accident; something unusual

shanta(-), a knapsack

sharabu, to absorb; saturate

shari(-), adversity; evil; kutaka shari, to defy

sharifu, to esteem; -sharifu, noble; honourable

sharti(ma), obligation; terms

shashi(-), tissue

shaufu, to show off; -shaufu, affected

shauku(-), strong desire

shauri(ma), advice; to consult

shavu(ma), the cheek; calf of leg; biceps

shawishi, to persuade; shawishiwa, be persuaded

shawishi(ma), inducement

shayiri(-), barley

shehena(-), freight

shemasi(ma), a deacon

shemeji(-), brother- or sister-in-law

-shenzi, uncivilized

sherehe, triumphant rejoicing

sherehekea, to greet with rejoicings

sheria(-), a law

sherizi(-), glue

sheshe(-), beauty

shetani(ma), evil spirit

shetri(-), ship's stern

shiba, be satisfied, filled with

shibe(-), repletion

shibisha, to satisfy fully

shida(-), hardship; scarcity

shika, to hold fast; shikwa, be held

shikamana, to cleave together
shikamuu, greeting to a superior; *Ans.* marahaba
shikilia, to hold on to
shikio(ma), handle; rudder
shikiza, to make fast
shikizo(ma), a prop, wedge, etc.
shilingi(-), a shilling
shimo(ma), a pit
shina(ma), root and trunk; source
shinda, partly full
shinda, to overcome; shindwa, be overcome
shindana, to contend
shindano(ma), a contest
shindika, be overcome
shindilia, to press down
shindo(ma), loud sudden noise
shinikizo(ma), a crushing machine; oil mill
shirika(ma), partnership
shiriki, to share in
shirikiana, to share
shirikisha, to give a share to
shoka(ma), an axe
shokoa(-), forced labour; requisition
shona, to sew; shonwa, be sewn
shonesha, to get a garment made
shono(ma), sewing
shoto, lefthandedness; kushoto, on the left
shtaka(ma), accusation
shtaki, to accuse; shtakiwa, be accused
shtua, to startle; jerk
shtuka, be startled
shua, to launch a boat; shuliwa, be launched
shudu(ma), refuse of oil-seed
shughuli(-), business
shughulika, be busy
shuhuda(ma), testimony
shuhudia, to witness to; shuhudiwa, be witnessed to
shujaa(ma), a hero
shuka(ma), a loincloth; sheet
shukrani(-), gratitude
shuku, to doubt
shukuru, to thank; shukuriwa, be thanked
shule(-), school

shungi(ma), a plait of hair; a flaring lamp
shupaa, be firm, unyielding
shupatu(ma), plaited strip for bed
-shupavu, obstinate
shurutisha, to compel
shurutisho(ma), compulsion
shusha, to lower
shutumu, to upbraid; shutumiwa, be upbraided
shwari(-), a calm
si, not; siyo, no
siafu(-), biting ants
siagi(-), butter
siasa, politics: orderliness
sibu, to afflict; strike; sibiwa, be afflicted; be struck
sidiria(-), a brassiere
sifa(-), praise; reputation
sifiwa, sifika, be praised
sifongo(-), sponge
sifu, to praise; jisifu, to boast
sifuri(-), nought; zero
siha(-), good health
sihi, to entreat
sihiri(-), witchcraft; to bewitch
sijambo, I am well
siki(-), vinegar
sikia, to hear; sikiwa, be heard
sikika, be audible
sikiliza, to listen
sikilizana, to agree together
sikio(ma), an ear
sikitika, to grieve
sikitiko(ma), grief
-sikivu, attentive
siku(-), a day
sikukuu(-), a festival
sikuzote, always
silabi(-), a syllable
silaha(-), weapon
silika(-), disposition; instinct
silimu, to become a Moslem
simadi, to manure
simama, to stand
simamia, to superintend
simamisha, to halt; to erect
simanga, to triumph over
simango(ma), ill-natured triumph
simba(-), a lion
sime(-), a short sword
simika, to set up; appoint

Simile! Make way!

simo(-), *1* something new; *2* a saying, proverb

simu(-), telegram

simulia, to narrate; **simuliwa,** be told

simulizi(ma), news; story

sina, I have not

sindano(-), a needle; **piga sindano,** give an injection

sindika, to press out oilseed or sugarcane

sindikiza, to accompany part of the way

sindikizo(ma), oil-press; sugar-mill

singizia, to slander; **jisingizia,** to pretend

singizio(ma), slander

sinia(-), metal tray

sinyaa, to shrivel up

sinzia, to doze

sinzilisha, to lull to sleep

sira(-), dregs, lees

siri(-), a secret

sisi, we; us; **sisi wenyewe,** we ourselves

sisimizi(-), small ants

sisimka, to tingle with excitement

sisitiza, to urge

sita, six

sita, to hesitate; be uncertain

sitaha(-), ship's deck

sitawi, to prosper

sitawisha, to cause to prosper

sitini, sixty

sitiri, to conceal

sivyo, not so

siyo, no

sizi(ma), soot

soga(ma), idle chatter; **piga masoga,** have a chat

sogea, sogeza, to move

soko(ma), market; **sokoni,** marketplace

sokota, to twist

soksi(-), socks; stockings

sokwe(-), a chimpanzee

solo(-), seeds used as marbles or counters

soma, to read; go to school

somesha, to teach

somo(ma), *1* a reading; *2* a lesson; *3* a confidential friend

songa, to press; **songwa,** be pressed

songamana, to writhe, twist together

songo(ma), a coil

songoa, songonyoa, to wring

staajabu, be surprised

staajabisha, to astonish

staarabika, be civilized

-staarabu, wise; civilized

stadi, expert

staha,(-), respect

stahi, to respect; **stahiwa,** be respected

stahili, to deserve

stahilisha, to deem worthy

stahimili, to put up with

-stahivu, honourable

stakabadhi(-), a receipt

stakimu, to prosper

stara(-), concealment

starehe, be at ease

starehesha, to put at ease

stesheni(-), railway station

stimu(-), electricity

stiri, to conceal; **stirika,** be concealed

stuka, be startled; **stusha,** to startle

subira(-), patience

subiri, be patient

sudi(-), success

sufi(-), kapok

sufu, wool

sufuria(-), saucepan

sugu(-), a callosity; callousness

sugua, to scrub; **suguliwa,** be scrubbed

suhubiana, be friendly with

sujudu, to bow down in worship; **sujudiwa,** be worshipped

suka, to shake; to plait

sukari(-), sugar

suke(ma), ear of corn

sukuma, to push; **sukumwa,** be pushed

sukumana, to jostle

sukumiza, to thrust along

sukutua, to rinse mouth; gargle

sulibisha, to crucify; **sulibiwa,** be crucified

sulu, polish; **kupiga sulu,** to polish

sulubu(-), vigour, energy

suluhisha, to reconcile

suluhu(-), reconciliation

sululu(-), a pickaxe

sumaku(-), a magnet

sumbua, to annoy, trouble; **sumbuka,** be annoyed

sumbuo(ma), annoyance

sumu(-), poison

sungura(-), a hare

sura(-), _1_ appearance; _2_ chapter

surua(-), measles

suruali(-), trousers

susu(-), hanging shelf

susuri(-), aimless moves from place to place

susurika, to be moved about

suta, to accuse publicly

suto(ma), public accusations

suza, to rinse

swali(ma), a question

T

taa(-), a lamp

taabani, in distress

taabika, be in distress

taabisha, to distress

taabu(-), distress

-taalamu, well-informed

taamuli(-), thoughtfulness

taarifa(-), a report

tabaka(-), a layer; lining

tabana, to make incantations

tabasamu, to smile

tabia(-), character; nature

tabibu(ma), a doctor

tabiki, be attached to; to line

tabikisha, to attach a lining, etc.

tabiri, to predict; **tabiriwa,** be predicted

tadi, to offend; **tadi(-),** rudeness, evil action

Tafadhali!, Please!

tafakari, to meditate

tafiti, to pry into; **-tafiti,** inquisitive

tafrija(-), recreation; entertainment

tafsiri, a translation

tafuna, to chew; **tafunwa,** be chewed

tafuta, to look for; **tafutwa,** be looked for

taga, to lay eggs; **tagwa,** be laid

tagaa, to stride

Tahamaki!, Behold!

taharuki, be in a hurry

tahayari, be ashamed

tahayarisha, to shame

tahiri, to circumcise; **tahiriwa,** be circumcised

tai(-), an eagle

taifa(ma), a nation

taja, to name; to mention

tajamala(-), a favour

tajamali, do a favour

taji(-), a crown

tajiri(ma), a wealthy man; a merchant

tajirika, to get rich; **tajirisha,** to enrich

taka(-), dirt; rubbish; **takataka,** odds and ends

taka, to want; to need; **takiwa,** be wanted

takabali, to accept, agree

takabari, to show off

takasa, to cleanse; make bright; **takasika,** be clean; bright

takata, become clear

-takatifu, holy

takia(ma), a cushion

takikana, be needed

takiwa, _see_ **taka**

tako(ma), the base; butt-end

talaka(-), a divorce

talasimu(-), a charm

tama, final; decisive; **tamati,** finis

tamaa(-), strong desire

tamalaki, to rule

tamani, to covet; long for; **tamanika,** be desired, desirable

tamanisha, to allure

tamasha(-), a show; pageant

tamba, to strut proudly

tambaa, to crawl; creep

tambarare(-), flat country

tambaza, to drag on the ground; **tambaza maneno,** to drawl

-tambazi, creeping; crawling

tambika, make offerings to the dead

tambiko(ma), propitiatory offering

tambua, to discern; recognize; understand

tambulika, be well-known

tambulisha, to make known

-tambuzi, intelligent

-tamfu, pronounceable

tamka, to pronounce

tamko(ma), pronunciation; accent

-tamu, sweet; pleasant

tamutamu, sweets; confectionery

tanabahi, to consider carefully

tanadhari, be on one's guard

-tanashati, neat, clean, well-dressed

tanda, tandaa, be spread out

tandika, tandaza, to spread

tandiko(ma), mat; bedding; awning; etc.

tando(ma), tandabui(-), spider's web

tandu(-), centipede

tanga(ma), a sail

tangaa, be spread abroad

tangamano(ma), coming together

tangatanga, to stroll about; dawdle

tangawizi(-), ginger

tangaza, to publish abroad

tangazo(ma), a notice; proclamation

tangi(ma), a tank

tango(ma), small cucumber

tangu, since; **tangu leo,** from today

tangua, to cancel; annul; **tanguka,** be annulled

tangulia, to go before

tanguliza, to put first

tanguo(ma), cancellation; annulment

tania, to treat with familiarity; to chaff

tano, five

tanua, to stretch apart

tanuu(-), a kiln

tanzi(-), loop; noose

tanzia(-), announcement of a death

tao(ma), curve; arch

tapa, to shiver; struggle

tapakaa, be dotted about

tapanya, to disperse; scatter about

tapanyika, be dispersed

tapika, to vomit

tapishi(ma), vomit

tarabu(-), a concert

taraja(ma), hope; expectation

tarajia, to hope for; **tarajiwa, be** hoped for

tarakimu(-), numeral; figure

taratibu(-), order; method

tarehe(-), date; chronicles

tarishi(ma), a messenger

tarizi, to embroider

taruma(ma), wooden support or strut; spoke of wheel

tarumbeta(-), a trumpet

tasa, barren female

tasbihi(-), a rosary

taslimu, cash payment

taswira(-), a portrait; picture

tata, tatanisha, to tangle; perplex

tatanua, to disentangle; clear up a difficulty

tatarika, to crackle; chatter

tatika, be tangled; confused

tatiza, to puzzle

tatizo(ma), a problem

tatu, three

tatua, to tear; solve a difficulty

tatuka, be torn

tauni(-), plague

tausi(-), peacock

tawa, to live in seclusion

-tawa, devout

tawadha, to wash the feet

tawala, to rule; **tawaliwa, be** ruled

tawanya, to scatter; **tawanyika,** be scattered

tawanyiko(ma), dispersion

tawaza, to instal as ruler

tawi(ma), a branch

taya(ma), jawbone

tayari, ready; **fanya tayari,** to prepare

tazama, to look at

tazamana, to look at one another

tazamia, to expect; to inspect; **tazamiwa,** be expected; inspected

tega, set ready; set a trap; **tegwa,** be trapped

tegemea, to lean on; rely on; **tegemewa,** be relied on

tegemeo(ma), a support

tegemeza, to support

tego(ma), charm to ensure wife's fidelity

tegua, to let off a trap; to sprain

teguka, be sprained

teka, *1* draw water from well; *2* to plunder; **tekwa,** be carried off

teke(ma), a kick; **piga teke,** to kick

tekelea, be fulfilled

tekeleza, *1* to fulfil; *2* hold spellbound

tekelezo(ma), fulfilment

tekenya, to tickle; a jigger

teketea, be burnt up; destroyed

teketeke, soft; tender

teketeza, to burn up; destroy

tekewa, be bewildered

tekua, to break up; break down

tele, in abundance

teleka, put pot on fire

telekeza, to halt (*for meal*)

telemka, to descend

telemsha, to lower; let down

teleza, to slip; be slippery

teli(-), gold thread or braid

tema, to slash; **tema kuni,** cut firewood; **tema mate,** to spit

tembea, to take a walk; go about

tembeza, to show round; hawk about

tembo(-), *1* elephant; *2* palmwine

tena, again; then

tenda, to do; **tendeka,** be done

tende(-), dates

tendekeza, to achieve by practice

tendewa, to undergo; be treated

tendo(ma), an action

tenga, to set apart; **tengwa,** be set part

tengana, to leave one another; separate

tengemana, to settle down after upheaval

tengemano(ma), settling down

tengenea, be in good order

tengeneza, put in order; mend

tengenezo(ma), orderly arrangement

tepe(ma), braid; soldiers' stripes

tepetea, be listless

-tepetevu, listless; limp

terema, be at ease

teremesha, set at ease

-teremeshi, genial

tesa, to afflict; persecute; **teswa,** be persecuted

teso(ma), suffering

teta, to dispute; speak against

tete(ma), a reed

tetea, to speak on someone's behalf

tetemeka, to tremble

tetemeko(ma), earthquake

tetesi(-), a dispute

tetewanga(-), chickenpox

teto(ma), argument

teua, to select; **teuliwa,** be selected

-teule, chosen

-teuzi, fastidious; critical

thabiti, firm; resolute

thamani(-), value

thamini, to value

thawabu(-), a reward

thelathini, thirty

theluji(-), snow

themanini, eighty

thenashara, twelve

thibitika, be proved; firm

thibitisha, to establish; prove

thibitisho(ma), verification

thubutu, to dare

thuluthu, a third

tia, to put; **tiwa,** be put

tiara(-), a child's kite

tibu, to treat medically

tibua, to stir up, make muddy; **tibuka,** be stirred up

tifu(ma), dust

-tifu, dustlike

tifua, make a dust

tii, to obey; **tiiwa,** be obeyed

-**tii**, obedient
tikisa, to shake; **tikiswa**, be shaken
tikisika, be shaky; unsteady
tikiti(ma), a watermelon
timamu, complete
timia, be completed
-**timilifu**, perfect
timiza, to complete
tindi, unripe; half-grown
tindika, to fall short; **tindikiwa**, be short of
tinga, to shake; vibrate
tingisha, to cause to shake
tingitingi(-), a vibrating bridge
tini(-), figs
tiririka, to trickle; glide
tisa, nine
tisha, to threaten; **tishwa**, be threatened
tishari(-), a lighter; barge
tisho(ma), a threat
tisini, ninety
tita(ma), bundle of firewood or grass
titimka, be in excited state
titimua, to throw into confusion
toa, to put forth; offer; give; **tolewa**, be given
toba(-), penitence
toboa, to bore a hole; **tobolewa**, be bored
tofali(ma), a brick
tofauti(-), difference
tofautisha, distinguish between
tohara(-), ceremonial cleanliness; circumcision
toja, to scarify; tattoo
tojo(ma), incision; tattoo
toka, to go out; come out; go away
tokea, to appear; to happen
tokeapo, henceforth
tokeo(ma), the result
tokeza, to put out; be prominent
tokomea, to vanish
tokomeza, to reduce to nothing
tokosa, to cook in water or fat
tolewa, *see* **toa**
tomasa, to press gently
tona, to fall in drops
tone(ma), a drop; dot
tonewa, be dotted over

tonge(ma), a small lump
tongoza, to seduce; **tongozwa**, be seduced
tononoka, to flourish
tope(ma), mud
topea, to sink in
topeza, to drag down; press in
topoa, to extricate
toroka, to run away
torosha, to entice away
tosa, cause to sink
tosha, be sufficient
tosheleza, to satisfy
tota, to sink; be drowned
-**tovu**, lacking
towashi(ma), a eunuch
towe, potter's clay
toweka, to disappear
toza, to seize
tua, to set down; stop
tu, only
tuama, to settle
tubu, to repent
tufani(-), a storm
tufe(-), a ball; globe
tuhuma(-), suspicion
tuhumiana, to suspect one another.
tuhumu, to suspect
tui(-), juice of grated coconut
tukana, to abuse; **tukanwa**, be abused
tukano(ma), abuse
tukia, to happen
tukio(ma), an occurrence; event
-**tukufu**, glorious
tukuka, to be worthy of glory
tukutika, to flutter; be agitated
tukutiko(ma), nervous excitement
-**tukutu**, restless
tukuza, to exalt; glorify
tuli, quiet
tulia, be calm
-**tulivu**, tranquil
tuliza, to pacify
tuma, to send; **tumwa**, be sent
tumaini(ma), confidence
tumaini, to hope; **tumainiwa**, be trusted
tumainisha, give hope to
tumba(ma), a bud
tumbako(-), tobacco

tumbili(-), a monkey
tumbo(ma), stomach
tumbua, to rip open; make hole in; tumbuliwa, be ripped open
tumbuiza, to soothe by singing
tumbuka, to burst
tumbukia, to fall into
tumbukiza, to push into
tumbuza, to penetrate
tumia, to use; tumiwa, be used
tumika, be employed; be usable
tumikia, to serve
tunda(ma), a fruit
tundika, see tungika
tundu(-), a hole; nest
tunga, to put together; compose
tungamana, be in harmony
tungika, to hang up; suspend; tungikwa, to be hung
tungua, to take down; disconnect; tunguliwa, be taken down
tunu(-), a treasure
tunuka, to set one's heart on
tunukia, make a present to
tunza, to take care of
tupa(-), a file; rasp
tupa, to throw
tupia, to throw at/to; tupiwa, be thrown at/to
-tupu, empty; bare
tusi(ma), filthy abuse
tuta(ma), ridges for planting
tutika, to pile up; pile loads on head
tutuma, to rumble
tutusa, to grope about in dark
tuza, to reward
tuzo(-), a prize; present
twaa, to take; twaliwa, be taken
twanga, to husk grain by pounding
tweka, to hoist a flag
tweta, to pant for breath
tweza, to humiliate
twiga(-), a giraffe
twika, take up a head load

U

For prefix U *see page* 21
ua(ma), a flower
ua(ny), a courtyard
ua, to kill; uawa, be killed
uadui, enmity

uaguzi, divination
Uajemi, Persia
uambukizo, infection
uaminifu, faithfulness
uangalifu, carefulness
uangalizi(ma), observation; guardianship
uapo(ny), an oath
uasherati, fornication; promiscuity
uasi, disobedience
ubaba, fatherhood
ubadilifu, changeableness
ubaguzi, segregation
ubahili, miserliness
ubainisho(ma), clear evidence
ubale(mb), slices; strips
ubalehe, puberty
ubani, incense
ubao(mb), a plank
ubapa(b), flat surface
ubaradhuli, gullibility
ubashiri, prediction
ubatili, worthlessness
Ubatizo, Baptism
ubavu(mb), a rib
ubawa(mb), a wing
ubaya, evil
ubembe, wheedling; soliciting
ubichi, unripeness; rawness
ubikira, virginity
ubinadamu, human nature
ubingwa, skill
ubini, forgery
ubishi, strife; joking
ubivu, ripeness
ubongo, brain
ubora, excellence
ubovu, rottenness
ubuni, invention
ubutu, bluntness
uchache, fewness
uchafu, dirt
uchaguzi, discrimination; choice
uchaji, awe; fear of God
uchanga, immaturity
uchao, dawn
uchawi, sorcery
uchechefu, fewness
ucheshi, good temper; wit
uchi, nakedness
uchokochoko, nagging
uchokozi, teasing

uchongelezi, slander
uchovu, tiredness
uchu, a craving
uchukuzi, transport
uchumba, marriage engagement
uchumi, trade; earnings
uchungu, bitterness
uchunguzi, investigation
udadisi, curiosity
udakuzi, talebearing
udanganyifu, deceitfulness
udhaifu, weakness
udhalimu, injustice
udhi, to annoy; udhika, be annoyed
udhia, annoyance
udhilifu, humiliation
udhuru, excuse
udogo, smallness
udongo, soil; udongo ulaya, cement
udugu, kinship
udumu, perseverance
ufa(ny), a crack; cleft
ufafanuzi, interpretation
ufagio(f), a broom
ufahamu, understanding
ufalme, kingdom
ufananaji, resemblance
ufanisi, prosperity
ufasaha, elegance in use of language
ufasiki, ufisadi, vice
ufito(f), a thin pole
ufizi(f), gum of tooth
ufuatano, sequence
ufufuko, ufufuo, resurrection
ufukara, destitution
ufuko, sea-shore
ufundi, craftsmanship
ufunguo(f), a key
ufunuo, revelation
ufupi, shortness
ufupisho(ma), a summary; abbreviation
ufuta, oilseed
ufyozi, insolent contempt
uga(ny), open space in village
ugali, stiff porridge
uganga, native medicine
ugeni, strangeness; ugenini, abroad
ugeuzi, variation

ugolo, snuff
ugomvi, strife
ugonjwa(ma), illness
ugua, to be ill; to groan
ugumu, hardness; difficulty
uguza, to nurse a sick person
ugwe(n), cord
uhai, life
uhaini, treachery
uhalifu, disobedience
uhamaji, migration
uhamiaji, immigration
uhamisho, banishment
uharamia, piracy; outlawry
uharibifu, destruction
uhitaji, need
uhodari, courage
uhuni, vagabondage
uhuru, freedom
uhusiano, relevancy
uigaji, imitation; play-acting
Uingereza, England; Britain
Uislamu, Moslem religion
uizi, theft
ujamaa, family
ujana, youth
ujane, widowhood
ujanja, cunning
ujasiri, daring
ujasusi, spying
ujazi, abundance
ujazo, capacity
ujenzi, building
uji, gruel
ujima, co-operation
ujinga, folly
ujira, wages
ujirani, neighbourhood
ujumbe, a deputation
ujuvi, impudence
ujuzi, experience; knowledge
ukabidhi, economy; hoarding
ukadirifu, assessment; moderation
ukaguzi, inspection
ukahaba, prostitution
ukaidi, obstinacy
ukali, sharpness; severity
ukambaa(k), plaited rope
ukame, desolation
ukamilifu, perfection
ukanda(k), belt; strap
ukarimu, generosity

ukarani, work of a clerk
ukashifu, libel; slander
ukatili, cruelty
ukavu, dryness
uke, womanhood; female sex organs
ukili(k), plaited leaf strip
ukilia, be intent on
ukindu, palm-leaf strips for plaiting
ukiri, acknowledgement
ukiwa, loneliness
ukoka, fodder grass
ukoma, leprosy
ukombozi, ransom
ukomo, discontinuance
ukonge, fibre
ukongwe, extreme old age
ukoo, kinship
ukorofi, brutality
ukosefu, deficiency
ukosi, back of neck; coat collar
ukubwa, size; bulk
ukucha(k), fingernail; toenail
ukufi(k), small handful
ukufuru, blasphemy
ukulima, agriculture
ukumbi, porch
ukumbuko, recollection
ukumbusho(ma), a reminder; memorial
ukunga, midwifery
ukungu, mist; mildew
ukunjufu, gaiety
ukurasa(k), a page
ukuta(k), a wall
ukuu, greatness
ukwato(k), a hoof
ukweli, the truth
ulafi, greed
ulaghai, deceit
ulaji(ma), food; diet
ulalo(ma), native bridge
Ulaya, Europe
ulegevu, slackness
ulevi, drunkenness
ulezi(ma), upbringing
ulimaji, agriculture
ulimbo, birdlime
ulimi(nd), tongue
ulimwengu, the world
ulinganyifu, similarity; harmony

ulingo, raised platform for watchman
ulinzi, protection
uliza, to question; **ulizwa,** be questioned
ulizo(ma), interrogation
ulozi, sorcery
uma, to hurt; bite; sting; **umwa,** be bitten
umalidadi, smart appearance
umande, dew
umaskini, poverty
umati, a crowd
umba, to create; **umbwa,** be created
umbali, distance
umbia, to soar; glide; flare up
umbile(ma), natural condition
umbo(ma), shape; form
umbu(ma), (*his*) sister; (*her*) brother
umbua, to disfigure
ume, manliness; **-ume,** male
umeme, lightning
umilele, eternity
umio(m), internal throat
umiza, to cause pain
umoja, unity
umri, age
umua, to make the dough
umuka, to rise, swell (*dough; sea*)
unadhifu, neatness
unafiki, hypocrisy
unajimu, astrology
unajisi, defilement
unda, to construct in wood; **undwa,** be constructed
undani, a secret grudge
unene, stoutness; thickness
unga, flour; powder
unga, to join; **ungwa,** be joined
ungama, to confess
ungamana, be united
ungamanisha, to unite
ungana, to combine
ung'aro, brightness
ungo(ny), winnowing basket
ungua, be scorched, burnt
Unguja, Zanzibar
unguza, to burn, char
unyago, tribal initiation rite
unyamavu, quietness

unyang'anyi, usurpation; seizure
unyanya, disdain
unyenyekevu, humility
unyenyezi, haziness
unyevu, dampness
unyofu, uprightness
unyonge, weakness
uo(ny), sheath; cover
uongo, falsehood
uoni, sight
uovu, evil
upambanuzi, discrimination
upana, width
upandaji, planting
upande(p), side; direction
upanga(p), a sword
upangaji, arrangement; rent
upapi(p), narrow strip of wood
upara, bald head
upatanisho, atonement
upatu(p), a gong
upawa(p), a ladle
upele(p), a pimple
upelekaji, transmission
upelekwa, mission
upelelezi, investigation
upendano, mutual love
upendo, love
upenu(p), a lean-to
upenyezi, smuggling; bribery
upeo, the limit; **upeo wa macho,** the horizon
upepo(p), wind
upesi, quickly
upevu, maturity
upi?, which?
upimaji, measuring; valuation
upinde(p), a bow
upindo(p), border; hem
upinzani, opposition
upishi, cookery
upofu, blindness
upokeaji, adoption
upole, gentleness
upotevu, waste
upotoe, **upotovu,** perversity; depravity
upungufu, deficiency
upunguzi, reduction
upurukushani, negligence
upuzi, nonsense
upweke, loneliness
upya, newness; anew

uradhi, satisfaction
urafiki, friendship
uraia, citizenship
urefu, length
urembo, ornamentation
urithi, inheritance
urujuani, purple
usafi, cleanliness; purity
usaha, pus
usahaulifu, forgetfulness
usahihi, correctness
usalama, safety
usaliti, treachery
usawa, level; equality
usemaji, fluency
usemi, speech
usermala, carpentry
ushahidi, witness
ushanga, beads
ushaufu, vanity
ushawishi, persuasion
ushi(ny), eyebrow; ridge
ushikamano, adhesion
ushinde, defeat
ushindi, victory
ushirika, partnership
ushuhuda, witness
ushujaa, valour
ushupavu, firmness; obstinacy
ushuru, tax
usia(ma), directions; a will
usia, to direct; bequeath
usikivu, attention; docility
usiku, night; **usiku kucha,** all night
usimamizi, oversight
usingizi, sleep
usitawi, prosperity
uso(ny), face; surface
ustaarabu, civilization
ustadi, skill
ustahili, merit
ustahimilivu, forbearance
ustahivu, respect
usubi, sandflies; midges
usugu, callousness
usukani, steering gear
usukumizi, impulse
uta(ny), a bow
utabibu, medical treatment
utafiti, inquisitiveness
utaji(t), a veil
utajiri, wealth

utakatifu, holiness
utambaazi, a trail
utambi(t), a wick
utambuzi, intelligence
utamu, sweetness; pleasantness
utando, a cobweb; film
utangulizi, precedence; preface
utani, a familiar friendship
utaratibu, orderliness
utatu, trinity
utawa, religious devotion
utawala, government
utelezi, slipperiness
utendaji, activity
utenzi(t), a poem
utepe(t), braid; tape; ribbon
utepetevu, listlessness
utetezi, argument
uteuzi, fastidiousness; fad
uthabiti, stability
uti, backbone
utii, obedience
utimizo, completion
utitiri, chicken-fleas
utomvu, sap
utoshelevu, adequacy
utosi(t), crown of head
utoto, childhood
utovu, lack
utu, manhood
utukufu, glory
utulivu, peacefulness
utume, an errand
utumishi, service
utumizi, usefulness
utumwa, slavery
utundu, mischief
utungaji, composition
utungu, pain of childbirth
utunzaji, taking care of
utusitusi, darkness
uuaji, murder
uuguzi, nursing the sick
uungwana, culture
uvimbe, a swelling
uvivu, idleness
uvuguvugu, lukewarmness
uvuli, shade
uvumba, incense
uvumbuzi, discovery
uvumi, a rumour
uvumilivu, forbearance

uvutano, mutual attraction
uvuvi, fishing
uwakili, agency
uwanda(ny), a plain; plateau
uwanja(w), open space among houses
uweza, uwezo, power; ability
uza, to sell; **uzwa,** be sold
uzalendo, patriotism
uzani, weight; rhythm
uzao, offspring
uzazi, childbearing
uzee, old age
uzembe, negligence
uzi(ny), thread, string, wire
uzima, life; health
uzingo, a halo
uzinzi, adultery
uzito, heaviness; weight
uzoevu, familiarity
uzuizi, constraint; disadvantage
uzulu, to dismiss; **jiuzulu,** to resign
uzulu(ma), dismissal; abdication
uzuri, beauty; make-up
uzushi, emergence; innovation

V

vaa, to wear; **valika; valiwa,** be worn
vamia, to pounce upon; lie on
vazi(ma), a garment
vema, well; good
via, to be stunted; spoilt
vibaya, bad; badly
vifaa, equipment
vifijo, applause
vigelegele, trills of joy
vigumu, difficult
vika, to clothe; **vikwa,** be clothed
vile, those; thus; **vilevile,** just the same
vilia, to clot
vilio(ma), contusion; bruise
vimba, to swell; **vimbiwa,** be distended
vingi, many
vingine, some; others
vinginyika, to wriggle

vingirika, vingirisha, to roll along

vinjari, to cruise about

viringana, to be round

viringisha, to bend round

vita(-), war; battle

vivi hivi, in the same way

-vivu, idle; lazy

viza, to spoil

vizia, to spy on

vizuri, well

volkeno(-), volcano

vua, _1_ to fish; _2_ take off clothes; _3_ save

vuaza, to make a cut

-vuguvugu, lukewarm

vuja, to leak

vuke(ma), vapour; steam

vukiza, to fumigate; cense

vukuta, to work bellows

vuli(-), the short rains

vulio(ma), cast-off clothes

vuma, to blow; rumble

vumba(ma), bad fish smell

vumbi(ma), dust

vumbika, to cover up to ripen

vumbua, to uncover; bring to light

vumika, be rumoured

vumilia, to bear patiently

-vumilivu, patient

vumo(ma), rumbling

vuna, to reap; **jivuna,** to boast

vunda, to smell high

vunde(ma), tainted food

vungavunga, to crumple up; work badly; bewilder

vunja, to break; **vunjika,** be broken

vuo(ma), a catch of fish

vuruga, to stir; disarrange

vurugika, be stirred up; decomposed

vurugu-vurugu, in confusion

vurumisha, to whirl

vuruvuru, whirring

vusha, to convey across

vuta, to pull; attract; interest

vuvia, to blow (_mouth or bellows_)

vuvumka, to develop quickly

vuvuwaa, be speechless

vyema, _see_ **vema**

vyombo, goods and chattels

W

wa (kuwa), to be; **kuwa na,** to have

waa(ma), blotch; blemish

waama, moreover

wadi(-), watercourse; appointed time

wadia, to be time; **wakati ume-wadia,** the time has come

wahi, be in time

wajibisha, to behove

wajibu, obligation

wajihi, face; to present oneself

wajihiana, to meet face to face

waka, to burn; shine

wakaa(-), a time

wakala, agency

wakati(ny), time

wakf, consecrated; charitable foundation

wakia, an ounce

wakili(ma), an agent

wakilisha, to appoint as agent

wala, neither; nor

walakini, however

wali, cooked rice

walimwengu, people on earth

wamba, to apply by stretching

wambiso, an adhesive

wana, _see_ **mwana**

wanadamu, human beings

wanda, to get fat

wanga, starch

wapi?, where?

waraka(ny), letter; document

wari, yard measure

waridi(ma), a rose

wasaa, leisure

washa, to light; to itch

wasifu, to describe

wasili, arrival; to arrive

wasiwasi, disquiet

wastani, average

watu, people

wavu(ny), a net

wayawaya, to sway

wayo(ny), a footprint

waza, to think; imagine

wazi, open

wazimu, madness

waziri(ma), minister of state

wazo(ma), thought; supposition

weka, to put; put by; appoint
wekea, put aside for
-wekevu, thrifty
weko(ma), place for putting something
weledi, skilful
wema, goodness
wembe(ny), a razor
wengi, many (*people*)
wengine, some; others
wengu, the spleen
wenzi, companions; **wenzangu,** my companions
wepesi, quickness
werevu, shrewdness
weusi, darkness
wevi, wezi, thieves
wewe, you
weweseka, to talk in sleep
wia, be owed by; **wiwa,** to owe
wika, to crow
wiki(-), week
wilaya(-), district
-wili, two
wima, upright
wimbi(ma), a wave
wimbo(ny), song; hymn
winchi(-), crane
winda, to hunt
windo(ma), hunter's bag
winga, to chase off
wingi, abundance
wingu(ma), a cloud
wino, ink
wishwa(-), husks
wivi, wizi, theft
-wivu, jealous; jealousy
wiwa na, to owe
wizara, the Ministry
woga, cowardice
wokovu, salvation
wote, everyone

Y

yaani, that is to say
yabisi, hard and dry
Yahudi(ma), a Jew
yai(ma), an egg
yakini, the truth; certainly
yakinia, to resolve on
yakinisha, to confirm

yamini(-), right hand; solemn oath
yamkini, possibility; probably
yatima(-), an orphan
yaya(ma), child's nurse
yeye, he; him; she; her
ye yote, anyone
yeyuka, yeyusha, to melt
yowe(ma), a shout for help
yuayua, to wander about
yugayuga, to stagger
yumba, to sway, stagger
yumkini, *same as* **yamkini**
yungiyungi(ma), water-lily
yupi?, who?

Z

zaa, to bear offspring
zabibu(-), grapes
zaburi(-), a psalm
zagaa, to give light; **zagawa,** be lighted up
zaidi, more; **zaidi ya,** more than
zaka(-), *1* tithes; *2* arrow-quiver
zalisha, to act as midwife
zaliwa, be born
zama, to sink; dive
zama, zamani, a period; time
zamani, long ago
zambarau(-), damsons; purple
zamu(-), period of duty; turn
zana(-), weapons; gadgets; fittings
zao(ma), produce
zari(-), gold thread; brocade
zatiti, to prepare
zawadi(-), a present
zebaki, mercury
zeituni(-), olives
-zembe, negligent
zeze(-), kind of banjo
zia, zira, *1* to hate; *2* drive off ants; *3* keep a taboo
ziada(-), increase; surplus
ziara(ma), *1* a tomb; *2* a visit
ziba, to stop up; **zibwa,** be stopped up
zibika, get stopped up
zibua, to unstop
zibuka, zibuliwa, be unstopped
zidi, to increase
zidio(ma), an increase

zidisha, to add more
zidiwa, be hardpressed
zihi, suitability
zika, to bury
zima, to extinguish
-zima, whole; well
zimia, to faint
zimika, to go out, be extinguished
zimua, to reduce strength; zimuliwa, be reduced
zimwi(ma), an ogre
zinaa(-), adultery
zinda, be firm
zindika, to make firm; protect with charms
zindiko(ma), a protective charm
zindua, to remove a spell; open new building
zinduka, to wake with a start; be freed from a spell
zinga, to go round; turn round
zingamana, to twist, wind (*river*)
-zingativu, thoughtful
zingira, to surround
zingiwa, be besieged
zingo(ma), a bend; twist
zingua, to unroll; take off spell; zinguliwa, be freed from spell
zini, to commit adultery
zirai, to faint
-zito, heavy; serious; dull
ziwa(ma), a lake; breast
ziza, to impose a taboo
zizi(ma), sheepfold; cowshed, etc.
zizima, to get cold
zizimia, to sink; disappear
zizimua, to take chill off
zoea, zoelea, get used to

-zoelefu, familiar with
zoeleka, become customary
zoeza, to train by practice; jizoeza, to practise
zoezi(ma), an exercise
zohali(-), delay; negligence
zohalika, to delay; be negligent
zomea, to hoot in derision
zomeo(ma), derision
zonga, to wind round; zongoa, to unwind
zongamana, be coiled round
zongamea, to coil round
zozana, to nag one another
zua, to bore through; bring to light; invent
zuia, to prevent
zuilika, be preventable
zuio(ma), an obstruction
zuka, to appear suddenly
zulia(ma), a carpet
zulika, to get dizzy
zulizuli(-), giddiness
zumari(ma), a wind instrument
zunguka, to go round; zungukwa, be surrounded
zunguko(ma), a circuit; revolution
zungumza, to converse; jizungumza, amuse oneself
zungusha, to put round
zuri(-), perjury; commit perjury
-zuri, beautiful
zuru, to visit; zuriwa, be visited
zurura, to wander about aimlessly
-zuzu, foolish
zuzua, make a fool of
zuzuka, be fooled, puzzled

ENGLISH–SWAHILI
DICTIONARY

NOTES ON THE ENGLISH–SWAHILI SECTION

Nouns

As is usual in Swahili dictionaries, the plural of a noun is shown in the Swahili–English section, and reference should be made to that if necessary. However, to avoid the frequent reference needed to distinguish between the MA and N classes, the nouns in the former are shown in this section with the sign(*ma*), and the difficult plurals of the N-class are also given. If it is remembered that nouns beginning with **m** or **mw** make their plural with **wa** for people and **mi** for things, and that the plural of **ki** and **ch** is **vi** and **vy**, there should not be much need to refer to the other section.

Verbs

Verbs are given with their infinitive prefix **ku**; this makes it easy to distinguish them from nouns of the same form; e.g. **signal**, *ishara; kuashiria*. The noun is usually given first.

It often happens that the same word is used in English for both a transitive and an intransitive verb where in Swahili there are two different verbs: e.g. **decrease**, *kupungua, kupunguza*. If it is remembered that **za sha** and **nya** are causative endings, it will be seen at once that **punguza** means *make less*, and **pungua** will mean *get less*; e.g. **Maji yamepungua**, *The water has decreased*; **Punguza maji**, *Decrease the water*. Reference to the Swahili section should also make it clear.

Adjectives and Pronouns

Those which require a prefix are shown with a short line in front, and the right prefix will be found in the Table of Concords. The relative **iliyo** and **isiyo** also require the right concords in place of the syllables in italics. These too will be found in the Table; see also page 8.

There are two things which a Concise Dictionary cannot do.

(1) It cannot show the difference in pronunciation or stress between two words spelt in the same way. **Sow,** the word for a female pig is pronounced differently from the word to plant seed. And the noun **desert** is stressed differently from the verb. This may puzzle an African using the dictionary, but the English user will meet no such difficulty, for Swahili is written phonetically, and the stress is always on the syllable before the last.

(2) It cannot usually give more than one word out of several having the same meaning. There are, for instance, several Swahili words for **know**, and these will be found in the Swahili section; but in the English section, under **know,** only the most-used word, having the widest meaning, can be given. Where a word has two or three different meanings, they are marked *1, 2, 3*, and if there is any doubt as to the one wanted reference can be made to the Swahili section.

Prefixes and Suffixes

The English language has prefixes and suffixes by which a large number of words have been, and are being, formed. The most important are those that negative or reverse the meaning of the original verb. The notes given here are to help the African reader to understand words of this kind that he may not find in the dictionary, and to remind the English reader how to translate them.

un in dis mis

un is the chief negative prefix used with adjectives and verbs; e.g. **certain**, *hakika*; **uncertain**, *si hakika*; **armed**, *-enye silaha*; **unarmed**, *bila silaha*; **a healthy child**, *mtoto mwenye afya*; **an unhealthy child**, *mtoto asiye na afya*. The prefix has also a reversive force; **fasten**, *funga*; **unfasten**, *fungua*; **cover**, *funika*; **uncover**, *funua*.

in is used like *un*, but the *n* changes sometimes to agree with the following letter: e.g. **convenient**, *-a kufaa*; **inconvenient**, *isiyofaa*; **legal**, *halali*; **illegal**, *si halali*; **mature**, *iliyopevuka*; **immature**, *isiyopevuka*. This prefix has also its own meaning of *inside*.

dis does more than merely negative; it gives an opposite meaning; e.g. **like**, *kupenda*; **dislike**, *kuchukia*; **obey**, *kutii*; **disobey**, *kuasi*; **be contented**, *kuridhika*; **be discontented**, *kunung'unika*.

mis gives the meaning of *wrongly*(kukosea); **use**, *kutumia*; **misuse**, *kutumia vibaya*; **understand**, *kuelewa*; **misunderstand**, *kutoelewa sawasawa*; **lead**, *kuongoza*; **mislead**, *kuongoza vibaya*.

less

less added to a noun makes an adjective with a negative meaning: **a waterless desert**, *jangwa bila maji*; **a treeless plain**, *nyika isiyo na miti*; **a useless knife**, *kisu kisicho na faida*. Some of these adjectives have an opposite form with **-ful**: **useful**, **careful**, etc.

ness

Although in English there are several ways of forming abstract nouns, the most common one is by the suffix **ness**; **cold**, **coldness**; **holy**, **holiness**; **tired**, **tiredness**, etc. The meaning of any abstract noun of this kind can be found by taking off the *ness* and looking for the meaning of the adjective.

Present-day Suffixes

Apart from the prefixes and suffixes just given, and many others less important, all of which are actually part of the word itself, there are several loose prefixes much in use nowadays, usually attached to a word by a hyphen. Some of the commonest are given below.

anti, *kinyume cha*: **anti-aircraft guns**, *mizinga ya kupigana na eropleni*.

co, *pamoja*: **co-education**, *mafundisho ya watoto wa kiume na kike pamoja*.

de, *kuondoa*: **de-control**, *kuondoa mazuizi yaliyoamriwa*.

ex, *kutoka*: **ex-minister**, *waziri aliyetoka*.

inter, *wao kwa wao*: **interdependence**, *kutegemeana*.

non, not; **non-poisonous**, *si ya sumu*.

pre, *kabla ya*: **pre-war**, *kabla ya vita kuu*.

post, *baada ya*: **post-war**, *baada ya vita kuu*.

pro, *kupendelea*: **pro-communist**, *mwenye kupendelea ukomunisti*.

re, *tena:* **re-organize,** *kuratibisha upya.*

sub, *chini:* **sub-committee,** *halmashauri ndogo.*

super, *kupita kiasi:* **super-market,** *duka kubwa mno.*

trans, *kuvuka:* **trans-Atlantic,** *kuvuka Atlantic.*

vice, *kaimu:* **Vice-captain,** *aliye chini ya kapiteni mwenyewe.*

unilateral, *-a upande mmojs;* **bilateral,** *-a pande mbili;* **multilateral,** *-a pande nyingi.*

A

aback, kwa nyuma
abandon, kuacha
abandon hope, kukata tamaa
abase, kufedhehesha
abashed (be), kufedheheka
abate, kupungua, kupunguza
abbey, kanisa(ma) kuu
abbreviate, kufupisha
abbreviation, ufupisho(f); mkato
abdicate, abdication, kujiuzulu
abdomen, tumbo(ma)
abdominal, -a tumbo
abduct, abduction, kutorosha
aberration, upotoe
abet, kuendesha kwenye mabaya
abeyance (be in), kuachwa kwa
  muda
abhor, kukirihi
abhorrence, karaha
abhorrent, makuruhi
abide, *1* kukaa mahali; *2* kuvu-
  milia
abide by, kushika
abiding, -a kudumu
ability, akili; ustadi
abject, -nyonge
abjection, unyonge
ablaze (be), kuwaka
able, hodari
  be able, kuweza
abnormal, si kawaida
abnormality, hitilafu
aboard, melini; chomboni
abode, maskani; kikao
abolish, kuondoa kabisa
abolition, ondoleo(ma)
abominable, makuruhi
abomination, chukizo(ma)
aboriginal, -a asili
aborigines, watu wa asili
abortion, kuharibu au kuharibika
  mimba
abortive, -a bure
abound, kujaa tele
about, *1* habari za; *2* yapata;
  3 kuzunguka
about to, tayari
above, juu (ya); zaidi (ya)

abrasion, chubuko(ma)
abreast, sambamba
abridge, kufupisha
abridgement, mafupisho
abroad, ugenini; pande zote
abrogate, kutangua
abrogation, tanguo(ma)
abrupt, -a haraka
abscess, jipu(ma)
abscond, kutoroka
absconder, mtoro
absence, be absent, kutokuwapo
absentee, asiyekuwapo
absent-minded, -sahaulifu
absolute/ly, kabisa
absolution, ghofira
absolve, kuondoa hatiani
absorb, kunywa
  be absorbed in, kushughulika
  sana
absorbing, -a kuvuta sana
abstain from, kujiepusha na;
  kujinyima
abstemious, -enye kiasi
abstinence, kujihinisha
abstract, *1* muhtasari; kutoa;
  2 -a kuwazika tu
  be abstracted, kuwamo katika
  fikira
abstruse, *i*si*yo*fahamika upesi
absurd, -a upuzi
absurdity, upuzi
abundance, ujazi; wingi
abundant/ly, tele
abuse, *1* kutumia vibaya; *2* kutu-
  kana; matukano
abusive, -fidhuli
abut on, kupakana na
abyss, shimo refu lisilopimika
academic, -a kuhusu elimu ya juu
accede to, *1* kukubali; *2* kurithi
accelerate, kuhimiza
acceleration, ongezo la mwendo
accent, mkazo wa sauti
accent/uate, kukaza
accept, kukubali; kupokea
acceptable, -a kupendeza
acceptance, acceptation, kibali
access, njia ya kufikia
accessible, -a kufikika

accession, urithi wa cheo kikuu

accessories, vifaa vya ziada

accessory, msaidizi katika uhalifu; -a kusaidia

accident, tukio(ma); ajali

accidentally, kwa nasibu tu

acclaim, kusherehekea

acclamation, vifijo na vigelegele

be acclimatized, kuzoea tabia ya ugenini

accommodating, -enye hisani

accommodation, mahali pa kukaa

accompaniment, mafuatano

accompany, kufuatana na; kusindikiza

accomplice, mshirika katika tendo baya

accomplish, kutimiza

accomplishment, *1* utimizo; *2* kazi ya ustadi

accord/ance, upatano

of his own accord, kwa hiari yake

accordingly, kwa hiyo

accost, kuendea na kuamkia

account, *1* hesabu; *2* masimulizi

account for, kueleza sababu

on account of, kwa sababu ya

on no account, sivyo kabisa

be accountable, kupasiwa

accountant, mtunza hesabu

accumulate, kuongezeka kwa kulimbikwa

accumulation, mkusanyo

accuracy, usahihi

accurate, sahihi

accursed, -baya kabisa

accusation, mashtaka

accuse, kushtaki

be accused, kushtakiwa

accuser, mshtaki

accustom, kuzoeza

be accustomed, kuzoea

ace, ree; shujaa mkuu

ache, maumivu; kuuma

achieve, kufanikiwa; kufaulu

achievement, *1* tendo bora; *2* utimizo

acid, -chungu

acknowledge, *1* kukiri; *2* kujulisha wasili

acknowledgement, *1* ukiri; *2* shukrani; *3* cheti cha wasili

acme, kipeo

acquaint, kujulisha

be acquainted, kujuana

acquaintance, *1* ujuzi kidogo; *2* mtu umjuaye

acquiesce, kukubali

acquiescence, ukubali

acquire, kujipatia

acquisition, pato(ma)

acquisitive, -pasi

acquit, kuondoa hatiani

acquittal, ondoleo la hatia

acre, eka

acrid, -chungu

acrimonious, kwa maneno makali

acrobat, mstadi wa kujisuka kwa pembea, etc.

across, toka upande mmoja mpaka upande wa pili

act, *1* kutenda; *2* kuigiza hadithi

act, action, tendo(ma)

active, -epesi

activity, utendaji

actor, actress, mwigaji wa hadithi

actual/ly, hasa

acute, -kali

adamant, -gumu

adapt, kuendekeza

adaptable, rahisi kubadilishwa

adaptation, mabadiliko

add, kujumlisha; kuongeza

adder, nyoka

addict, mwenye kushindwa na tamaa fulani

be addicted to, kuzoelea

addition, nyongeza

address, *1* anwani; kuandika anwani; *2* hotuba; kuhutubu

adept, mstadi

adequacy, utoshelevu

adequate, -a kutosha

adhere, kuambatana; kushika

adhesion, ushikamano

adhesive, gundi; -a kunata

adjacent, -a kupakana

adjoin, kupakana na

adjourn, adjournment, kuahirisha

adjudicate, kuamua

adjudicator, mwamuzi
adjure, kuapiza
adjust, adjustment, kulingani-sha; kusawazisha
administer, kusimamia
administration, serkali; usi-mamizi
admirable, -zuri
admiral, mkuu wa manowari
admiration, mshangao
admire, kusifu
 be admired, kusifiwa
admissible, -a kukubalika
admission, *1* ukiri; *2* ruhusa ya kuingia
admit, *1* kukiri; *2* kuingiza
admittance, ruhusa ya kuingia
admixture, mchanganyiko
admonish, kuonya
admonition, onyo(ma)
ado, udhia
adolescence, ubalehe
adolescent, kijana
adopt (*a custom*) kupokea na ku-fuata; (*a child*) kupokea kama mwana
adoption, upokeaji
adorable, -a kupendeza sana
adoration (*God*) ibada; (*man*) heshima na upendo
adore (*God*) kuabudu; (*man*) kupenda sana
adornment, mapambo
adrift (be), kuchukuliwa bila rubani
adroit, mahiri
adulation, sifa za kurairai
adult, mtu mzima
adulterate, kughoshi
adulteration, ughoshi
adultery, uzinzi
 commit adultery, kuzini
advance, kuenda au kuendesha mbele
advancement, maendeleo
advantage, faida
advantageous, -a kuleta faida
advent, majilio
adventure, shani
adventurous, -jasiri
adversary, adui; mshindani
adverse, -a kupinga
adversity, msiba

advertise, kueneza sifa
advertisement, tangazo(ma)
advice, shauri(ma)
advisable, -a kufaa
advise, kutoa shauri
adviser, mshauri
advocate, mteteaji; kutetea
aerial, *1* -a hewani; *2* uzi wa redio
aerodrome, kiwanja cha ero-pleni
aeronaut, rubani wa eropleni
aeroplane, eropleni; ndege
affable, -kunjufu
affair, jambo (mambo)
affect, *1* kugeuza; *2* kujifanya
affected (be), *1* kugeuzwa; *2* ku-fanya ushaufu
affectation, madaha
affection, upendo
affectionate, -enye upendo
affidavit, hati ya maneno yaliyo-apiwa
affiliate, kuingiza katika shirika
affiliation, ushirika
affinity, ujamaa; uvutaji
affirm, kuyakinsha
affirmation, yakini
afflict, kutesa
affliction, taabu
affluence, utajiri
affluent, -tajiri
afford, kuwa na fedha au nafasi ya kutosha
afforestation, upandaji wa miti
affront, twezo(ma); kutweza
afore-, mbele
 aforesaid, iliyokwisha tajwa
afraid (be), kuogopa
aft, nyuma; shetri
after, baada ya; nyuma ya
afternoon, alasiri
afterthought, wazo la baadaye
afterwards, baadaye
again, tena
against, *1* kupambana na; *2* ku-pinga; *3* kuegemea
age, umri; muda mrefu
 old age, uzee
aged, *1* -zee; *2* umri wa
agency, *1* uwakili; *2* kazi
agent, *1* wakili; *2* kitenda kazi
aggravate, kuudhi; kuongeza ubaya

aggravation, uchokozi; ongezo la ubaya
aggregate, jumla
aggression, shambilio(ma)
aggressive, -a jeuri
aggressor, mwenye kuanzisha matata
aggrieved, -enye uchungu
aghast (be), kushikwa na fadhaa
agile, upesi wa mwendo
agility, wepesi
agitate, kutikisa; kufadhaisha
agitation, wasiwasi
agnostic, mwenye shaka
ago, zamani
long ago, zamani sana
agonizing, -a kuumiza mno
agony, maumivu makali
agree, kupatana
agree to, kukubali
agreeable, -a kupendeza
agreement, mapatano
agriculture, kilimo; ukulima
aground (be), kupwelewa
ahead, mbele
aid, msaada; kusaidia
be aided, kusaidiwa
ailment, ugonjwa(ma)
aim, shabaha; kupiga shabaha
air, hewa
airs, madaha
airtight, *isiyo*pitisha hewa
ajar, wazi kidogo (*door*)
akin, -a jamaa moja
alacrity, wepesi
alarm, mshtuko; kamsa; kutia hofu
alarming, -a kutia hofu
album, kitabu cha kutilia picha, etc.
alcohol, kileo
ale, pombe
alert (be), kuwa macho
alias, jina la pili la kificho
alibi, dai la kuwapo mahali pengine
alien, mgeni wa nchi au tabia
alienate, kufarakisha
alight, kushuka na kutua
be alight, kuwaka moto
alike, -a kufanana
alive, hai

all, -ote
not at all, hata kidogo
all the better, afadhali sana
allay, kutuliza
allegation, allege, kushtaki bila ushuhuda
alley, kichochoro
alliance, mwungano
alligator, mamba wa Amerika
allocate, allot, kugawanyia
allocation, mgawo; fungu(ma)
allotment, mgawo; ngwe
allow, kuruhusu
allowable, halali
allowance, kiasi kilichoruhusiwa
alloy, mchanganyiko wa madini
allude to, kutaja kwa kifupi
allure, kuvuta kwa werevu
alluring, -a kuvuta
allusion, mtajo kwa machache
alluvial, -enye asili ya matope ya mto
ally (allies), waliojiunga kwa masharti fulani
almanac, kalenda
almighty, mwenyezi
almond, lozi(ma)
almost, karibu
alms, sadaka; zaka
aloft, juu
alone, peke yake
along, kwa mbele
alongside, mbavuni
aloof, mbali
aloud, kwa sauti ya kusikika
alphabet, alfabeti
already, kabla ya wakati; kwisha
also, pia; tena
altar, madhabahu
alter, kubadili
alteration, mabadiliko
alternate, siku kwa siku; zamu kwa zamu, etc.
alternative, njia ya pili
although, ingawa; ijapokuwa
altitude, urefu juu ya usawa wa bahari
altogether, kabisa
all together, -ote pamoja
aluminium, madini nyepesi nyeupe
always, sikuzote
am, ni

amalgamate, kuungamana

amalgamation, maungamano

amass, kukusanya chunguchungu

amateur, afanyaye kazi kwa kuji-furahisha tu

amaze, kushangaza

be amazed, kushangaa

amazement, mshangao

ambassador, balozi(ma)

ambiguity, maneno ya kufaha-mika kuwili

ambiguous, a kufahamika kuwili

ambition, nia ya kujiendesha mbele sana

ambitious, -enye kutaka makuu

ambulance, motakaa ya kuchu-kulia wagonjwa

ambush, oteo(ma); kuotea njiani

ameliorate, kupoza

amenable, -sikivu

amend, kutengeneza ifae zaidi

amendment, matengenezo; ma-badilisho

make amends, kuridhisha

amenity, amenities, mapendezi

amiable, -kunjufu

amicable, -enye urafiki

amid/st, miongoni mwa

amiss (be), kukosea

amity, urafiki

ammunition, silaha za vita

amnesty, masamaha ya walioiasi serkali

among/st, katikati ya; miongoni mwa

amorous, -enye ashiki

amount, jumla; kiasi

amount to, kuwa sawa na

ample, -a kutosha

amplify, kuongeza

amputate, amputation, kukata mkono au mguu

amuse, kuchekesha; kufurahisha

amusement, furaha

amusing, -a kuchekesha

anaesthetic, dawa ya usingizi

analogy, mfano

analyse, analysis, kuchanganua

anarchy, maasi ya raia

anatomy, elimu ya mwili na se-hemu zake

ancestor, mkale

ancestry, jadi

anchor, nanga

ancient, -a kale

and, na

anecdote, hekaya

anew, tena; upya

angel, malaika

anger, hasira; kukasirisha

angle, pembe

angler, mvuvi

angry (be), kukasirika

anguish, huzuni kuu

animal, mnyama

animated, -kunjufu

animation, ukunjufu

animosity, chuki

ankle, kifundo cha mguu

annals, tarehe na habari

annex, annexation, kujitwalia

annihilate, kuangamiza kabisa

annihilation, maangamizi

anniversary, ukumbusho wa kila mwaka

annotate, kutia maelezo

announce, kutangaza

announcement, tangazo(ma)

annoy, kuudhi

annoyance, udhia

annual, -a kila mwaka

annuity, fedha ilipwayo kila mwaka

annul, kutangua

annulment, tanguo(ma)

anoint, kupaka mafuta

anomaly, kitu kisichofuata ka-waida

anonymous (anon), bila jina

another, -ingine

answer, jibu(ma), jawabu(ma)

answer (a question) kujibu; (a call) kuitika

be answerable, kupasiwa

ant, siafu; chungu, etc.

white ants, mchwa

antagonism, uadui; ushindani

antagonist, adui; mshindani

antagonize, kufanya adui

antecedent, jambo lililotangulia

antelope, paa

anterior, -a nyuma

anthem, wimbo wa dini

ant-hill, kichuguu

anthology, madondoo ya ma-shairi, etc.

anticipate, **anticipation**, kutazamia mbele

antics, matendo ya kuchekesha

antidote, dawa ya kupoza nguvu ya sumu

antipathy, chuki

antiquated, -a kikale

antique, kitu cha zamani

antiquity, zamani za kale

antiseptic, dawa ya kuzuia mikrobi

anvil, fuawe

anxiety, hofu; fadhaa
be **anxious**, kuhofu; kufadhaika

any, -o -ote

anybody, **anyone**, ye yote

anyhow, vyo vyote

anything, cho chote, etc.

any time, wakati wo wote

anywhere, po pote

apace, upesi

apart, mbali

apartment, chumba
let **apartments**, kupangisha vyumba

apathy, utepetevu

ape, nyani

aperient, dawa ya kuharisha

apex, ncha ya juu

apiece, kila moja

apologize, kuomba radhi

apology, udhuru

apostle, mtume(mi)

apostrophe, alama '

appal, kutisha

appalling, -a kutisha

apparatus, zana maalum za kazi

apparel, mavazi

apparent, dhahiri

apparition, mzuka

appeal, *1* maombi; kuomba; *2* (*legal*) rufaani; kutaka rufani

appear, kutokea; kuonekana

appearance, *1* tokeo(ma); *2* sura

appease, kutuliza

appeasement, utulizo

append, kutia mwishoni

appendage, nyongeza mwishoni

appendix, *1* nyongeza; *2* sehemu ya utumbo

appertain to, kuhusu

appetite, tamaa ya chakula

appetizing, -a kutamanisha chakula

applaud, kupiga makofi

applause, vifijo na makofi

apple, tunda la kizungu

appliance, chombo cha kufanyia kazi

applicable, -a kuhusu

applicant, mwenye haja

application, *1* maombi; *2* bidii

apply, *1* kupeleka maombi; *2* kujitia kwa bidii; *3* kutia

apply to, *1* kupeleka maombi kwa; *2* kuhusu

appoint, kuweka

appointment, *1* mapatano ya kukutana; *2* kazi; cheo

apportion, kugawanyia

apportionment, mgawo

appraise, kukadirisha thamani

appraisement, kisio la thamani

appreciable, -a kiasi cha kupimika

appreciate, **appreciation**, kuthamini

apprehend, *1* kufahamu; *2* kuhofia; *3* kukamata
be **apprehensive**, kuhofia

apprentice, mwanafunzi wa kazi

approach, kukaribia
be **approachable**, kufikika; kuambilika

approbation, kibali; sifa

appropriate, *1* -a kufaa; *2* kujitwalia

appropriation, *1* iliyowekwa kwa kazi fulani; *2* iliyotwaliwa

approval, kibali
on **approval**, -a kurejezeka

approve, kukubali; kupendezwa na

approximate/ly, karibu sawasawa

approximation, kisio(ma)

apt, -elekevu

aptitude, welekevu

aptly, kwa namna ya kufaa

aquarium, tangi la kuwekea samaki

aquatic, -a kuishi majini

Arab, Mwarabu

Arabia, Arabuni

Arabic, Kiarabu

arable, -a kulimika
arbitrary, isiyofuata kanuni
arbitrate, kuamua
arbitration, uamuzi
arbitrator, mwamuzi
arc, sehemu ya mzingo
arch, tao(ma)
archaeology, uchunguzi wa mambo ya kale
archer, mpiga upindi
architect, mwenye maarifa ya ujenzi
arctic, -a kaskazini sana
ardent, -enye shauku
ardour, shauku na bidii
arduous, -a kuchosha
are, see **be**
area, eneo(ma)
arena, kiwanja cha michezo
argue, kubishana; kujadiliana
argument, mabishano; majadiliano
arid, kame
arise (arose, arisen) kuinuka; kutokea
arithmetic, elimu ya hesabu
ark, safina; kasha(ma)
arm, mkono
armistice, mapatano ya amani ya muda
armour, deraya; kifuniko cha chuma
arms, armament, zana za vita
army, jeshi(ma)
aroma, harufu nzuri
arose, see **arise**
around, kuzunguka
arouse, kuamsha
arrange, kupanga; kutengeneza
arrangement, mpango; matengenezo
array, 1 mpango; 2 mavazi ya fahari
arrears, kazi au fedha iliyokawia
arrest, 1 kusimamisha; 2 kutia nguvuni
arrival, arrive, kufika
arrogant, -a kutakabari
arrow, mshale
arson, kuchoma moto kusudi
art, sanaa, hasa ya picha
artery, mshipa mkubwa wa damu

artful, -erevu
article, 1 kitu; 2 makala; 3 masharti
artifice, 1 ufundi; 2 hila
artificial, -a kuigwa
artisan, fundi(ma)
artist, mwandishi wa picha
artistic, -zuri; -sanifu
as, kama; -vyo; kwa sababu; maadamu
as if, kana kwamba
as well, pia
ascend, ascension, kupanda, kupaa
ascent, mwinuko
ascertain, kupata kujua
ascetic, mwenye kujinyima anasa
ash, majivu
ashamed (be), kuona haya
aside, kando
ask, kuuliza
  ask for, kuomba
askew, benibeni
asleep (be), kulala
aspect, sura; elekeo(ma)
aspiration, taraja; shauku
aspire to, kutarajia; kuonea shauku
ass, punda
assail, kushambulia
assassin, mwuaji kwa hila
assassinate, assassination, kuua kwa hila
assault, shambulio(ma)
assemble, kukusanya; kukusanyika
assembly, mkutano
assent, idhini; kukubali
assert, kukaza ukweli
assertion, maneno yanayodai ukweli
assess, kupima kadiri
assessment, kadiri ipasayo
assets, mali aliyo nayo mtu
assign, kugawia
assignment, kazi aliyopewa mtu
assist, kusaidia
assistance, msaada
assistant, maaidizi
associate, mwenzi; kushirikiana
association, jumuia; chama
assortment, vitu vya aina nyingi
assuage, kutuliza

assume, *1* kudhani; *2* kujitwalia
assumption, dhana
assurance, hakika; matumaini
assure, kuondoa shaka
asterisk, alama *
astonish, kushangaza
  be astonished, kushangaa
astonishing, -a ajabu
astonishment, mshangao
astray (go), kupotea
astrology, unajimu
astroncmy, elimu ya nyota
astute, -erevu
asunder, mbali mbali; vipande vipande
asylum, mahali pa salama
at, penye
atheist, mkana Mungu
atmosphere, hewa
atone, kufanya upatanisho
atonement, upatanisho
atrocious, -ovu kabisa
atrocity, ukatili
attach, kufunga pamoja
  be attached to, kuambatana na; kupenda
attachment, kifungo: upendano
attack, mashambulio; kushambulia
attain, attainment, kufikia; kupata
attainable, -a kufikika; -a kupatikana
attempt, kujaribu
attend, kuhudhuria
attend to, kuangalia
attendance, hudhurio(ma)
attendant, mwangalizi
attention, uangalifu
  pay attention, kuangalia,
attentive, -angalivu: -sikivu
attest, kushuhudia
attic, chumba cha juu
attire, mavazi
attitude, hali ya moyo au mwili
attract, kuvuta
attraction, mvuto
attractive, -a kupendeza
attribute, sifa; kuhesabia
auction, mnada; kunadi
auctioneer, mnadi
audacious, -jasiri
audacity, ujasiri

audible, -a kusikika
audience, watu waliokuja kusikiliza
audit, mkaguo; kukagua hesabu
auditor, mkaguzi wa hesabu
aught, cho chote
augment, kuongeza
augmentation, nyongeza
aunt, mama mdogo; shangazi
austere, bila anasa
austerity, ukosefu wa anasa
authentic, -a kweli
authenticate, kuthibitisha
author, mtungaji
authority, *1* mamlaka; mwenye amri; *2* mjuzi wa habari fulani
authorize, kuruhusu
  be authorized, kuruhusiwa
autobiography, maisha ya mtungaji mwenyewe
automatic, -a kujiendesha
automatically, kama mashine
automobile, motakaa
Autumn, Septemba; Oktoba; Novemba
auxiliary, -a kusaidia
avail, faida; kufaa
  be available, kupatikana
avarice, ubahili
avaritious, -bahili
avenge, kulipiza kisasi
avenue, njia yenye miti
average, wastani
averse to (be), kutopenda
aversion, machukio
avert, kukinga
aviation, usafiri wa hewani
aviator, rubani wa eropleni
avoid, kuepuka
  be avoidable, -a kuepukika
await, kungojea
awake (awoke), kuamka
  be awake, kuwa macho
award, tuzo; kutuza
aware (be), kufahamu
away, mahali pengine
awe, kicho
awful, -baya sana
awfully, sana
awhile, kwa muda mfupi
awkward, -enye matata
awning, tandiko la kukinga jua
awoke, *see* **awake**

awry, pogo
axe, shoka(ma)
axis (*of earth*) mhimili
axle, chuma cha katikati ya magurudumu

B

baboon, nyani(ma)
baby, mtoto mchanga
bachelor, mtu asiyeoa
back, mgongo; upande wa nyuma
backbite, kuchongea
backbone, uti wa mgongo
back/wards, nyuma
backward, bado kuendelea vema
bacon, nyama ya nguruwe
bad, -baya; -bovu
  go bad, kuoza
bade, *see* **bid**
badge, alama ya kujulisha skuli, etc.
badly, vibaya
baffle, kutatiza; kuzuia
baffling, -gumu
bag, mfuko
baggage, mizigo
bail, dhamana
bairn, mtoto
bait, chambo; kutia chambo
bake, kuoka
baker, mwokaji
balance, mizani; usawa; kusawazisha
balcony, baraza ya juu
bald, -enye upara
bale, robota(ma); mtumba
ball, mpira; donge(ma)
ballad, utenzi
ballet, uigaji wa hadithi kwa dansi
ballot, kura
bamboo, mwanzi
ban, katazo(ma); kukataza
banana (*plant*) mgomba; (*fruit*) ndizi
band, *1* utepe; *2* kundi(ma); *3* ngoma
bandage, kitambaa cha kufungia dawa
bandit, haramia(ma)
bang, mshindo
banish, kuhamisha

banishment, uhamisho
banjo, gambusi
bank, *1* fungu la mchanga; ukingo(k); *2* benki ya fedha
be bankrupt, kufilisika
banner, benders(ma)
banns, tangazo la ndoa
banquet, karamu
baobab, mbuyu
baptism, ubatizo
baptize, kubatiza
bar, *1* pingo(ma); kupinga; *2* baa ya hoteli
barbarian, mshenzi
barbarous, -katili
barber, kinyozi
bard, mshairi
bare, -tupu
barefaced, bila haya
barely, kwa shida
bargain, *1* mapatano; *2* pato la bahati; *3* kupigania bei
barge, tishari(ma)
barge in, kujiingiza bila adabu
bark, *1* gome la mti; *2* kubweka
barley, shayiri
barn, banda(ma)
barometer, kipima-hewa
barracks, nyumba za askari
barrel, pipa(ma)
barren (*land*) kame; (*animals*) tasa
barricade, boma(ma)
barrier, mgogoro
barrister, wakili wa sheria
barter, kubadilishana bidhaa
base, *1* tako(ma); upande wa chini; *2* -baya; -nyonge
baseless, bila ushahidi
bashful, -enye haya
basic, -a msingi
basin, bakuli
basis, msingi
bask, kuota jua
basket, kikapu
bass, sauti nene ya kiume
bat, *1* popo; *2* kibao cha kuchezea mpira
batch, vitu vingi vya namna moja
bath, chombo cha kuogea
bathe, kuoga; kuogesha
battle, pigano(ma); vita
battleship, manowari

bay, ghuba
  at bay, kukabili adui
  keep at bay, kukinga
  stand at bay, kukita
bazaar, madukani
be, kuwa, *see page 7*
beach, pwani; ufukoni
beacon, moto wa kujulisha habari
beads, ushanga
beak, mdomo wa ndege
beam, *1* boriti(ma); *2* mwali wa nuru
beans, maharagwe, kunde, etc.
bear, dubu
bear (bore, born/e) *1* kuchukua; *2* kuvumilia; *3* kuzaa
bear in mind, kukumbuka
bearable, -a kuvumilika
beard, ndevu
bearer, mchukuzi
beast, mnyama
beat(beat, beaten) kupiga; kushinda
  be beaten, kupigwa; kushindwa
beautiful, -zuri
beautify, kufanya -zuri
beauty, uzuri
became, *see* **become**
because, kwa sababu
beckon, kupungia mkono
become (became, become) *1* kuwa; *2* kufaa
becoming, -a kupendeza; -a kufaa
bed, *1* kitanda; *2* ngwe ya bustani
bedclothes, bedding, matandiko
bee, nyuki
bee-hive, mzinga
bee-line, njia moja kwa moja
beef, nyama ya ng'ombe
been, *see* **be**
beer, pombe
beeswax, nta
beetle, dundu, mende, etc.
befit, be befitting, kuagia; kufaa
before, kabla (ya); mbele (ya)
  as before, kama kwanza
beforehand, mbele
befriend, kufadhili
beg, kuomba
began, *see* **begin**
beggar, mwombaji
begin (began, begun) kuanza; kuanzisha

beginning, mwanzo
begrudge, kuhusudu
beguile, kuvuta kwa werevu
behalf of (on), kwa ajili ya
behave, kutenda; kujiweka
  well-behaved, mwenye adabu
behaviour, mwenendo; mazoea
behead, kukata kichwa
beheld, *see* **behold**
behind, nyuma (ya)
  be behindhand, kuchelewa
behold (beheld) kutazama
  be beholden to, kuonea shukrani
behove, kupasa
being, kuwako
  human being, kiumbe; binadamu
belief, imani
believe, kuamini; kusadiki
  be believable, kusadikika
belittle, kudunisha
bell, kengele; njuga
bellows, mivuo
belly, tumbo(ma)
belong to, kuwa mali yake
  where it belongs, mahali pake
belongings, vitu alivyo navyo mtu
beloved, mpenzi
below, chini (ya)
belt, ukanda(k)
bench, ubao wa kukalia
bend (bent), kupinda
beneath, chini ya
benediction, baraka
benefaction, fadhili
beneficial, -enye manufaa
benefit, faida
benevolence, ukarimu
benevolent, -karimu
  be bent, kupindika
  be bent on, kutaka sana
bequeath, kuusia; kuachia
bequest, usia(ma); urithi
bereaved (be), kufiwa
berry, tunda dogo kama forsadi
berth, *1* kituo cha meli gatini; *2* kitanda melini au garini
beseech (besought), kusihi
beside, kando ya; zaidi ya
besides, tena; zaidi
besiege, kuhusuru
besought *see* **beseech**

bespeak (bespoke, bespoken) kuagiza mbele

best, bora kabisa

bestow on, kukirimia

bet, kubahatisha fedha

betimes, mapema

betray, kusaliti; kudhihirisha

betrayal, usaliti

betroth, kufunga uchumba

betrothal, uchumba

better, -zuri zaidi

 be better, afadhali

 get better, kupata nafuu

between, kati ya

beverage, kinywaji

beware, kujihadhari

bewilder, kutia wasiwasi

 be bewildered, kuona wasi-wasi

bewilderment, wasiwasi

bewitch, kuloga

beyond, kupita

bias, upendeleo; maelekeo

Bible, Biblia; Msahafu Mtaka-tifu

bicycle, baiskeli

bid (bade, bidden), kuamuru

 bid farewell, kuaga

bid (bid, bid) kuzabuni mnadani

biennial, kila mwaka wa pili

bier, jeneza

big, -kubwa

bigamy, kuoa mke wa pili ki-nyume cha sheria

bigoted, -shupavu

bile, nyongo

bilharzia, kichocho

bill, *1* mdomo wa ndege; *2* hesabu ya fedha; *3* sheria mpya

billow, wimbi(ma)

bin, *1* sanduku kubwa au pipa; *2* mwana wa

bind (bound) kufunga; kujalidi vitabu

binding, *1* kitu kifungacho; ja-lada; *2* -a lazima

biography, masimulizi ya maisha ya mtu

biology, elimu ya viumbe

bird, ndege; nyuni

birth, uzazi

birthday, ukumbusho wa siku ya uzazi

biscuit, biskuti

bisect, kukata katika sehemu mbili sawasawa

bishop, askofu(ma)

bit, *1 see* bite; *2* kipande

bit by bit, kidogo kidogo

bite (bit, bitten) kuuma

bitter, -chungu

bitterness, uchungu

black, -eusi; -a giza

black art, ulozi

blackboard, ubao wa skuli

blackguard, ayari

blackmail, mlungula; kulungula

blacksmith, mhunzi

bladder, kibofu; (*football*) mpira

blade (*grass*) jani(ma); (*knife*) ubapa(b)

blame, lawama(ma); kulaumu

 be to blame, kuwa na hatia

blameless, bila hatia

blank, -tupu; pasipo mwandiko

blanket, blanketi(ma)

blaspheme, kukufuru

blasphemy, ukufuru

blast, mshindo wa upepo; ku-pasua kwa baruti

blaze, ndimi za moto; kuwaka sana

bleach, kufanya nyeupe

bleak, -a ukiwa

bleat, kulia kama kondoo

bleed (bled) kutoka damu

blemish, ila

blend, kuchanganya; kupatana

bless, kubariki

 be blessed, kubarikiwa

blessing, baraka

blew, *see* blow

blight, kuvu; koga

blind, -pofu

 blind man, kipofu

blindfold, kufunika macho

blindness, upofu

blink, kupepesa macho

bliss, furaha kamili

blister, lengelenge(ma)

blizzard, tufani ya theluji

block, pande(ma); kuziba njia

blockade, mazingiwa; kuhusuru

blood, damu

bloodshed, uuaji

bloodthirsty, -katili

bloom, blossom, ua(ma); kutoa maua

blot, blotch, waa(ma); kutia mawaa

blow (blew, blown) (*wind*) kuvuma; (*mouth*) kupuliza

blow, dharuba; pigo(ma)

blubber, mafuta ya nyangumi

blue, buluu; samawati

blunder, kosa(ma); kuchafua kwa ujinga

blunt, butu

blurred (be), kutoonekana vema

blurt out, kupaya

blush, rangi nyekundu; kugeuka rangi

boar, nguruwe dume

board, ubao(mb)

on board, melini

board and lodging, chakula na malazi

boast, majivuno; kujivuna

boat, chombo; meli

bode, kubashiri

body, *1* mwili; *2* kundi(ma)

bodyguard, askari wafuasi

bog, bwawa(ma)

boggy, -a kutopea

boil, *1* jipu(ma); *2* kuchemka; kuchemsha

boiler, chombo cha kupikia maji

boisterous, -a nguvu

bold, -jasiri

make bold to, kuthubutu

boldly, kwa ujasiri

bolster up, kuimarisha

bolt, *1* komeo(ma): kukomea; *2* kukimbia kasi

bomb, kombora(ma); kupigia makombora

bombardment, shambulio la mizinga

bond, kifungo

bondage, utumwa

bone, mfupa; (*fish*) mwiba

bonfire, moto wa sherehe

bonnet, kofia

bonus, ziada

book, kitabu

bookcase, mbao za kuwekea vitabu

book-keeping, ukarani wa hesabu

booking-office, mahali pa kununua tikiti

boom, *1* ngurumo; kunguruma; *2* usitawi wa ghafula

boot, kiatu kirefu

bootlace, kigwe cha kufungia viatu

booty, mateka; nyara

border, mpaka; ukingo(k)

border on, kupakana na

bore, *1 see* **bear**; *2* kutoboa; kubungua; *3* kuchosha

boredom, uchovu

born (be), kuzaliwa

borne (be), kuvumilika

borough, mji mkubwa

borrow, kuazima; kukopa

borrower, mkopi

bosom, kifua

bosom friend, msiri

botany, elimu ya mimea

both, vyote viwili

bother, matata; kusumbua; kusumbuka

bottle, chupa

bottom, upande wa chini

bough, tawi(ma)

bought, *see* **buy**

boulder, mwamba

bounce, kuruka kama mpira

bound, *1 see* **bind**; *2* mruko; kuruka

be bound for, kuendea

be bound to, kulazimika

be bounded by, kupakana na

boundary, bounds, mipaka

bountiful/ly, tele

bounty, ukarimu

bouquet, shada la maua

bow, kuinama; kuinamia kichwa

bow, *1* upindi; *2* gubeti; *3* fundo la utepe

bowels, matumbo

bowl, bakuli; kufingirisha

box, sanduku(ma); kupigana ngumi

box ears, kupiga kofi

boxing, mchezo wa ngumi

boy, mtoto wa kiume

boyhood, utoto

bracelet, kikuku

bracing, -a kuburudisha

bracket, kiango; kiweko ukutani

brackets, vifungo
brag, kujigamba
braid, utepe
braille, chapa cha vitabu vya vipofu
brain, ubongo; akili
brainless, -pumbavu
brake, kizuizi cha gari
bran, wishwa
branch, tawi(ma)
brand, aina; chapa
brand new, kipya kabisa
brandy, namna ya mvinyo
brass, shaba nyeupe
brassiere, sidiria
brave, hodari
bravery, ushujaa
brawl, kugombana kwa kelele
brazen, *1* -a shaba nyeupe; *2* -kavu wa macho
breach, pengo(ma) katika boma; kuvunja
bread, mkate
breadth, upana
break (broke, broken) kuvunja
break news, kufunulia habari mbaya
breakdown, uangamizi; kikomo
breakfast, kifungua-kinywa
breast, kifua; maziwa
breath, pumzi
breathe, kuvuta pumzi
  be breathless, kutwetatweta
breed, aina; mbegu; kuzaa; kuzalisha
breeze, upepo
brethren, ndugu
brevity, ufupi
brew, kupika pombe
brewer, mfanya pombe
brewery, mahali pa kupika pombe
bribe, rushwa; kutoa rushwa
bribery, upenyezi
brick, tofali(ma)
bricklayer, mwashi
bride, bibi arusi
bridegroom, bwana arusi
bridge, *1* daraja(ma); *2* mchezo wa karata
bridle, hatamu
brief, -fupi
briefly, kwa maneno machache
brigand, haramia(ma)

bright, -enye kung'aa; -enye akili; -changamfu
brighten, kutakata; kutakasa; kuchangamsha
brightness, mng'aro
brilliant, -a kung'aa sana; -enye akili nyingi
brim, ukingo(k)
brimming over, kifurifuri
brine, maji ya chumvi
bring(brought) kuleta
bring to a stop, kukomesha
bring up, kulea
brink, ukingo(k)
  on the brink of, karibu sana
brisk, -epesi
British, -a Kiingereza
brittle, -epesi kuvunjika
broad, -pana
broadcast, kueneza kotekote
brocade, zari
broaden, kupanua
broke, *see* **break**
  be broken, kuvunjika
broken-hearted, -enye huzuni kuu
bronze, shaba nyeusi
brooch, bizimu
brood, makinda; kuotamia; kushika tama
brook, kijito
broom, ufagio(f)
brother, kaka; ndugu
brother-in-law, shemeji
brought, *see* **bring**
brow, paji la uso; ukingo wa mlima
browbeat, kupambanya
brown, rangi ya kunde
bruise, chubuko(ma); kuchubua
brush, burashi; kupangusa
brush up, kujikumbusha masomo
brutal, -katili
brutality, ukatili
brute, hayawani
bubble, povu; kutoa povu
buck, paa dume
bucket, ndoo
buckle, bizimu
bud, tumba(ma); kuchanua
budget, taarifa ya gharama
buffalo, nyati
buffet, meza ya kuandalia chakula

bug, kunguni
bugle, tarumbeta
bugler, mpiga tarumbeta
build (built) kujenga
builder, mjengaji
building, jengo(ma)
bulb, *1* shina kama kitunguu;
2 kioo cha taa ya stimu
bulge, kubenuka; kuvimba; mbe-
nuko; uvimbe
bulk, ukubwa; sehemu kubwa
bulky, -kubwa
bull, ng'ombe dume
bullet, risasi
bulletin, tangazo fupi
bullock, ng'ombe maksai
bully, mjeuri; kudhulumu
bulwark, boma(ma); mbavu za
meli
bump, pigo(ma); kugonga
bumptious, -a kiburi
bun, mkate mtamu
bunch (*fruit*) kichala; (*flowers*)
shada
bundle, bunda(ma)
bungalow, nyumba isiyo na orofa
bungle, kuboronga kazi
bunk, kitanda melini au garini
buoy, boya(ma)
buoyant, -epesi
burden, mzigo
burdensome, -zito
bureau, afisi
burglar, mwizi
burgle, burglary, kuiba
burial, maziko
burn, kuwaka; kuungua; kuu-
nguza
  be burnt, kuungua
burrow, kishimo cha mnyama;
kufukua
burst, kupasuka ghafula
burst in, kujivurumisha ndani
burst out, kutoka kwa nguvu
bury, kuzika
bus, basi(ma)
bush, kichaka; mti mfupi
bushy, -enye nywele nyingi
busily, kwa bidii
business, shughuli; kazi
busy, -enye kazi nyingi
bust, kifua; sanamu ya kichwa na
kifua tu

bustle, kutaharuki
  be busy, kushughulika
busybody, mpekuzi
but, lakini; ila
butcher, mwuza nyama
butter, siagi
butterfly, kipepeo
buttocks, matako
button, kifungo; kufunga
buttress, nguzo ya kuegemeza
buy (bought), kununua
buyer, mnunuzi
buzz, kung'ong'a
by, na; kwa; karibu na
bystander, mwenye kuwapo

C

cabin, kijumba melini
cabinet, *1* mawaziri wa halma-
shauri kuu; *2* kabati ndogo
cable, amari; simu ya baharini
cactus, mpungate, etc.
cadet, mwanafunzi wa jeshi
cadge, kulondea
café, mkahawa
cage, tundu(ma); kizimba
cajole, kubembeleza
cake, *1* mkate mtamu; *2* kipande
cha sabuni; *3* kugandamana
calabash, buyu(ma)
calamity, maafa
calculate, kuhesabu; kufikiri
calculation, hesabu; fikara
calendar, kalenda
calf (calves) *1* ndama; *2* shavu la
mguu
call, kuita
  be called, kuitwa
call for, *1* kuhitaji; *2* kuja kuchu-
kua
call on, kwenda kuamkia
call together, kukusanya
call to mind, kukumbuka
calling, wito
callous, -gumu
callously, bila huruma
calm, shwari; utulivu; kutuliza
calmly, bila wasiwasi
calumny, masingizio
calve, kuzaa ndama
came, *see* **come**
camel, ngamia**

camera, kamera
in camera, faraghani
camouflage, kudanganya macho
camp, kambi; kupiga kambi
campaign, matendo yenye ku-
sudi fulani
can (could), kuweza; kuruhusiwa
can, canister, kopo(ma); mkebe
canal, mfereji
cancel, kufuta; kutangua
cancellation, mfuto; mtanguo
candid, -nyofu
candidate, mtaka kazi au cheo
fulani
candle, mshumaa
candlestick, kinara cha mshumaa
candour, unyofu
candy, tamutamu
cane, henzirani; fimbo
cane sugar, sukari ya miwa
canine, -a mbwa
cannibal, mtu alaye nyama ya
binadamu
cannon, mzinga
cannot, can't, see can
canoe, mtumbwi; ngalawa
canon, 1 kanuni; 2 cheo cha kasisi
canopy, tandiko(ma) juu ya kiti
cha heshima
cantata, utenzi wa kuimbwa
canteen, mezani
canvas, kitambaa cha hema
canvass, kuomba watu wasaidie
jambo fulani
cap, kofia; kifuniko
capability, ufarisi
capable, farisi
capacious, -enye nafasi nyingi
ndani
capacity, 1 ujazo; 2 nafasi; 3 akili
cape, 1 rasi; 2 vazi la mabegani
capital, 1 herufi kubwa; 2 mji
mkuu; 3 rasilmali; 4 bora
capitulate, capitulation, ku-
omba masharti ya amani
capricious, -geugeu
capsize, kupinduka juu chini
captain, kapiteni(ma); nahodha
captivate, kuvuta moyo
captive, mateka; mfungwa
captivity, utumwa; kifungo
capture, kukamata
car, motakaa

caravan, 1 gari la kukaliwa;
2 msafara
carcass, mzoga
card, cardboard, karatasi nene;
kadi
cards, karata
care, hadhari; uangalifu
take care of, kutunza; kuangalia
career, 1 maisha na kazi; 2 ku-
enda mbio
careful, -angalifu
careless, -zembe
carelessly, bila uangalifu
carelessness, uzembe
caress, kukumbatia kwa upendo
caretaker, mwangalizi
cargo, shehena
caricature, picha ya mtu ya ku-
chekesha
carnage, mauaji
carnal, -a mwilini
carnival, sherehe
carnivorous, -a kula nyama
carol, wimbo wa furaha
carpenter, sermala(ma)
carpentry, usermala
carpet, zulia(ma)
carriage, gari(ma); behewa(ma);
uchukuzi
carrier, mchukuzi
carry, kuchukua
carry on, kuendelea
carry out, kufikiliza
cart, gari la kukokotwa
carton, kibweta cha karatasi nene
cartoon, picha ya kuchekesha
cartridge, risasi
carve, kuchora; kutia nakshi
carving, mchoro; nakshi
case, 1 jambo; kesi; 2 kasha,
bweta, etc.
in case, ikiwa
cash, fedha taslimu; kubadili kwa
fedha
cashbook, daftari ya fedha
cashier, karani wa fedha
cask, pipa(ma)
cassava, muhogo
casserole, chungu chenye ki-
funiko
cast, 1 kutupa; 2 jamii ya waigaji
be cast down, kuona majonzi
cast lots, kupiga kura

castaway, mpwelewa; maskini
castigate, kuadhibu; kulaumu sana
castle, ngome
castor-oil, mafuta ya mbarika
castrate, kuhasi
castrated, maksai
casual, *1* -a bahati; -a mara kwa mara; *2* -zembe
casualty, tukio baya; mtu ali-yeumia au kufa
cat, paka
catalogue, orodha
catapult, manati
cataract, *1* poromoko la maji; *2* ugonjwa wa macho
catarrh, mafua
catastrophe, msiba mkuu
catch (caught) kukamata; ku-daka
catch cold, kushikwa na mafua
catch fire, kushika moto
category, aina; jamii
caterpillar, mtoto wa kipepeo
cathedral, kanisa(ma) kuu
catholic, katoliko
cattle, mifugo
caught, *see* catch
be caught, kukamatwa
cauldron, sufuria kubwa
cause, *1* sababu; *2* kufanyiza
causeless, bila sababu
caustic, -kali; -a kuunguza
cauterize, kuunguza
caution, *1* hadhari; uangalifu; *2* onyo(ma); kuonya
cautious, -enye hadhari
cavalry, askari farasi
cave, cavern, pango(ma)
cave in, kubomoka
cavil, kutoridhika
cavity, shimo(ma); mvungu
cease, kukoma; kutulia
ceaseless, bila kukoma
ceiling, upande wa juu wa chumba
celebrate, kushangilia
celebrated, mashuhuri
celebration, maadhimisho
celebrity, mtu maarufu
celerity, wepesi
celestial, -a mbinguni
celibacy, kutokuoa
cell, kijumba; asili ya viumbe hai

cellar, ghala ya chini
cement, udongo ulaya; simenti
cemetery, makaburini
cense, kuvukiza
censer, chetezo
censor, mkaguzi wa vitabu nk
censorious, -epesi wa kulaumu
censure, lawama
census, hesabu ya watu wa nchi
cent, senti
centenarian, mwenye umri wa miaka mia
centenary, ukumbusho wa miaka mia
centipede, tandu
central, -a kati
centre, palipo katikati hasa
century, karne
cereal, nafaka
ceremonial, ceremony, ibada au sherehe ya heshima
ceremonious, -a heshima
certain, *1* hakika; *2* baadhi ya; *3* fulani
make certain, kuhakikisha
certainly, bila shaka
certainty, hakika
certificate, cheti cha sahihi
certify, kutia sahihi
cessation, ukomo
chafe, *1* kuchubua; *2* kuudhi
chaff, *1* wishwa; *2* utani; kutania
chain, mnyororo; mkufu
chair, kiti
chairman, mwenye-kiti
chalk, chaki
challenge, kutaka thibitisho·
chamber, chumba
chameleon, kinyonga
champion, mshinda wote
chance, nafasi; bahati; kubaha-tisha
chancellor (*University*) mkuru-genzi
change, kubadili; kugeuza
changeable, -a kigeugeu
be changed, kubadilika; ku-geuka
channel, mfereji
chant, kuimba
chaos, machafuko makubwa
chaotic, fujofujo
chapel, kikanisa

chaplain, padre wa hospitali, shule, jeshi, etc.

chapter, sura ya kitabu

char, kuunguza

character, tabia

characteristic, sifa ya tabia

be characteristic, kupatana na tabia

charcoal, makaa ya miti

charge, *1* kuagiza; maagizo; *2* kushtaki; mashtaka; *3* kugharimisha; gharama; *4* shambulio(ma); kushambulia

be in charge of, kuwa mwangilizi

charitable, -enye hisani

charity, upendo; hisani

charm, *1* hirizi; *2* uzuri

charming, -a kupendeza

chart, ramani

charter, *1* mkataba; *2* kukodisha (*eropleni,* etc.)

chase, kukimbiza; kuwinda

chasm, ufa mkubwa

chaste, safi

chastise, kuadhibu; kupiga

chastity, ubikira; usafi

chat, kuzungumza

chatter, kupayapaya

chatterbox, mwenye maneno mengi

chauffeur, dreva wa motakaa

cheap, rahisi

cheat, mjanja; kupunja

check, *1* kuzuia; *2* kusahihisha; *3* mirabaraba

cheek, *1* shavu la uso; *2* ukosefu wa adabu

cheeky, -kosefu wa adabu

cheer, kuchangamsha; kushangilia

cheer up, kuchangamka

cheerful, -kunjufu

cheerless, bila furaha

cheers, vifijo

cheese, jibini

chemist, mwuza dawa

cheque, cheki ya benki

chequered, -enye mirabaraba

cherish, kutunza

chest, *1* kifua; *2* kasha(ma)

chew, kutafuna

chicken, kifaranga; kuku

chickenpox, tetewanga

chief, mkuu; -kuu

chiefly, hasa; zaidi

child (children) mtoto; mwana

childbirth, uzazi

childish, -a kitoto

childless, bila mtoto

chill, homa ya baridi

chilly, -a baridi

chimes, mlio wa kengele

chimney, bomba la kutoa moshi

chin, kidevu

chink, ufa mwembamba

chip, kibanzi

chirp, kulia kama ndege

chivalrous, -enye jamala

chivalry, utu bora

chock-full, pomoni

chocolate, chokolade

choice, hiari

choir, jamii ya waimbaji

choke, kukaba au kukabwa roho

choose (chose, chosen) kuchagua

chop, kutema

chopper, mundu

choral, -a kuimbwa

chorus, wimbo ulioimbwa wote pamoja

chose, *see* **choose**

be chosen, kuchaguliwa

Christ, Kristo

christen, kubatiza

Christian, Mkristo; -a kikristo

Christmas, Krismas

chronic, -a kusedeka

chronicle, habari na tarehe

chuckle, kuchekelea

chunk, kipande kinene

church, kanisa(ma)

churlish, bila adabu

churn, mashine ya kusukia maziwa; kusukasuka

cigar, sigara

cigarette, sigareti

cinders, makaa mafu

cinema, sinema

cipher, mwandiko wa fumbo

circle, duara

circuit, mzunguko

circuitous, -a kuzunguka

circular, *1* -a duara; *2* tangazo(ma)

circulate, kuzunguka; kuzu-
ngusha
circulation, *1* mzunguko; *2* ue-
nezi
circumcision, tohara
circumcize, kutahiri
circumference, mzingo
circumspectly, kwa hadhara
circumstance, jambo(mambo);
tukio(ma)
circumstances, hali; manzili
circumvent, kupinga kwa werevu
cistern, tangi(ma)
citizen, raia
citizenship, uraia
city, mji mkubwa
civic, -a kuhusu mji
civil, *1* -enye adabu; *2* -a kiraia
civilian, raia asiye askari
civilized, -staarabu
clad, kuvikwa
claim, kudai; kujidai; madai
claimant, mdai
clamour, makelele
clan, ukoo
clandestine, -a hila
clap, kupiga makofi
clarification, ubayana
clarify, kubainisha
clash, kugongana kwa mshindo;
kukosana
clasp, kifungo; kufumbata
class, darasa(ma); aina
classics, maandiko maarufu
classification, mpango wa aina
classify, kuainisha
clatter, kishindo
clause, fungu la maneno; sharti-
(ma)
claw, kucha(ma)
clay, towe
clean, safi; kusafisha
cleanliness, usafi
cleanse, kusafisha
clear, -angavu; dhahiri
be clear, kuelea; kutakata
keep clear, kusimama mbali
clear away, kuondoa
clearance, ondoleo(ma)
clearing, mahali palipofyekwa
clearly, kwa dhahiri
cleave (cleft) kupasua
cleft, ufa(ny)

clemency, huruma
clench, kukaza
clergy, wahudumu wa Kanisa
clerk, karani(ma)
clever, -enye akili
click, mwaliko; kualika, kualisha
client, mtu afanyiwaye kazi
cliff, jabali(ma)
climate, tabia ya nchi
climax, kipeo; kikomo
climb, kupanda; kukwea
cling to, kushikamana na
clip, kibano; kubana; kukatakata
cloak, kifuniko; kusetiri
clock, saa ya mezani
clod, bumba(ma)
clog, kuziba; kuzuia
close, kufunga; kufumba
close, karibu sana
clot, kuganda
cloth, kitambaa; nguo
clothe, kuvika
clothes, mavazi; nguo
cloud, wingu(ma)
cloud over, kutanda
cloudless, bila mawingu
cloven, *i*li*y*opasuka
cloven hoof, kwato mbili
cloves, karafuu
clown, mpumbavu; mcheshi
club, *1* rungu(ma); *2* kilabu
cluck, mwito wa kuku kwa watoto
wake
clue, kidokezi
clumsy, -zito; si stadi
cluster, shada; kundi dogo
clutch, *1* mtambo wa motakaa;
2 kushikilia
co-, pamoja
Co., Company
coach, *1* basi kubwa; *2* mwalimu;
kufundisha
coagulate, kuganda
coal, makaa ya mawe
coal-mine, shimo la makaa
coalesce, kuungamana
coalition, mwungamano
coarse, -a kukwaruza
coast, pwani
coastal, -a pwani
coat, *1* koti; *2* mpako; kupaka
cob (*maize*) gunzi(ma)
cobbler, mshona viatu

cobra, nyoka; fira
cobweb, utando wa buibui
cock, jogoo(ma)
cockroach, mende
cocktail, mvinyo na divai
cocoa, kakao
coconut (*tree*) mnazi; (*nut*) nazi; dafu(ma)
code, *1* mpango wa sheria; *2* mwandiko wa fumbo
coerce, kushurutisha
coercion, shurutisho(ma)
coffee (*bush*) mbuni; (*berries*) buni; (*drink*) kahawa
coffin, sanduku la maiti
cogitate, kufikirifikiri
cognate, -a jamii moja
cogwheel, gurudumu lenye meno
cohere, kushikamana
coherence, cohesion, ushika-mano
coil, pindi; kupiga pindi
coin, sarafu
coincide, kuwa sawa kwa wakati au mahali
coincidence, usawa wa bahati
cold, baridi; mafua
get cold, kupoa
catch cold, kushikwa na mafua
collaborate, kushirikiana katika kazi
collapse, kuanguka; kukunja-mana
collapsible, -a kukunjwa
collar, ukosi(k)
collarbone, mtulinga
collate, kulinganisha
colleague, mwenzi
collect, kukusanya; kuchanga
collection, kusanyiko(ma); mcha-ngo
collectively, -ote pamoja
college, koleji
collide, kugongana
colliery, machimbo ya makaa
colloquial, -a maongezi tu
collusion, mapatano ya hila
colonial, -a kikoloni
colonist, setla(ma)
colony, koloni(ma)
colour, rangi
column, *1* nguzo; *2* mpango wa safusafu

coma, usingizi mzito nusura kufa
comb, kitana; chanuo; kuchana
combat, shindano(ma)
combatant, mshindani
combination, mchanganyiko
combine, kuungana
combustible, -a kushika moto
combustion, mwako
come (**came**), kuja; kufika
come across, kukuta
come by, kupata kwa bahati
come down, kushuka
come in, kuingia; "Karibu!"
come to pass, kutokea
comedian, mcheshi
comedy, hadithi ya kuchekesha
comet, nyota yenye mkia
comfort, faraja; kufariji
comfortable, -enye raha
comfortless, bila raha
comic, -a kuchekesha; gazeti la watoto
coming, majilio; kifiko
comma, kituo (vi)
command, amri; kuamuru
commandeer, kutwaa kwa la-zima
commander, mwenye amri
commandment, amri
commemorate, kufanya uku-mbusho
commemoration, ukumʰusho-(ma)
commence, kuanza
commencement, mwanzo
commend, kusifu
commendable, -a kusifiwa
commendation, sifa
comment, maneno machache juu ya habari fulani
commentary, ufafanuzi; masi-mulizi ya redio
commentator, msimulizi wa ha-bari
commerce, biashara
commercial, -a kuhusu biashara
commission, *1* agizo(ma); *2* wa-jumbe; *3* ushuru
commit, kutenda
commit to, kuaminisha
commit oneself, kuweka ahadi
committee, halmashauri
commodious, -enye nafasi

commodity, kifaa; bidhaa
common, _1_ -a kawaida; -a wote; _2_ duni
commonly, kwa kawaida
commonplace, neno la sikuzote
common-sense, busara
commonwealth, ushirika wa mataifa
commotion, ghasia
communal, -a kutumiwa na wakaaji wote
communicate, kupelekeana habari; kushiriki
communication, habari; upelekeaji wa habari
communications, njia za kusafiri
communion, ushirika
communism, njia ya utawala katika Russia
community, jamii ya watu wakaao pamoja
compact, _1_ maagano; _2_ -a kukazwa pamoja
companion, mwenzi
my companions, wenzangu
companionship, urafiki
company, kundi la watu; kampuni(ma)
comparable, -a kufanana
comparatively, kwa kulinganisha
compare, kulinganisha, kufananisha
beyond compare, haina kifani
comparison, mfano; ulinganyifu
compartment, kijumba; behewa-(ma)
compass, dira
compasses, bikari
compassion, huruma
compassionate, -enye huruma
compatibility, ulinganifu
compatible, -a kupatana
compatriots, watu wa nchi moja
compel, kushurutisha
compensate, kusawazisha; kufidia
compensation, fidia; uradhi
compete, kupimana ubingwa; kushindana
competent, -enye akili ya kutosha
competition, mashindano
competitive, -a kushindaniwa

competitor, mshindani
compile, kukusanya na kupanga
complacent, -enye uradhi; -kinaifu
complain, kunung'unika
complaint, _1_ nung'uniko(ma); _2_ ugonjwa
complement, kitimizo
complementary, -a kutimiza
complete, kutimiza; -timilifu
completely, kabisa
completion, utimilifu; mwisho
complex, -a kutatanisha
complexion, sura; rangi ya uso
complexity, matatizo; mwungo wa sehemu nyingi
compliance, ukubali
complicated, -enye hoja nyingi; -enye matata
complication, ongezo la matata
compliment, sifa; kusifu
complimentary, -a heshima
compliments, salamu
comply, kukubali
component, sehemu maalum ya kitu
comportment, mwenendo
compose, kutunga; kubuni
be composed of, kufanywa kwa
composite, -enye sehemu nyingi
composition, mtungo; mchanganyiko
compound, _1_ mchanganyiko; kuchanganya; _2_ kiwanja
comprehend, kufahamu
comprehensible, -a maana
comprehension, ufahamu
comprehensive, -enye mambo mengi
compress, kugandamiza
comprise, kuwa na
comprising, -enye
compromise, _1_ kuridhiana; _2_ kutia shaka
compulsion, mashurutisho
compulsory, -a lazima
compunction, majuto
computer, mashine ya kuhesabu upesi
comrade, mwenzi(w)
conceal, kuficha
concealment, maficho
concede, kukubali

conceit, kiburi
conceited, -enye kiburi
conceive, *1* kufahamu; *2* kuchukua mimba
concentrate, concentration, *1* kukusanya mahali pamoja; *2* kuongeza uzito na nguvu; *3* kukaza fikira
conception, *1* mtungo wa mimba; *2* ufahamu
concern, *1* shughuli; *2* shaka
  be concerned, kupasiwa; kuhangaika
concert, tafrija ya muziki; tarabu
concerted, kwa umoja
concession, ukubali
conciliate, kuridhisha
conciliation, upatanisho
conciliatory, -a kutuliza
concise, -fupi
conclude, *1*, kumaliza; *2* kutanabahi
conclusion, mwisho; neno mkataa
concoct, kubuni; kuchanganya
concoction, ubuni; mchanganyiko
concord, upatano
concourse, mkutano
concrete, *1* -a kuonekana na kugusika; *2* saruji
concur, *1* kutokea sawia; *2* kukubali
concurrence, *1* matokeo ya sawia; *2* ukubali
concurrently, kwa wakati mmoja
condemn, kulaumu; kuhukumu
condemnation, lawama; hukumu
condensation, mabadiliko ya mvuke kuwa maji
condense, kupunguza ukubwa; kufupisha
condescend, condescension, kujinyenyekea
condition, *1* hali; *2* sharti(ma)
conditional, -enye masharti
conditionally, kwa masharti
condole with, kuhani
condolence, "Poleni!"
condone, kuachilia; kusamehe
conduct, mwenendo; kuongoza
conductor, kiongozi
confectionery, vyakula vitamu
confederate, mwenye shauri moja

confederation, ushirika
confer with, kushauriana
conference, halmashauri
confess, kuungama; kukiri
confession, maungamo; ukiri
confidant, msiri
confide in, kuambia kwa siri
confidence, imani
confident, -enye imani
confidential, -a siri
confine, kufungia
confinement, *1* kifungo; *2* uzazi
confirm, kuthibitisha
confirmation, *1* uthibitisho; *2* Kipa Imara
confiscate, confiscation, kumtwalia mtu mali yake
conflagration, moto mkubwa
conflict, mapigano
conflict with, kutopatana
conflicting, -enye tofauti
conform with, kufuata
conformation, umbo(ma)
conformity, usawa
  in conformity with, kwa kufuata
confront, kukabili; kukabilisha
confuse, confound, kuchafua; kutatanisha
confusion, machafuko; wasiwasi
confute, kukanusha
congeal, kuganda
congenial, -a kupendeza
congestion, msongamano
congratulate, kupongeza
congratulations, pongezi
congregate, kukusanyika
congregation, congress, kusanyiko(ma)
conjecture, dhana; kudhani tu
conjunction, mwungano
  in conjunction with, pamoja na
conjuring, kiinimacho
connect, kuunga
  be connected, kuungana; kuhusiana
connection, kiungo; uhusiano; jamaa
connive, connivance, kutozuia
conquer, kushinda
conqueror, mshindi
conquest, ushindi
conscience, dhamiri

conscientious, -aminifu
conscious, -enye fahamu
conscription, kuandika askari kwa lazima
consecrate, consecration, kuweka wakf
consecutive, -a kufuatana
consent, idhini; ruhusa; kukubali; kuruhusu
consequence, jambo litokealo kwa sababu fulani
consequently, kwa sababu hiyo
conserve, conservation, kuhifadhi
consider, kufikiri
considerable, -ingi kidogo
considerate, -enye kufikiri wengine
consideration, *1* uangalifu; *2* hoja
consign, kupeleka
consignment, vitu vilivyopelekwa
consist of, kuwa na
consistency, uthabiti; uzito
consistent/ly, bila kigeugeu
consolation, faraja
console, kufariji
consolidate, kuimarisha
conspectus, maelezo kwa ufupi
conspicuous, -a kuonekana sana
conspiracy, mapatano ya hila
conspirator, mwenye shauri la hila
conspire, kufanyana shauri baya
constable, polisi(ma)
constancy, uthabiti
constant, *1* thabiti; *2* -a kila mara
constantly, kila mara
constellation, jamii ya nyota
consternation, fadhaa
constipation, kufunga choo
constituent, sehemu moja ya mchanganyiko
constitute, kufanya
constitution, *1* sheria ya serkali; *2* hali ya mwili
constrain, kulazimisha
constraint, nguvu; uzuizi
construct, kufanyiza; kuunda
construction, uunzi(ma); matengenezo
constructive, -a kufaa
consul, balozi(ma)

consult, kushauri
consultation, shauri(ma)
consume, kula; kutumia
consumer, mnunuzi
consumption, *1* ulaji; utumizi; *2* kifua kikuu
contact, kugusana; kukutana
contagious, -a kuambukiza
contain, kuwa na (*ndani*)
contain oneself, kujizuia
contaminate, kutia uchafu
contemplate, kutafakari; kukusudia
contemplation, fikira
contemporary, *1* -a wakati mmoja; *2* -a siku hizi
contempt, dharau
contemptible, -nyonge
contemptuous, -enye kiburi
content/ment, uradhi
be content, kuridhika
contention, *1* kisa; *2* ugomvi
contents, yaliyomo
continent, kontinenti(ma)
continual, -a kila mara
continually, sikuzote
continuation, mfulizo
continue, kuendelea
continuous, bila kukoma
contorted (be), kupotoka
contour, umbo(ma)
contract, *1* kufupika; *2* mkataba; kuafikiana
contraction, kifupisho
contradict, kukanusha
contradiction, ukanusho; ubishi
contradictory, -a kinyume
contrary, kinyume
on the contrary, bali
contrast, tofauti; kupambanua
contravene, kuhalifu
contribute, kutoa fedha au msaada
contribution, kitu kilichotolewa; habari zilizopelekwa kwa gazeti
contrite, -enye toba
contrition, toba
contrivance, kipande cha kufanyia kazi fulani
contrive, kuvumbua njia
control, kutawala; kuzuia
controversial, -a kuleta mabishano

controversy, mabishano
convalescence, be convalescent, kutononoka baada ya ugonjwa
convenient, -a kufaa
convent, nyumba ya watawa
conventional, -a kawaida
converge, kukaribiana
conversation, mazungumzo
converse, *1* -a kinyume; *2* kuzungumza
conversely, kwa kinyume
conversion, mbadiliko; wongofu
convert, mwongofu; kubadili; kuongoa
convertible, -a kuweza kubadilika
convey, kuchukua; kupeleka
conveyance, uchukuzi; gari(ma)
convict, *1* mfungwa; kutia hatiani; *2* kusadikisha
conviction, *1* hukumu; *2* wazo thabiti
convince, kusadikisha
convincing, -a kusadikisha
convoke, kualika
convoy, kufuatana sanjari
convulsion, *1* kifafa; *2* msukosuko
cook, mpishi; kupika
cookery, upishi
cool, -a baridi
coop, kizimba
coop up, kuzuia; kufungia
co-operate, kusaidiana
co-operation, ushirika; ujima; bia
co-operative, -a kusaidiana
cope with, kuweza; kufaulu
copious, tele
copper, shaba
copra, mbata
copse, kichaka
copulate, kujamii
copy, nakala; mwigo; kunakili; kuiga
coral, marijani
Coran, Kurani
cord, kamba; ugwe
cordial, -teremeshi
core, kiini
cork, kizibo; kuziba
corkscrew, kizibuo

corn, *1* nafaka; *2* sugu
corner, pembe
cornet, tarumbeta
coronation, kutiwa taji
corporal, -a kuhusu mwili; cheo cha askari
corpse, maiti
correct, sahihi; kusahihisha
correction, matengenezo
correspond, *1* kufanana; *2* kuandikiana
correspondence, *1* ulinganifu; *2* barua
corridor, njia nyembamba
corroborate, kuthibitisha
corrupt, -bovu; -ovu; kupotoa
corruption, ubovu; upotovu
cosmetics, uzuri wa wanawake, poda, etc.
cost, bei; gharama
costly, -a thamani
costume, mavazi
cot, kitanda cha mtoto
cottage, nyumba ndogo
cotton, pamba
cotton-wool, pamba ya dawa
cough, kifua; kukohoa
could, *see* can
council, baraza; halmashauri
councillor, diwani(ma)
counsel, shauri(ma)
counsellor, mshauri
count, kuhesabu
count on, kutumainia
countenance, uso(ny)
counter, meza ya dukani
counter-, kwa kinyume
counteract, kubatilisha
counteraction, pingamizi(ma)
counter-attraction, jambo la kuvuta upande mwingine
counterbalance, kusawazisha
counterfeit, -a kuiga na kudanganya
counterfoil, ushahidi wa stakabadhi
countermand, kutangua amri
countersign, kuthibitisha kwa sahihi ya pili
countless, bila idadi
countrified, -a kimashamba
country, *1* nchi; *2* mashambani
county, jimbo(ma)

couple, jozi; vitu viwili; kuunga pamoja
coupon, cheti
courage, ushujaa
courageous, -jasiri
course, mwenendo; mfulizo
of course, naam; bila shaka
in due course, kwa wakati wake
in the course of, katika
court, *1* ua(ny); *2* nyumba ya mfalme; *3* korti; *4* kuposa
courteous, -enye adabu
courtesy, jamala
courtship, uchumba
cousin, mtoto wa ndugu wa baba au mama
covenant, agano(ma)
cover, kifuniko; kufunika
covet, kutamani
covetous, -enye choyo
cow, ng'ombe
coward, mwoga
cowardice, woga
crab, kaa ya pwani
crack, kualika; kupasuka; ufa-(ny)
crackle, kutatarika
cradle, kitanda cha mtoto mdogo
craft, *1* ufundi; *2* hila
craftsman, fundi
crafty, -erevu
crag, mwamba uliochongoka
cram, kushindilia
cramp, mpindano wa mshipa
crane, *1* winchi; *2* korongo(ma)
crash, kuanguka kwa kishindo
crate, sanduku la mbao
crater, shimo la volkeno
craving, úchu
crawl, kutambaa
crayon, kalamu ya rangi
crazy, -enye kichaa
creak, kukwaruza
cream, maziwa ya mtindi
crease, finyo(ma); kufinya
create, creation, kuumba
Creator, Muumba
creature, kiumbe
credentials, barua za ushahidi
credible, -a kusadikika
credit, sifa njema; kusadiki
on credit, kukopesha
creditable, -a kusifiwa

creditor, mdai
creed, imani
creek, ghuba ndogo
creep (crept) kutambaa
cremate, cremation, kuunguza maiti
crescent, sura ya mwezi mwandamo
crest, *1* kishungi; *2* kilele cha mlima
crestfallen (be), kushushwa moyo
crevice, ufa(ny)
crew, mabaharia
cried, *see* **cry**
crime, uhalifu wa sheria
criminal, mhalifu
crimson, rangi ya damu
cringe, kunywea
cripple, kiwete
crisis, kipeo
criterion, kanuni
critic, mpima uzuri
criticism, *1* upimaji; *2* lawama
criticize, *1* kupima uzuri; *2* kulaumu
croak, kulia kama chura
crockery, vyombo vya udongo
crocodile, mamba
crooked, -a kupotoka
crops, mavuno
cross, msalaba; kuvuka; -enye chuki
cross-examine, kuhojihoji
cross-roads, njia panda
crossing, kivuko
crosswise, -a kukingama
crouch, kujinyata
crow, kunguru; kuwika
crowbar, mtaimbo
crowd, makutano; kusongana
crown, taji; kutia taji
crucifix, msalaba
crucify, crucifixion, kusulibisha
cruel, -katili
cruelty, ukatili
cruet, kichupa
cruise, kusafiri kwa meli; kuvinjari
crumb, kombo(ma)
crumble, kufikicha
crumple, kukunjakunja
crunch, kuchakacha

crusade, pigano juu ya uovu
crush, msongano; kusukumana; kuponda
crust, ganda la mkate
cry, mlio; kulia
crystal, jiwe kama kioo
cub, mtoto wa simba
cucumber, tango(ma)
cud, cheu
  chew the cud, kucheua
cuddle, kukumbatia mtoto
cull, kuteua
culmination, upeo
culpable, -enye hatia
culprit, mwenye kukosa
cultivate, kulima
cultivation, kilimo
culture, uungwana
cultured, -staarabu
cunning, werevu
cup, kikombe
cupboard, kabati(ma)
curable, -a kuponyeka
curator, mwangalizi
curb, kizuizi; kuzuia
cure, kuponya; dawa
curio, kitu cha shani
curiosity, *1* kitu cha shani; *2* udadisi
curious, -a ajabu
currant, zabibu kavu
currency, fedha ya nchi
current, *1* mkondo wa maji; *2* -a siku hizi
curry, bizari
curse, laana; kulaani
cursory, -a juujuu
curt, -a haraka; -fupi
curtail, kufupisha
curtain, pazia(ma)
curve, pindi; tao
  curved, -a tao
cushion, takia(ma)
custard, kastadi
custard-apple, topetope(ma); stafeli(ma)
custodian, mlinzi
custody, ulinzi; kifungo
custom, desturi
customary, -a kawaida
customer, mnunuzi
customs, ushuru wa fordhani
cut, kukata

cutlery, visu, nyuma, etc., vya mezani
cuttlefish, pweza
cycle, *1* utaratibu wa mambo unaorudiarudia; *2* baisikeli
cyclist, mpanda baisikeli
cyclone, kimbunga

D

dagger, jambia
daily, kila siku
dainty, -zuri; -chaguzi
dairy, duka la maziwa
dally, kupoteza wakati
dam, boma la kuzuia maji
damage, hasara; kutia hasara
damn, kulaumu; kulaani
damp, unyevu; chepechepe
dance, dansi; kucheza ngoma
danger, hatari
dangerous, -a hatari
dangle, kuning'inia; kuning'iniza
dare, kuthubutu
daring, -jasiri
dark, giza; -eusi
darling, mpenzi
darn, kutililia uzi
dart out, dash out, kutoka ghafula
date, tarehe
  out of date, -a kikale
  up to date, -a kisasa
date (*tree*) mtende; (*fruit*) tende
daughter, binti
daunt, kutia hofu
dauntless, -shupavu
dawdle, kutangatanga
dawn, daybreak, mapambazuko; kupambazuka
day, siku
  all day, mchana kutwa
  day after tomorrow, kesho kutwa
daytime, mchana
dazed (be), kupumbaa
dazzle, kutia kiwi
deacon, shemasi(ma)
dead person, mfu
deaf person, kiziwi
deafen, kushinda masikio
deal (dealt), kugawa
  a good deal, wingi**

deal with, kushughulika na
dealer, mchuuzi
dear, *1* -penzi; *2* ghali
dearth, ukosefu
death, kifo; mauti
debar, kukataza
debase, kushusha
debased, -dhilifu
debate, jadiliano(ma); kujadili-
  ana
debris, kifusi
debt, deni
debtor, mdeni
decade, miaka kumi
decadent, -a kupooza
decay, kuoza; kuchakaa
decease, kifo; kufa
  the deceased, marehemu
deceit, deception, udanganyifu
deceitful, -enye hila
deceive, kudanganya
decency, adabu
decent, -zuri
deceptive, -danganyifu
decide, *1* kuamua; *2* kukusudia
decimal, sehemu za kumi; desi-
  mali
decipher, kufumbua maandiko ya
  fumbo
decision, *1* maamuzi; *2* nia thabiti
decisive, -a kukata shaurı
deck, sitaha; kupamba
declaration, tangazo(ma)
declare, *1* kutangaza; *2* kusema
  kwa nguvu
declension, mshuko
decline, *1* kukataa; *2* kupungua
decompose, kuoza
decorate, kupamba
decoration, pambo(ma); nishani
decoy, kutega kwa hila
decrease, upunguo; kupungua
decree, amri; kuamuru
decrepit (*things*)-kuukuu; (*people*)
  -kongwe
dedicate, dedication, kuweka
  wakf
deduce, kutambua maana
deduct, kukata sehemu
deduction, *1* utambuzi; *2* mkato
deed, tendo(ma)
deep, -enye kina kirefu
  deep water, kilindi

deeply, sana
deer, mnyama kama kulungu
deface, kuumbua
defamation, masengenyo
defamatory, -enye kuvunja sifa
defame, kusengenya
default, kukosa kufanya
defeat, ushinde; kushinda
  be defeated, kushindwa
defect, ila
defective, -enye ila
defence, *1* ulinzi; *2* mateteo
defend, *1* kulinda; *2* kutetea
defendant, mshtakiwa
defer, kuahirisha
defer to, kunyenyekea
defiance, ukaidi
defiant, -kaidi
deficiency, upungufu
deficient, -pungufu
deficit, kipunguo
defile, *1* mwanya mwembamba;
  kupita mmoja mmoja; *2* kunajisi
defilement, unajisi
define, kubainisha
definite, dhahiri
definition, ubainisho
deflect, kugeuza upande
deflower, kubikiri
deformed (be), kulemaa
deformity, kilema
defraud, kupunja
deft, -epesi
defy, kutaka shari
degenerate, kurudia hali mbaya
degeneration, uharibifu wa tabia
degradation, aibu
degrade, kushusha; kuaibisha
degree, cheo cha elimu; kadiri
  by degrees, kidogo kidogo
dejected, -enye moyo mzito
dejection, huzuni
delay, kukawia; kukawisha
delectable, -a kupendeza
delegate, naibu(ma)
delegation, ujumbe
delete, kufuta
deletion, mfuto
deliberate, kwa kusudi; kushauri-
  ana
deliberation, mashauri
delicacy, *1* chakula kitamu; *2* ma-
  kini

delicate, -a kudhurika upesi
delicious, -tamu
delight, furaha; kufurahisha
delight in, kufurahia
 be delighted, kufurahi
delightful, -a kupendeza
delinquency, upotofu
delinquent, mkosaji
delirious (be), kuweweseka
deliver, kutoa; kuokoa
deliverance, wokovu
delude, kudanganya
deluge, gharika; kugharikisha
delusion, udanganyifu
demand, kudai
demands, matakwa; madai
 be in demand, kutakwa sana
demarcate, kuweka mipaka
demarcation, mipaka
demented (be), kurukwa na akili
democracy, utawala wa raia
demolish, demolition, kubomoa
demon, pepo mbaya
demonstrate, kuonyesha wazi
demonstration, onyesho(ma)
demoralization, upotoe
demoralize, kupotoa
demoralizing, -a kuharibu tabia
den, pango la mnyama
denial, mkano
denomination, aina; madhehebu
denote, kumaanisha
denounce, kulaumu; kushtaki
dense, -zito
density, uzito
dent, kibonyeo; kubonyeza
 be dented, kubonyea
dental, -a meno
dentist, daktari wa meno
denunciation, lawama; mashtaka
deny, kukana
depart, kuondoka
 the departed, marehemu
department, idara
departure, ondokeo(ma)
depend on, kutegemea
dependable, -a kutumainiwa
deplorable, -a kusikitikiwa
deplore, kusikitikia
deport, kuhamisha
deportation, uhamisho
deportment, mwenendo

depose, 1 kuuzulu; 2 kutoa ushuhuda
deposit, amana; kuweka
deposition, ushuhuda
depot, bohari(ma)
deprave, kupotosha
 be depraved, fisadi
depravity, ufisadi
deprecate, kujutia
depreciate, kupungua thamani
depreciation, upunguo wa thamani
depredation, uharibifu
depress kuinamisha
depressing, -a kuondoa furaha
depression, kushuka moyo, bei, etc.
deprivation, uhitaji
deprive, kunyima
depth, kina
deputation, ujumbe
depute, kuweka naibu
deputize, kuwa naibu
deputy, naibu(ma)
deride, kudhihaki
derision, dhihaka
derivation, asili
derive, kupata
 be derived from, kutokana na
derogatory, -a kuvunja heshima
descend, kutelemka
descendant, mzao
descent, mtelemko; jadi
describe, kuwasifu
description, mabainisho; namna
desert, 1 jangwa(ma); 2 kutoroka
deserter, mtoro
deserve, kustahili
deserving, -a kustahili mema
design, kielelezo; maazimio
designing, -erevu
desirable, -a kutamanika
desire, shauku; kutamani
desirous, -enye shauku
desist, kuacha kufanya
desk, meza; deski
desolate, -a ukiwa; kufanya ukiwa
desolation, ukiwa
despair, kukata tamaa
desperate, bila tumaini lo lote
desperation, kufa moyo
despicable, -a kulaumiwa

despise, kudharau
despondent, -enye moyo mzito
despot, mtawala peke yake
despotic, -enye amri peke yake
destination, kikomo cha safari
destiny, ajali
destitute, fukara
destitution, ufukara
destruction, maangamizi
destructive, -haribifu
detach, kutenga; kubandua
detachment, kujitenga; kikosi
details, habari moja moja
detain, kuzuia
detect, kugundua; kuona
detection, upelelezi
detective, askari kanzu; mpelelezi
detention, kifungo
deter, kuzuia
deteriorate, deterioration, ku-
  potewa na uzuri
determination, nia thabiti
determine, kukaza nia
deterrent, kitisho
detest, kuchukia sana
detestable, -a kuchukiza
detract from, kupunguza
detraction, uchongezi
detriment, hasara
detrimental, -a kudhuru
devastation, ukame
devastate, kuharibu kabisa
develop, kuendelea mbele; kusi-
  tawisha
development, maendeleo
deviate, kuenda upande
deviation, kipengee
device, kitenda-kazi; shauri
Devil, Ibilisi
devise, kuvumbua njia
devoid of, pasipo
devote oneself, kujitoa
  be devoted to, kupenda sana
devotion, upendo
devour, kunyafua
devout, -tawa
dew, umande
dexterity, ustadi
dhow, jahazi(ma)
diabolical, -ovu kabisa
diagnose, diagnosis, kuyaki-
  nisha ugonjwa
diagram, picha ya kueleleza

dialect, matamko ya lugha
dialogue, mazungumzo
diamond, almasi
diarrhoea, tumbo la kuhara
diary, habari za kila siku
dictate, kuandikisha
  dictate to, kutoa amri
dictation, imla; amri
dictator, mwenye amri peke
  yake
dictionary, kamusi
did, see do
die, kufa
die away, kufifia
diet, ulaji
differ, be different, kuhitilafiana
difference, tofauti
differentiate, kutofautisha
difficult, -gumu
dig (dug), kuchimba
digest, digestion, kuyeyusha
  chakula mwilini
digestible, -a kutulia tumboni
dignified, makini
dignity, heshima
dilapidated, -bovu
dilatory, -vivu
diligence, bidii
diligent, -enye bidii
dilute, kuzimua
dim, -a utusitusi
dimension, ukubwa; kipimo
diminish, kupunguza
diminutive, -dogo sana
din, makelele
dingy, bila ung'aro
dining-room, mezani
dinner, chakula kikuu cha siku
dip, kuchovya
direct, kuagiza; kuelekeza; moja
  kwa moja
direction, upande
directions, maagizo
directly, sasa hivi
director, mwongozi; mkuu
dirt, uchafu
dirty, -chafu
  For dis see note on page 82
dis-, kinyume cha
disability, upungufu wa nguvu
disabled, -enye kilema
disadvantage, uzuizi
disaffected, -enye uchungu

disagree, disagreement, kuto-
patana
disagreeable, -enye chuki
disappear, disappearance, ku-
toweka
disappoint, kukatisha tumaini
be disappointed, kukosa yali-
yotumainiwa
disappointment, masikitiko
disapproval, disapprove, kuto-
ridhia
disarm, disarmament, kuondoa
silaha za vita
disarrange, kufuja
disaster, baa(ma); msiba
disastrous, -enye hasara
disband, kuchangua
discard, kutupa
discern, kutambua
discernment, utambuzi
discharge, 1 usaha; 2 ruhusa;
kuondoa kazini; 3 kufyatua
bunduki
disciple, mwanafunzi
discipline, nidhamu
disclaim, kukana
disclose, kufunua
disclosure, ufunuo
discomfit, kufadhaisha
discomfiture, fadhaa
discomfort, taabu
disconnect, kutenga
disconsolate, -enye masikitiko
discontent, be discontented,
kutoridhika
discontinuance, ukomo
discontinue, kuacha
discord, ugomvi
discordant, -a kutopatana
discount, kipunguzi; kusadiki
kwa nusu tu
discourage, discouragement,
kuvunja moyo
discourse, mazungumzo; hotuba
discourteous, -a kukosa heshima
discover, kuvumbua
discovery, jambo jipya; uvu-
mbuzi
discredit, 1 aibu; kuaibisha;
2 kutosadiki
discreditable, -a aibu
discreet, -enye busara
discrepancy, tofauti

discretion, busara
discriminate, kupambanua
discrimination, utambuzi
discuss, kuzungumzia habari
discussion, mazungumzo
disdain, dharau; kudharau
disdainful, -dharaulifu
disease, ugonjwa
disembark, kushuka melini
disengaged (be), kuwa na nafasi
disfigure, kuumbua
disfigurement, ila
disgrace, aibu; kuaibisha
disgraceful, -baya sana
disguise, mavazi ya kujigeuza;
kuficha
disgust, karaha; kukirihi
dish, sahani
dish up, kupakua
dishearten, kuvunja moyo
dishonest, -danganyifu
dishonourable, -a aibu
disinclination, be disinclined,
kutotaka
disinfectant, dawa ya kuzuia ua-
mbukizo
disinterested, bila upendeleo
disk, ubapa mfano wa sahani
dislike, machukio; kuchukia
dislocate, kushtua
disloyal, si aminifu
dismal, -a kukosa furaha
dismay, fadhaa; kufadhaisha
dismiss, kuruhusu
disobedience, ukaidi
disobey, kuasi
disorder, fujo(ma)
disorganize, kuvunja taratibu
disparage, kuvunja heshima
disparity, tofauti
dispatch, waraka; kupeleka
dispel, kutawanya
dispensary, nyumba ya dawa
dispensation, maongozi; idhini
dispense, kutoa dawa
dispense with, kutohitaji
disperse, kutawanya; kutawa-
nyika
displace, kuondoa mahali pake
displaced (person) msikwao
display, kuonyesha wazi
displease, kutia uchungu
displeasure, uchungu

dispose of, kuondoa
 be disposed to, kukubali
disposition, tabia; mpango
disproportionate, -a kadiri isi-yofaa
disprove, kubainisha uongo
dispute, ugomvi; kubishana
disqualification, ondoleo la haki
disqualify, kuondoa haki
disregard, kutojali
disrepute, sifa mbaya
disrespectful, -tovu wa heshima
disruption, mvunjiko
dissatisfied (be), kutoridhika
dissect, kukata vipande-vipande
dissension, faraka
dissent, kukataa
dissimilar, si sawa
dissipate, kutapanya
dissipation, be dissipated, ku-fuata anasa za dunia
dissolve, kuyeyuka, kuyeyusha; kuvunja
dissuade, dissuasion, kujaribu kuzuia
distance, umbali; mwendo
distant, mbali
distasteful, -a kuchukiza
distended (be), kuvimba
distinct, 1 dhahiri; 2 mbalimbali
distinction, 1 heshima; 2 tofauti
distinguish, kupambanua
distinguished, -tukufu
distort, kupotoa
distortion, kombo(ma)
distract, kuvuta mawazo pengine
distraction, mvuto
distress, huzuni; dhiki; kuhu-zunisha
distribute, kueneza
distribution, maenezi
district, mtaa; wilaya
distrust, kutoamini
distrustful, -enye shaka
disturb, kusumbua
disturbance, ghasia; fujo(ma)
disused (be), kutotumika
ditch, mfereji
ditto (do) vile vile
divan, namna ya kitanda
dive, kupiga mbizi
diverge, kuachana
divergence, tofauti

diverse, mbalimbali
diversion, 1 kipengee; 2 tafrija
diversity, namna mbalimbali
divert, kugeuza upande
divide, kugawa
divination, uaguzi
divine, 1 -a Mungu; 2 kuagua
diviner, mwaguzi
divinity, elimu ya Mungu
division, mgawo
divorce, talaka; kuvunja ndoa
divulge, kufunua
dizziness, kizunguzungu
dizzy, -enye kizunguzungu
do (did, done) kufanya, kutenda
doings, matendo
dock, 1 (ship) gudi; 2 (court) kizimba; 3 kupunguza
doctor (Dr.) tabibu(ma); dakta-ri(ma)
doctrine, mafundisho ya dini
document, hati
dodge, kuepa
dog, mbwa
doll, mtoto wa bandia
domestic, -a nyumbani
domesticate, kufuga
dominant, -kuu
dominate, kushinda
domination, utawala
domineering, -jeuri
dominion, mamlaka
donation, kipaji; sadaka
done, see do
 be done, kuisha; kumalizika
donkey, punda
donor, mtoa
doom, ajali
door, mlango
dope, bangi, afyuni, etc.
dormant, -enye hali ya kulala
dormitory, bweni
dose, kipimo cha dawa
dot, nukta
 be dotted about, kutapakaa
double, marudufu; kurudufya; kukunja
doubt, shaka; kushuku
doubtful, si hakika; -enye shaka
doubtless, bila shaka
dough, unga uliotiwa chachu na maji
dove, njiwa; hua

downwards, chini
doze, kusinzia
dozen, vitu kumi na viwili
drag, kukokota
dragon, joka la hadithi
drain, mfereji; kuondoa maji
drama, uigaji wa hadithi
dramatist, mtunga hadithi ya kuigizwa
drank, see **drink**
draper, mwuza nguo
draw (drew, drawn) 1 kukokota; 2 kuandika picha; 3 kuteka maji; 4 kwenda sare
draw near, kukaribia
draw together, kukaribiana
draw up, 1 kuratibu; 2 kusimama
drawback, kizuio
drawer, mtoto wa meza
drawing, picha
drawl, kutambaza maneno
dread, hofu; kuogopa
dreadful, -baya sana
dream, ndoto; kuota
dreary, pasipo furaha
dredge, kuzoa matope chini ya maji
dregs, mashudu
drench, kulowesha
dress, gauni; kuvalia
dressmaker, mshona nguo
drew, see **draw**
drift, kuchukuliwa ovyo
drink (drank, drunk) kunywa
drip, kudondoka
dripping, 1 mtiririko wa maji; 2 mafuta ya nyama
drive (drove, driven) kuendesha
drive away, kufukuza
driver, dereva
drizzle, manyunyu; kunyunya
droop, kufifia
drop, tone(ma); kuanguka
dross, takataka
drought, ukosefu wa mvua
drove, see drive
drown, kufa maji
drowsy, -enye kusinzia
drudgery, kazi ya kuchosha
drug, dawa
drum, ngoma
drunk, see **drink**
be drunk, kulewa

drunkard, mlevi
drunkenness, ulevi
dry, -kavu; kukausha
dubious, -enye shaka
duck, bata(ma); kutumbukiza majini
due, ada; haki
be due, kutazamiwa wakati fulani
due to, kwa sababu ya
dug, see **dig**
dull, -zito; -a utusitusi
dumb, bubu
dunce, mjinga
dung, mavi; samadi
dungeon, gereza chini ya ngome
duplicate, nakili; kunakili
duplicity, unafiki
durable, -a kudumu sana
duration, muda
during, wakati wa
dusk, giza la jioni
dust, vumbi; kupangusa
dustbin, pipa la kutia taka
duster, kitambaa cha kupangusia
dusty, -enye vumbi
duty, 1 wajibu; 2 ushuru
dutiful, -sikivu
dwarf, kibeti; mbilikimo
dwell (dwelt) kukaa
dwelling, makao
dwindle, kupungua
dye, rangi; kutia rangi
dynamite, baruti ya kupasulia mwamba
dynamo, mashine ya kufanyia stimu
dynasty, nasaba ya mfalme
dysentery, kuhara damu

E

each, kila moja
each other, wao kwa wao; -ana
eager, -enye bidii
eagerly, kwa moyo
eagerness, bidii
eagle, tai
ear (*head*) sikio(ma); (*corn*) suke-(ma)
early, mapema
earmark, kutengua kwa kazi fulani

earn, kuchuma kwa kazi
earnest, -enye moyo
earnings, uchumi
ear-ring, pete ya sikio
earshot, mfiko wa sauti
earth, dunia; ardhi
earthenware, vyombo vya udo-
ngo
earthly, -a kidunia
earthquake, tetemeko la nchi
ease, raha
easily, kwa urahisi
east, mashariki
easy, rahisi
Easter, Pasaka
eat (ate, eaten) kula
be eatable, eaten, kulika, ku-
liwa
eatables, vyakula
eaves, upenu
eavesdrop, kudukiza
eavesdropper, mdukizi
ebb, kupwa
ebb tide, maji kupwa
ebony, mpingo
eccentric, -a namna ya peke yake
ecclesiastical, -a kanisa
echo, mwangwi
eclipse, kupatwa mwezi au jua
economical, -wekevu; -a kupu-
nguza gharama
economics, elimu ya mapato na
matumizi ya fedha
economize, kupunguza gharama
edge, ukingo(k); upindo(p)
edible, -a kuliwa
edict, amri
edify, kuadilisha
edifying, -enye mfano mwema
edit, kutengeneza tayari kupigwa
chapa
editor, mtengenezaji
educate, kuelimisha
education, mafunzo
effect, tokeo(ma)
effective, efficacious, -a kufaa
effervesce, kutoa povu
efficiency, uwezo
efficient, -enye uwezo
effort, juhudi
make an effort, kujitahidi
e.g., kwa mfano
egg, yai(ma)

eggshell, ganda la yai
ego, nafsi
egoism, huba ya nafsi
Egypt, Misri
eight, nane
eighteen, kumi na nane
eighty, themanini
either, au; ama
eject, kutoa kwa nguvu
elaborate, -enye matengenezo
mengi
elapse, kupita
elastic, ugwe wa mpira; -a ku-
nyumbuka
elbow, kiko cha mkono
elder, mzee
elect, kuchagua kwa kura
election, mchaguo
electric, -a stimu
electrician, fundi wa stimu
electricity, stimu
elegant, -a jamala
element, kitu cha asili
elementary, -a mwanzo
elephant, tembo; ndovu
elevate, kuinua
elevation, mwinuko; upandisho
wa cheo
eleven, edashara; kumi na moja
eligible, -a kustahili
eliminate, kuondoa
elongate, kuongeza urefu
elope, kutoroka
eloquence, ufasaha; usemaji
else, -ingine; zaidi
elsewhere, pengine
elucidate, kufafanua
elucidation, ufafanuzi
elude, kuepuka; kupitia
elusive, -a kuponyoka
emaciated, -enye kukonda sana
emancipate, kuweka huru
emancipation, uhuru
embargo, makatazo
embark, kupakia melini
embarrass, kutahayarisha
embarrassment, haya
embassy, jumba la balozi
embellish, kupamba
embers, makaa ya moto
embezzle, kuiba fedha ulizoka-
bidhiwa
embitter, kutia uchungu

emblem, alama
embrace, kukumbatia
embroider, kutarizi
embroidery, tarizi
embryo, chanzo cha kiumbe hai
emerge, kuzuka
emergency, tokeo la ghafula
emigrant, mhamaji
emigrate, kuhamia ugenini
emigration, uhamaji
eminence, ukuu
eminent, mashuhuri
eminently, sana
emit, kutoa
emotion, maono ya huzuni au furaha
emphasis, mkazo
emphasize, kukaza
emphatic, -a nguvu
empire, milki
employ, kuajiri
employee, mtu wa kazi
employer, bwana wa kazi
employment, kazi
empty, -tupu; kumwaga; kuondoa
emulate, kujaribu kuwa sawa au kupita
enable, kuwezesha
enact, kutoa amri
enamel, rangi ya mbao
encamp, kupiga kambi
enchant, kupendeza mno
enchanting, -enye mapendezi
enchantment, ulozi
encircle, kuzingira
enclose, kuzunguka kabisa
enclosure, kitalu
encompass, kuzunguka; kuzungusha
encounter, kukutana
encourage, encouragement, kutia moyo
encroach on, encroachment, kujiingiliza
end, 1 mwisho; 2 mradi
endanger, kuhatarisha
endear, kupendekeza
endeavour, juhudi; kujitahidi
endless, -a daima
endorse, kutia sahihi; kukubali
endorsement, sahihi; kibali
endowed with (be), kujaliwa
endue, kujalia

endurance, ustahimilivu
endure, 1 kustahimili; 2 kudumu
enduring, -a kudumu
enemy, adui(ma)
energetic, -tendaji
energy, nguvu
enervating, -a kupunguza nguvu
enforce, kutia nguvu
engage, kuajiri; kuahidi
be engaged, 1 kushughulika; 2 kuwa na mchumba
engagement, 1 shughuli; 2 uchumba
engine, mashine; injini
engineer, fundi wa mitambo
England, Uingereza
English (people) Waingereza; (language) Kiingereza
engrave, kuchora nakshi
enigma, fumbo la maneno
enjoy, kufurahia
enjoyable, -a kupendeza
enjoyment, furaha
enlarge, kuongeza ukubwa
enlargement, mkuzo
enlighten, kueleza
enlist, kuandika askari, wasaidizi, etc.
enliven, kuchangamsha
enmity, uadui
enormous, -kubwa mno
enough, -a kutosha
enrage, kukasirisha
enrich, kutajirisha; kusitawisha
enrol, kuandika katika orodha
enslave, kutia utumwani
ensue, kufuata
ensure, kuthibitisha
entangle, kutatanisha
enter, kuingia
enterprise, ujasiri; kazi maalum
entertain, 1 kufurahisha; 2 kufikiria
entertaining, -a kuchekesha
entertainment, tafrija
enthusiasm, shauku na bidii
enthusiastic, -a shauku
entice, kuvuta kwa werevu
enticement, mvuto
entire, -zima; -ote
entirely, kabisa
entitle, kustahilisha
be entitled to, kuruhusiwa

entrails, matumbo
entrance, _1_ mlango; _2_ kutekeleza
entreat, kusihi
entreaty, maombi
entrust, kukabidhi
entry, _1_ mwingilio; _2_ habari iliyoandikwa
enumerate, kutaja moja moja
envelop, kufunika
envelope, bahasha ya barua
enviable, -a kutamanika
envious, -enye wivu
environment, mazingira
envisage, kuwazia
envoy, mjumbe
envy, wivu
ephemeral, -a kupita upesi
epidemic, maradhi ya puku-puku
epilepsy, kifafa
equal, sawasawa
equality, usawa
equator, ikweta
equip, kupatia vifaa
equipment, vifaa maalum
equitable, -a haki
equivalent, sawasawa kwa tha-mani
era, zama maalum katika historia
eradicate, kung'oa kabisa
erase, kufuta
ere, kabla(ya)
erect, wima; kusimamisha
erosion, mmomonyoko wa ardhi
err, kukosa
errand, utume
erratic, -a kigeugeu
erroneous, -enye kosa
error, kosa(ma)
eruption (_volcano_) kutoa moto; (_disease_) kutoka upele
escalator, ngazi inayojiendea
escape, kivuko cha bahati; kuo-koka
escarpment, genge(ma)
escort, wafuasi; kufuatana na
especial, maalum
especially, hasa
espionage, ujasusi
essay, _1_ nsha; _2_ jaribio(ma); kujaribu
essence, asili ya kitu
essential, -a asili; -a lazima

establish, kuweka imara
estate, nyumba na shamba; manzili
esteem, heshima; kuheshimu
estimate, kisio(ma); kukisia
estrange, kufarakisha
etcetera (etc.) kadha wa kadha (kwk)
eternal, -a milele
eternity, umilele
etiquette, kawaida za adabu
etymology, asili ya maneno
Europe, Ulaya
European, Mzungu
evacuate, evacuation, kuondoa watu
evade, kuepuka
evangelist, mweneza injili
evaporate, evaporation, kuka-uka
evasive, -erevu
even, _1_ sawasawa; _2_ hata
  even if, ijapo; hata ikiwa
evening, jioni
event, jambo(m); tukio(ma)
eventually, hatimaye
ever, wakati wo wote
  for ever, sikuzote
everlasting, -a milele
every, kila
everybody, everyone, kila mtu
everything, kila kitu
everywhere, kila mahali
evict, eviction, kutoa kwa nguvu
evidence, ushahidi
evident, dhahiri
evil, uovu; -ovu
evince, kuonyesha
evolution, maendeleo yenye ma-geuzi
exact, exactly, barabara
exact, exaction, kutoza
exactitude, usahihi
exaggerate, exaggeration, kutia chumvi
exalt, kukuza
exaltation, utukufu
examination, mtihani; ukaguzi
examine, kupima
example, mfano
exasperate, kukera
exasperation, hasira
excavate, kuchimbua

excavation, chimbo(ma)
exceed, kuzidi
exceedingly, mno
excel, kuwa bora
excellence, ubora
excellent, bora
except, kutotia; ila
exception, jambo la peke yake
 take exception to, kutokubali
exceptional, -a peke yake
excess, wingi kupita kiasi
excessive, kupita kiasi
exchange, kubadilishana
 in exchange, badala ya
exchequer, hazina ya serkali
excitable, -a haraka
 be excited, kutaharuki
excitement, machachari
exclaim, exclamation, kupaaza
 sauti
exclude, exclusion, kufungia nje;
 kukataa
excommunicate, kuharimisha
excreta, take za mwili
excrutiating, -a kuumiza mno
excursion, matembezi ugenini
excuse, udhuru; kuudhuru
 excuse me, Niwie radhi
execute, execution, 1 kufisha;
 kunyonga; 2 kutimiliza; utimizo
exemplary, -ema sana
exempt, kuruhusu
exemption, ruhusa ya kutofanya
exercise, mazoezi; kuzoeza
exertion, juhudi
exhaust, kuchosha
 be exhausted, kuchoka kabisa
exhaustive, -kamilifu
exhibit, kitu cha kuonyeshwa;
 kuonyesha
exhibition, onyeshano(ma)
exhilarating, -a kuchangamsha
exhort, kuonya
exhortation, maonyo
exile, kuhamisha ugenini
exist, kuwako
existence, maisha
exit, njia ya kutoka
exonerate, kuondoa katika la-
 wama
exorbitant, -kubwa kupita kiasi
exorcize, kupunga pepo
expand, kutanua; kuongeza

expanse, eneo(ma)
expansion, mtanuo; maongezi
expect, kutazamia
 be expected, kutazamiwa
expectation, tumaini(ma)
expectorate, kutema mate
expedient, -a kufaa
expedite, kuhimiza
expedition, safari
expeditious, upesi
expel, kufukuza
expend, kutumia
expenditure, gharama
expensive, ghali
experience, 1 ujuzi; 2 kupatwa
 na
experiment, jaribio(ma)
expert, farisi
expire, kuisha; kufa; kutoa pumzi
explain, kueleza
explanation, maelezo
explicit, dhahiri
explode, explosion, kulipuka
exploit, 1 tendo la ujasiri; 2
 kufaidi; kutumia kwa choyo
exploration, uvumbuzi
explore, kuvumbua
export, kupeleka nchi nyingine
exports, bidhaa zinazotoka
expose, exposure, kuweka wazi
express, 1 kusema; 2 mbio
expression, 1 usemi; 2 sura
expulsion, kutolewa
expunge, kufuta kabisa
exquisite, -zuri sana
be extant, kuwapo hata leo
extend, kuenea; kueneza
extensive, -kubwa
extent, eneo(ma)
extenuating, -a kupunguza kosa
exterior, upande wa nje
exterminate, kukomesha kabisa
external, -a nje
extinct (be), kutokuwapo sasa
extinguish, kuzima
extirpate, kung'oa kabisa
extol, kusifu
extort, extortion, kutoza kwa
 nguvu
extortionate, -isiyo haki
extra, zaidi
extract, sehemu iliyotolewa; ku-
 toa

extraordinary, -a ajabu
extravagance, upotevu wa mali
extravagant, -potevu
extreme, kupita kadiri
extremely, mno
extricate, kutoa katika matata
exude, kupapa maji
exult, kushangilia
exultation, mashangilio
eye, jicho(ma)
eyelash, eyelid, ukope(k)
eye-witness, shahidi aliyeona mwenyewe

F

fable, hadithi fupi
fabric, nguo
fabrication, uongo
fabulous, -a ajabu
face, uso(ny), sura; kukabili
facilitate, kufanya rahisi
facility, urahisi
facsimile, mwigo sawasawa
fact, jambo la hakika
  in fact, kwa kweli
faction, farakano(ma)
factious, -fitini
factory, kiwanda; karakana
faculty, uwezo
fad, uteuzi
fade, kufifia, kuchujuka
fadeless, isiyochujuka
fail, failure, kukosa, kushindwa
faint, 1 kuzimia; 2 isiyoonekana vema
faintly, kidogo
fair, 1 -eupe; 2 -a haki; 3 ramsa
fairly, 1 bila upendeleo; 2 sana kidogo
fairy, kizimwi
faith, imani
faithful, -aminifu
faithfulness, uaminifu
faithless, -danganyifu
fake, kitu cha uongo; kuigiza
fall (fell, fallen) kuanguka
fallow, shamba linalopumzika
false, -a uongo
falsehood, uongo
falsify, kugeuza kwa uongo
falter, kusitasita
fame, sifa

familiar, -a kujulikana sana
familiarity, uzoevu
family, jamaa
famine, njaa kuu
famous, mashuhuri
fan, kipepeo; kupepea
fanatic, mshupavu
fanatical, -shupavu
fancy, kuwaza; kupenda; uwazo, mapendezi
fantastic, -a ajabu
far, mbali
  by far, zaidi sana
farce, uigaji wa kuchekesha
fare, 1 nauli; 2 chakula
farewell, kwa heri
farm, shamba la mfugaji
farmer, mfugaji
farther, mbali zaidi
fascinating, -a kuvuta sana
fascination, mvuto
fashion, namna
fashionable, -a siku hizi
fast, 1 upesi; 2 kufunga chakula
fasten, kufunga
fastidious, -chaguzi
fat, mafuta; (*people*) -nene (*animals*) -nono
  get fat, kunenepa, kunona
fatal, -a mauti
fatality, mauti; ajali
fate, ajali
father, baba
father-in-law, mkwe
fatigue, uchovu
fatten, kunonesha
fault, kosa(ma), hitilafu
faultless, bila hitilafu
faulty, -enye hitilafu
favour, kibali, upendeleo; kupendelea
favourable, -a heri
favourite, kipenzi; -a kupendeza
fawn, mtoto wa paa; rangi ya paa
fear, woga; kuogopa
fearful, -a kutisha
fearless, -jasiri
feasible, -a kuwezekana
feast, karamu
feat, tendo la ujasiri
feather, nyoya(ma)
feature, jambo la kuvuta macho
federation, shirikisho(ma)

fee, ada
feeble, dhaifu
feed (fed), kulisha
  be fed, kulishwa
feel (felt) *1* kuona moyoni; *2* kupapasa
feelings, maono
feign, kujisingizia
fell, *see* fall
fellow, mtu, mwenzi
fellow-creature, kiumbe mwenzake
fellowship, ushirika
felt, *1 see* feel; *2* kitambaa kizito
female, feminine, -a kike
fence, ua(ny)
ferment, fermentation, kuchachuka
ferocious, -kali sana
ferry, chombo cha kuvushia
fertile, -enye rutuba
fertilizer, mbolea
fervent, -enye moyo
fervently, kwa moyo
fervour, bidii
festival, sikukuu
fetch, kuleta
fête, ramsa
fetters, pingu
feud, uadui
fever, homa
few, -chache
fiancé(e), mchumba
fibre, ukumbi, ukonge
fibrous, -a nyuzinyuzi
fickle, -a kigeugeu
fiction, hadithi tu
fidget, kutotulia
field, shamba(ma)
fierce, -kali
fifteen, kumi na tano
fifty, hamsini
fig (*tree*) mtini; (*fruit*) tini
fight (fought) pigano(ma); kupigana
figuratively, kwa mfano
figure, *1* tarakimu; *2* sura
file, *1* safu; *2* tupa; *3* kiweko cha barua
fill, kujaza
film, utando(t)
filter, chujio; kuchuja
filth, uchafu

filthy, -chafu
fin, pezi la samaki
final, -a mwisho
finally, mwishoni
finance, mambo ya fedha
financial, -a fedha
find (found), kutafuta na kuona
findings, maamuzi
fine, *1* faini; kutoza fedha; *2* -zuri
finery, umalidadi
finger, kidole cha mkono
finis, tamati
finish, kumaliza
  be finished, kuisha; kumalizika
fire, moto
firefly, kimulimuli
fireproof, -a kutoshika moto
firestones, mafiga
firewood, kuni
fireworks, fataki
firm, *1* imara; *2* kampuni
  make firm, kuimarisha
first, -a kwanza
  at first, kwanza
firstfruits, malimbuko
firstrate, bora kabisa
fish, samaki(ma); kuvua
fisherman, mvuvi
fish-hook, ndoana
fishing, uvuvi
fishmonger, mwuza samaki
fist, ngumi
fit, *1* kufaa; *2* kuenea sawasawa; *2* kifafa;
  feel fit, kuwa na afya
fits and starts, mara kushika mara kuacha
five, tano
fix, kukaza
  in a fix, mashakani
fixed, imara
flabby (*people*) -tepetevu; (*things*) teketeke
flag, *1* bendera; *2* kulegea
flagrant, -enye ubaya dhahiri
flagstaff, mlingoti
flakes, vipande vidogo vyepesi
flame, ulimi(nd) wa moto
flank, ubavu(mb)
flap, kupapatika; kutikisa
flare up, kulipuka
flash, kumulika ghafula
flask, chupa

flat, -pana; dufu; orofa ya nyumba
flatter, kurairai
flavour, ladha; kukoleza
flaw, ila
flawless, kamili
flea, kiroboto
flee (fled) kukimbia
fleet, *1* upesi; *2* kundi la manowari
fleeting, -a kupita upesi
flesh, nyama
flew, *see* fly
flex, ugwe wa taa za stimu
flexible, -a kunama
flight, mruko hewani
  put to flight, kukimbiza
flimsy, hafifu
flinch, kuepa
fling, kutupa kwa nguvu
flint, jiwe gumu
float, kuelea
flock, kundi(ma)
flock together, kukusanyika
flog, kupiga
flogging, mapigo
flood, gharika; kufurika
floor, sakafu ya chini
florin, sarafu ya shilingi mbili
flour, unga
flourish, kusitawi
flow, mkondo wa maji; kutiririka
flower, ua(ma)
flown, *see* fly
fluctuate, kupanda na kushuka
fluctuation, mageuzi
fluency, usemaji
fluent, -semaji
fluid, -a kumiminika
flurry, fluster, wasiwasi
  be flurried, kuona wasiwasi
flush, kupitisha maji
flute, filimbi
flutter, kupapatika
fly, inzi(ma)
fly (flew, flown) kuruka hewani
foal, mwana farasi
foam, povu; kutoa povu
focus, kukaza macho au fikira
fodder, chakula cha mifugo
foe, adui(ma)
fog, ukungu mzito
foggy, -enye ukungu
foil, jaribosi; kupinga
fold, kikunjo; kukunja

foliage, majani ya miti
folk, watu
folklore, masimulizi ya wenyeji
follow, kufuata
follower, mfuasi
folly, ujinga
foment, kuchochea
fomentation, josho la moto
fond of (be), kupenda
fondness, mapenzi
food, chakula
fool, mjinga
foolish, -jinga
foolproof, salama kabisa
foot (feet) mguu; futi;
  at the foot of, chini ya
football, mpira
foothold, pa kuwekea mguu
footpath, njia ndogo
footprint, wayo(ny)
footstep, hatua
footwear, viatu
for, kwa; kwa kuwa; muda wa
forbearance, uvumilivu
forbid, kukataza
forbidden, marufuku
force, nguvu, kushurutisha
forcible, -enye nguvu
forcibly, kwa nguvu
ford, kivuko; kuvuka kwa miguu
fore, mbele
forebode, kubashiri ubaya
forecast, kukisia mbele
forefathers, wakale
foregoing, yaliyotangulia
forehead, paji la uso
foreign, -a kigeni
foreigner, mgeni
foreman, msimamizi
foremost, -a mbele
foresee, kutazamia mbele
foreshadow, kuonya mbele
foresight, busara
forest, mwitu
forestall, kuwahi kupinga
forestry, elimu ya miti
forethought, busara
forewarn, kuonya mapema
forfeit, kutwaliwa
forgave, *see* forgive
forge, *1* kiwanja cha mhunzi;
  kufua chuma; *2* kubini
forger, mbini

forgery, ubini
forget (forgot, forgotten) kusa-hau
forgetful, -sahaulifu
forgive, kusamehe
forgiveness, masamaha
forgiving, -samehevu
forgo, kuacha
forgotten (be), kusahauliwa
fork, uma
forlorn, pweke
form, *1* umbo; namna; *2* hati
formal, -a kawaida ipasayo
formality, kawaida ipasayo
formation, matengenezo
former, -a kutangulia
formerly, zamani
formidable, -a kutisha
fornication, uasherati
forsake (forsook, forsaken) ku-acha
forthcoming, tayari kutokea
forthwith, mara
fort, fortress, ngome
fortify, kuongeza nguvu
fortitude, uvumilivu wa mateso
fortnight, majuma mawili
fortunate, -a heri
fortunately, kwa bahati njema
fortune, mali nyingi; good for-tune, bahati njema
forty, arobaini
forward(s), mbele
foster-mother, mama mlezi
fought, *see* fight
foul, -chafu; -ovu
found, *1 see* find; *2* kuanzisha
be found, kuonekana
foundation, msingi
founder, mwenye kuanzisha
foundry, kiwanda cha kusubu madini
fount, chemchemi, asili
fountain, bomba la kurushia maji juu
fountain-pen, kalamu yenye wi-no
four, nne
fourteen, kumi na nne
fowl, kuku
fox, mbweha
fraction, sehemu
fracture, kuvunja

fragile, dhaifu; -a kuvunjika upesi
fragment, kipande kidogo
fragrance, harufu tamu
fragrant, -enye harufu nzuri
frail, dhaifu
frame, kiunzi
franchise, uhuru; haki ya kucha-gua kwa kura
frank, -a kusema kweli
frankly, kwa kweli
frantic, kama mwenye wazimu
fraternize, kufanya urafiki
fraud, udanganyifu
fraudulent, -danganyifu
freak, kioja
free, *1* huru; *2* bure
freedom, uhuru
freely, bila sharti; tele
freewill, hiari
freeze (froze, frozen), kuganda kwa baridi
freight, shehena
freighter, meli ya bidhaa
French, Wafaransa; Kifaransa
frequent, mara nyingi
frequently, mara kwa mara
fresh, *1* -bichi; *2* -a siku hizi
fretful (be), kunung'unika
friction, mkwaruzo; ubishi
Friday, Ijumaa
friend, rafiki(ma)
friendly, -a kirafiki
friendship, urafiki
fright, tisho(ma)
frighten, kuogofya
frightful, -a kutisha
fringe, matamvua; ukingo
frisky, -a kuchezacheza
frivolous, pasipo maana
frock, gauni(ma)
frog, chura
from, kutoka kwa
front, upande wa mbele
in front, mbele
frontier, mpaka
frontispiece, picha mwanzo wa kitabu
frost, sakitu
froth, povu
frown, kukunja uso
frozen, *see* freeze
fruit, matunda, mazao

fruitful, -a kuzaa sana
fruitless, bure
frustrate, kupinga
frustration, pingamizi(ma)
fry, kukaanga
frying-pan, kikaango
fuel, kuni, makaa
fugitive, mtoro
fulfil, kutimiza
fulfilment, utimizo
full (be), kujaa
fully, kabisa
fumes, moshi, mvuke mweusi
fumigate, kufukiza
function, 1 kazi maalum; 2 mkutano maalum
fun, furaha
fund, akiba ya fedha
fundamental, -a msingi
funeral, maziko
fungus, uyoga
funnel, mrija
funny, -a kuchekesha
fur, ngozi laini ya manyoya
furious, -enye hasira nyingi
furnace, tanuu
furnish, kupamba nyumba
furniture, vyombo vya nyumbani
furrow, mfuo
further, 1 mbele zaidi; 2 juu ya hayo
fury, hasira kali
fuse, fyuzi ya stimu
fuss, udhia; kujisumbua bure
futile, bure
futility, ubatili
future, wakati ujao

G

gabble, kupayuka
gadget, kitu cha utumizi
gag, kuziba kinywa
gaiety, ukunjufu
gain, faida; kupata faida
gale, upepo mwingi
gall, nyongo
gallant, -shujaa
gallantry, ushujaa
gallery, jumba refu; roshani
gallop, kwenda mbio
gamble, gambling, kuchezea fedha

game, mchezo; mawindo
gang, watu wafanyao kazi pamoja
gaol, gereza, kifungo
gaoler, mlinzi wa gereza
gap, mwanya, nafasi
garage, banda la motokaa
garb, mavazi
garden, bustani
gardener, mtunza bustani
gargle, kusukutua kooni
garland, taji ya maua
garment, nguo, vazi(ma)
garrison, askari walinzi
garrulous, -enye maneno mengi
garter, ukanda wa kuzuia soksi
gas, mvuke kama hewa
gash, kukata, kutema
gasp, kutweta
gate, mlango wa nje
gather, kukusanya; kuchuma
gathering, mkutano
gauge, kipimio
gaunt, -gofu
gave, see **give**
gay, -kunjufu
gaze, kukazia macho
gazelle, paa
gear, 1 vyombo; 2 mtambo wa motakaa, etc.
gem, johari
genealogy, nasaba
general, 1 -a watu wote; 2 -a kawaida; 3 mkuu wa jeshi
generalization, kisio(ma)
generally, kwa kawaida
generation, kizazi
generosity, ukarimu
generous, -karimu
genial, -changamfu
genius, mwenye akili maalum
gentle, -pole
gentleman, mwungwana
gently, kwa upole
genuine, asilia, halisi
geography, jiografia
geology, elimu ya mawe
germ, 1 kijidudu cha ugonjwa; 2 chanzo
German, Mjeremani; Kidachi
germinate, kuchipuka
gesticulate, kuashiria
gesticulation, gesture, ishara

get, kupata; kupata kuwa

get up, *1* kusimama; *2* kuondoka kitandani

ghastly, -baya

ghee, samli

ghost, *1* roho; *2* kizuka

giant, jitu(ma)

giddiness, kizunguzungu

giddy, -enye kizunguzungu

gift, zawadi; majaliwa

gifted, -enye majaliwa

gigantic, -kubwa mno

gilt, gilded, -a kupakwa dhahabu

gin, mvinyo

ginger, tangawizi

gingerly, kwa hadhari

giraffe, twiga

girder, mhimili

girdle, mshipi

girl, mtoto wa kike

give (gave, given) kupa, kutoa

give back, kurudisha

give in, kushindwa

giver, mpaji

glad (be), kufurahi

gladden, kufurahisha

gladly, kwa furaha

gladness, furaha

glance, kutupa jicho

glare, *1* kukodolea macho; *2* kung'ariza

glaring, -a kung'ariza; dhahiri

glass, kioo; bilauri

gleam, kumulika

glean, kuokota masazo shambani

glee, furaha

glide, kunyinyirika

glider, eropleni bila mashine

glimmer, mwangaza hafifu

glimpse, kuona kidogo tu

glisten, glitter, kumetameta

globe, tufe yenye sura ya dunia

gloomy, -a giza

glorify, kutukuza

glorious, -tukufu

glory, utukufu

glossy, -a kung'aa

glove, mfuko wa mkono

glow, mwangaza wa moto

glue, sherizi

glut, wingi wa kupita kiasi

glutton, mlafi

gluttonous, -lafi

gnash, kusaga meno

gnat, mbu mdogo

gnaw, kuguguna

go (went, gone) kuenda

have a go, kujaribu

go in for, kujitia katika

go off well, kusitawi

goal, *1* kikomo; mradi; *2* (*football*) mlango; bao(ma)

goat, mbuzi

God, Mungu; Allah

godchild, mtoto kwa ubatizo

godfather/mother, mdhamini

godly, -tawa

gold, dhahabu

golden, rangi ya dhahabu

gone, *see* go

gong, upatu(p)

gonorrhoea, kisonono

good, hali njema; -ema

for good, kabisa

a good deal, wingi kidogo

in good time, mapema

goodbye, kwa heri

goodness, wema

good-looking, -zuri

good-natured, -enye hisani

good-will, ridhaa

goods, vyombo; bidhaa

goods train, gari la mizigo

goose (geese) bata bukini

gorge, *1* genge(ma); *2* kula kwa pupa

gorgeous, -zuri sana

Gospel, Injili

gossip, porojo(ma)

gourd, buyu(ma)

gourmand, gourmet, mpenda chakula kizuri

govern, kutawala

government, serkali

gown, gauni

grab, kunyakua

grace, *1* neema; *2* sala penye chakula; *3* madaha

graceful, -enye madaha

gracious, -enye hisani

grade, cheo

gradient, kipimo cha mwinuko

gradual, gradually, kidogo kidogo

graduate, kupata digrii; mtu aliyepata digrii

grain, nafaka
grammar, sarufi
gramophone, santuri
granary, ghala ya nafaka
grand, -a fahari; bora
grandchild, mjukuu
grandeur, fahari
grandfather, babu
grandmother, bibi
grant, *1* kujalia; *2* kipaji cha fedha
granulated, -a chembechembe
grapes, zabibu
graph, kielelezo kwa mistari
grapple with, kushikana na
grasp, *1* kufumbata; *2* kufahamu
grasping, -enye choyo
grass, majani, nyasi
grasshopper, panzi(ma)
grate, kuparuza
grateful, -enye shukrani
gratis, bure
gratitude, shukrani
gratuity, bakshishi
grave, *1* kaburi(ma); *2* -kubwa, -zito
gravel, changarawe
graveyard, makaburini
gravitate, kuvutwa
gravitation, uvutano
gravity, uzito; uvutano
gravy, mchuzi
graze, *1* kuparuza, kuchubua; *2* kula majani
grazing, malisho
grease, mafuta
greasy, -enye mafuta
great, -kubwa, -kuu
greatly, sana
greed, ulafi
greedily, kwa pupa
greedy, -lafi
Greek, Mgiriki; Myunani
green, kijani kibichi
greengrocer, mwuza mboga na matunda
greens, mboga ya majani
greet, kusalimu
greetings, maamkizi; salamu
grew, *see* grow
grey, kijivu
grief, huzuni
grievance, uchungu

grieve, kuhuzunika; kuhuzunisha
grievous, -a kusikitikia
grill, kuchoma nyama; banzi(ma)
grim, bila furaha
grin, kucheka
grind (ground) kusaga
grip, kushika sana
grit, mchanga
gritty, -a kukwaruza
groan, kuugua
grocer, mwuza vyakula
groceries, vyakula
groove, mfuo
grope, kupapasapapasa
gross, *1* jumla; *2* dazani 12
grotesque, -a kuchekesha
ground, *1* see grind; *2* ardhi, chini
groundless, pasipo sababu
groundnuts, njugu; karanga
grounds, *1* sababu; *2* mashapo
groundwork, msingi
group, kundi(ma)
grouse, kunung'unika
grove, kichaka
grow (grew, grown) kukua; kuota; kumea
growl, kunguruma
growth, maendeleo; kukua
grub, *1* buu(ma); *2* chakula
grudge, fundo la moyo; kutoa kwa kinyongo
grudgingly, kwa kinyongo
gruel, uji
grumble, kunung'unika
grunt, kukoroma
guarantee, dhamana; kudhamini
guard, mlinzi; kulinda
guess, kisio(ma); kukisi
guest, mgeni wa nyumbani
guidance, maongozi
guide, kiongozi
guild, chama
guilt, hatia
guilty, -enye hatia
guinea, shilingi 21
guinea-fowl, kanga
guitar, gitaa
gulf, ghuba
gulp, kugugumia
gum, *1* gundi; *2* ufizi(f) wa meno
gun, bunduki

gunpowder, baruti
gush, kububujika
gust, upepo wa ghafula
gutter, mchirizi
gymnastics, mazoezi ya mwili

H

habit, mazoea
habitable, -a kukaliwa na watu
habitation, maskani; makao
habitual, -a kawaida
hack, kukatakata
had, *see* **have**
hail, *1* kupigia kelele; kusalimu; *2* mvua ya mawe
hair, nywele
half (halves) nusu
hall, chumba kikubwa
hallucination, mazigazi
halo, uzingo
halt, kutua; kusimamisha
halve, kukata nusu kwa nusu
hammer, nyundo
hammock, machila
hamper, jamanda(ma)
hand, mkono
handbag, mkoba
handful, konzi(ma)
handicap, kizuizi
handicraft, kazi ya mikono
handkerchief, kitambaa; anka-chifi
handle, mpini; shikio(ma); mkono
handsome, -zuri
handwriting, hati ya mkono
handy, -a kufaa
hang (hung) kutungika
  be hanged, kunyongwa
hang round, kulondea
hangar, banda la eropleni
haphazard, ovyo-ovyo
happen, kutukia
happiness, heri, furaha
happy, -a furaha
harangue, hotuba ndefu
harass, kuudhi
harbour, bandari
hard, -gumu
harden, kufanya -gumu
hardhearted, bila huruma
hardly, kwa shida
hardness, ugumu

hardship, taabu
hard-up (be), kuishiwa na fedha
hardy, -enye nguvu
hare, sungura
harlot, kahaba(ma)
harm, madhara; kudhuru
harmful, -a kudhuru
harmless, bila hatari
harmonious, -enye ulinganifu
harmony, upatano; mchanga-nyiko wa sauti
harness, matandiko
harp, kinubi
harp upon, kurudiarudia
harrow, haro; kulima kwa haro
harsh, -kali
harshness, ukali
harvest, mavuno
has, *see* **have**
haste, haraka
hasten, kuhimiza; kufanya ha-raka
hastily, kwa haraka
hasty, -a haraka
hat, kofia
hatch, kuangua mayai
hatchet, shoka(ma)
hate, chuki; kuchukia
hateful, -a kuchukiza
hatred, chuki
haughty, -a kutakabari
haul, kukokota; vuo la samaki
haunt, kurudiarudia
have (has, had) kuwa na
have to, kupaswa
having, -enye
havoc, uharibifu mwingi
hawk, mwewe
hay, majani makavu
hazard, *1* bahati; kubahatisha; *2* hatari; kuhatarisha
hazardous, -a hatari
haze, unyenyezi; ukungu
hazy, si dhahiri
he, yeye
head, kichwa; mkuu
headache, maumivu ya kichwa
headland, rasi
headlong, kwa haraka mno
headmaster, mwalimu mkubwa
head-on, dafurao
headquarters, afisi kuu
headstrong, -kaidi

headway, maendeleo
heal, kupona; kuponya
health, healthiness, afya
healthy, -enye afya
heap, chungu; biwi(ma)
hear, hearing, kusikia
hearsay, uvumi
heart, moyo
hearth, jiko(meko)
heartily, kwa moyo
heartless, bila huruma
heartrending, -a kuhuzunisha sana
hearty, -a kirafiki
heat, joto, moto; kupasha moto
heath, pori
heave, kuinua kwa nguvu
heaven, mbinguni; peponi
heavenly, -a mbinguni; -zuri sana
heavy, -zito
heckle, kuudhi kwa maswali
hedge, kitalu cha miti mifupi
hedgehog, nungu mdogo
heed, kuangalia; kujali
heedless, -zembe
heel, kisigino cha mguu
heifer, mtamba wa ng'ombe
height, kimo
heighten, kuongeza
heir, heiress, mrithi
held, *see* hold
  be held, kushikwa
Hell, Jehanum
helm, usukani
helmet, kofia ya chuma
helmsman, rubani
help, msaada; kusaidia
helpful, -a kusaidia
helpless, hoi
hem, upindo; kupinda
hemisphere, kizio
hemp, bangi
hen, kuku
hence, *1* kwa hiyo; *2* toka hapa
henceforth, tangu sasa
her, yeye; -ake
herbs, mboga za kukolezea chakula
herd, kundi(ma); kuchunga ng'ombe
herdsman, mchungaji
here, hapa, huku, humu

hereafter, baadaye
hereditary, -a kurithiwa
heredity, ufananaji wa mtoto na wazazi wake
heresy, uzushi
heritage, urithi
hermit, mkaa pekee
hero, heroine, shujaa
heroic, -a kishujaa
heroism, ushujaa
herself, yeye mwenyewe
hesitate, hesitation, kusitasita
hew, kukata, kutema
hibernate, kupisha wakati wa baridi kwa usingizi
hide (hid, hidden) kuficha; kujificha
hide, ngozi ya mnyama
hideous, -enye sura ya kuchukiza
high, *1* -refu; *2* -kuu
highland, nchi ya juu
highly, sana
highroad, barabara
hike, kusafiri kwa miguu
hill, mlima; kilima
hilly, -a vilima
hilt, mpini wa sime
  up to the hilt, kabisa
him, himself, yeye
hinder, kuzuia
hindrance, kizuizi
hinge, pata(ma); njesi
hint, dokezo(ma); kudokeza
hip, nyonga
hippopotamus, kiboko
hire, kuajiri; kupanga
hire (*wages*) ujira; (*rent*) upangaji
hire-purchase, kuchukua kwa deni
his, -ake
hiss, kulia kama nyoka
history, historia
hit, kupiga
  hit it off, kupatana
hitch, kizuio
hitherto, mpaka sasa
hive, mzinga wa nyuki
hoard, akiba; kuweka akiba
hoarse (be), kupwewa sauti
hoary, -a kale; -enye mvi
hoax, mzaha; kudanganya kwa mzaha
hobby, kazi ya kujifurahisha

hoe, jembe(ma); kupalia
hog, nguruwe dume
hoist, kuinua, kupandisha
hold (held) kushika
hold off, hold up, kupinga
hold together, kushikamana
hold (*ship*) ngama
hole, tundu; shimo(ma)
holiday, ruhusa; likizo
holiness, utakatifu
hollow, wazi ndani; bonde(ma)
hollow out, kukomba
holy, -takatifu
home, at home, kwetu; nyumbani
homeless, msikwao
homesick, hamu ya kwao
homicide, kuua mtu
honest, -nyofu
honestly, kwa kweli
honesty, uaminifu
honey, asali ya nyuki
honeycomb, sega la asali
honeymoon, fungate ya maarusi
honorary, -a heshima tu, bila mshahara
honour, heshima
honourable, *1* mheshimiwa; *2* -nyofu
hoof, ukwato(k)
hook, kulabu
hookworm, chango za safura
hop, kurukaruka kama ndege
hope, matumaini; kutumaini
hopeful, -enye matumaini
hopeless, bila tumaini
horde, msongano
horizon, upeo wa macho
horn, pembe; honi
hornet, nyigu
horrible, -a kuchukiza
horrify, kutisha
horror, hofu kuu
horse, farasi
horticulture, kilimo cha matunda
hose, *1* soksi; *2* bomba la kurushia maji
hospitable, -teremeshi; -karimu
hospital, hospitali
hospitality, ukarimu
host, hostess, mwenye kupokea wageni nyumbani

host, jeshi(ma); wingi
hostage, mtu achukuliwaye amana
hostel, nyumba ya wageni
hostile, -enye uadui
hostility, uadui
hot, -a moto
hotel, hoteli
hound, mbwa
hour, saa
hourly, kila saa
house, nyumba
household, watu wa nyumbani
housekeeper, mtunza nyumba
hovel, kibanda kibovu
hover, kusinzia hewani
how?, jinsi gani? -je?
however, walakini, kwa vyo vyote
howl, kulalamika (*mbwa*)
huff, chuki
hug, kukumbatia
huge, -kubwa mno
hull, kiunzi cha meli
hum, uvumi; kuvuma
human, -a kibinadamu
humane, -enye huruma
humanity, *1* utu; *2* huruma
humble, -nyenyekevu; -nyonge
humbly, kwa unyenyekevu
humbug, mjanja; ujanja
humid, -nyevu
humidity, unyevu
humiliate, kudhili
humiliation, udhilifu
humility, unyenyekevu
humorous, -a kuchekesha
hump, kigongo; nundu
hump (hunch) back, kibiongo
humus, rutuba
hundred, mia
hundredfold, mara mia
hundredweight, ratli 112
hung, *see* **hang**
hunger, njaa
hungry, -enye njaa
hunt, kuwinda
hunt for, kutafuta
hunter, mwindaji
hurl, kuvurumisha
hurricane, tufani
hurry, haraka; kufanya haraka; kuhimiza
hurt, kuuma; kuumiza

hurtful, -enye hasara
husband, mume
hush, kimya
hush up, kusetiri
husks, kapi
husky, -enye sauti ya kupwewa
hustle, kusukumiza
hut, kibanda
hutch, kizimba
hyena, fisi
hygiene, elimu ya afya
hymn, wimbo(ny) wa dini
hyphen, kiungo
hypocrisy, unafiki
hypocrite, mnafiki
hypothesis, kisio(ma)
hysteria, ugonjwa wa akili
hysterical (be), kutoweza kujizuia

I

I, mimi
ice, barafu
iceberg, mwamba wa barafu baharini
idea, wazo(ma)
ideal, kipeo cha ubora; -kamilifu
identical, sawasawa kabisa
identification, utambulishi
identify, kuainisha; kuthibitisha
idiomatic, -enye ufasaha wa kienyeji
idiot, juha(ma)
idiotic, -a upuzi
idle, -vivu
idleness, uvivu
idol, sanamu ya kuabudiwa
idolatry, ibada ya sanamu
idolize, kupenda mno
i.e., yaani
if, kama; ikiwa
ignite, kushika moto; kuwasha
ignorance, be ignorant, kutojua
ignore, kutoangalia
ill (be), kuwa mgonjwa; kuugua
illegal, kinyume cha sheria
illegible (be), kutosomeka
illegitimate, 1 -a haramu; 2 si kanuni
illicit, marufuku
illiterate (be), kutojua kusoma
ill-natured, -korofi
illness, ugonjwa

illuminate, kuangaza
illumination, mwangaza
illusion, wazo lisilo kweli
illustrate, kueleza kwa mifano au picha
illustration, mfano; picha
ill-will, husuda
image, mfano; picha ya mawazoni
imaginary, -a kuwazika tu
imagination, uwazo
imagine, kuwazia
imitate, kufuatisha; kuiga
imitation, mwigo
immaculate, safi kabisa
immaterial, si kitu
immature, -changa
immediate, -a mara moja
immediately, papa hapa
immense, -kubwa sana
immerse, immersion, kuchovya; kuzamisha
immigrant, mhamiaji
immigration, uhamiaji
imminent, -a karibu sana
immoderate, bila kiasi
immoral, -enye tabia mbaya
immortal, -a kuishi milele
immovable, imara
immune (be), kutoweza kudhurika
immunity, salama
impart, kushirikisha
impartial, bila upendeleo
impartiality, unyofu
impassable (be), kutopitika
impatience, pupa
impatient, -enye haraka
impede, kuzuia
impediment, kizuizi
impel, kusukumiza
impending, -a karibu sana
impenetrable, isiyopenyeka
impenitent, bila toba
imperative, -a lazima
imperceptible, -dogo sana
imperfect, -enye ila
imperfection, ila
impertinent, -enye ujuvi
impervious (be), kutopenyeka
impetuous, -a haraka
implement, chombo cha kazi; kufikiliza

implicate, kutia hatiani
implore, kuomba sana
imply, kufahamisha bila kutaja sawasawa
import, kuingiza bidhaa katika nchi
importance, maana
important, muhimu
imports, bidhaa zinazoingia
impose, kuamuru
impose on, kuhadaa
imposing, -a kuvuta macho
impossibility, jambo lisilowezekana
impossible (be), kutowezekana
impostor, ayari
imposture, ulaghai
impotent, pasipo nguvu
impoverish, kufukarisha
impracticable, isiyowezekana
impregnable, isiyoshindika
impress, kutia moyoni, kutia alama
impression, 1 chapa, alama; 2 maono
impressive, -enye maana
imprison, kufunga
improbable, si yamkini
improve, kukuza hali
improvement, maendeleo mazuri
improvident, si wekevu
imprudent, -enye kukosa busara
impudence, ujuvi
impudent, -juvi
impulse, usukumizi
impulsive, -enye haraka
impure, si safi
impurity, uchafu; unajisi
For prefix in see page 82
inability, kutoweza
inaccessible, pasipofikika; isiyofikika
inaccurate, si sahihi
inactive, kimya; -legevu
inadequate, pungufu
inadmissible, isiyokubalika
inanimate, pasipo uhai
inapplicable (be), kutokupasa
inattention, purukushani
be inattentive, kupurukusha sikio
inaudible (be), kutosikika
inaugurate, kufungua; kuzindua

incalculable, isiyopimika; kubwa mno
incapable (be), kutoweza
incarnation, kutwaa mwili
incendiary, -a kuchoma moto
incense, uvumba; kukasirisha
incentive, kishawishi
inception, mwanzo
incessant, bila kikomo
incest, zinaa ya maharimu
inch, inchi
incident, tukio(ma)
incidental, -a bahati tu
incinerator, jiko la kuchoma takataka
incipient, inayoanza
incise, incision, kukata
incite, incitement, kuchochea
inclination, 1 maelekeo; 2 mwinamo
be inclined to, kuelekea
include, kutia pamoja na vitu vingine
including, pamoja na
inclusive, -ote pamoja
incoherent, a kukosa maana
income, mapato
income tax, kodi ya mapato
incomparable, bila kifani
incompatible (be), kutopatana
incompetent (be), kutofaa kwa kazi fulani
incomplete, si kamili
incomprehensible (be), kutoweza kufahamika
inconsiderate, asiyejali wengine
inconsistent, -a kigeugeu
inconvenient, -a wakati usiofaa
incorrect, si sahihi
increase, nyongeza; kuongeza
incredible, -a kutosadikika
incredulous, -enye shaka
incriminate, kutia hatiani
inculcate, kufundisha
incur, kujipatia
incurable, isiyoponyeka
indecent, -pujufu
indecision, kusitasita
indeed, kweli
indefinite, si dhahiri
indelible, isiyofutika
independent (be), kujiangalia mwenyewe

indescribable, *isiyo*elezeka
indestructible, *isiyo*haribika
index, fahirisi
indicate, kuonyesha
indication, ishara
indigenous, -a nchi yenyewe
indigestible, *isiyo*tulia tumboni
indigestion, maumivu ya tumboni
indignant, -enye hasira ya haki
indignation, hasira ya haki
indirect, kwa kuzunguka
indiscreet, -a kukosa busara
indiscriminate, bila kutofautisha
indispensable, -a lazima
indisposition, ugonjwa
indistinct, *isiyo*onekana sawasawa
individual, mtu mmoja; kitu kimoja
indivisible, *isiyo*gawanyikana
indoors, ndani ya nyumba
induce, kushawishi
inducement, kishawishi
indulge in, kujifurahisha kwa
indulgent, -pole
  self-indulgent, kujifurahisha
industrious, -enye bidii ya kazi
industry, kazi za viwanda
inefficient, *isiyo*fanya kazi vizuri
ineligible, *isiyo*ruhusiwa
inevitable, *isiyo*epukika
inexcusable, -baya sana
inexhaustible, -ingi sana
inexperienced, bado kupata ujuzi
inexplicable, *isiyo*elezeka
inexpressible, -a kupita maneno yote
infallible, *isiyo*weza kukosa
infancy, utoto
infant, mtoto mdogo
infectious, -a kuambukiza
inference, ufahamu uliopatikana
inferior, duni
inferiority, uduni
infested with (be), kujaa tele
infinite, pasipo mwisho
infinitely, sana mno
infirm, -dhaifu
infirmary, hospitali
inflame, kuchochea
inflammable, -a kuwaka moto upesi

inflammation, uvimbe wa kuchoma
infliction, msiba
influence, uvutaji
influential, -enye ushawishi
inform, kuarifu
information, habari
infrequent, si mara nyingi
infringe, infringement, kuasi
ingenious, -enye akili; -stadi
ingenuity, akili; ustadi
ingratitude, utovu wa shukrani
ingredient, kitu kilichomo katika mchanganyiko
inhabit, kukaa
inhabitable, -a kukalika
inhabitant, mwenyeji
inhale, kuvuta pumzi
inherit, kurithi
inheritance, urithi
iniquitous, -baya sana
initial, -a kwanza; herufi ya kwanza
initiate, initiation, kuanzisha; kuingiza katika chama, unyago, etc.
initiative, utangulizi
inject, kuingiza
injection, dawa ya sindano
injure, kudhuru
injurious, -a kudhuru
injury, madhara; jeraha(ma)
injustice, udhalimu
ink, wino
inland, barani
inn, hoteli
inner, -a ndani
innocence, usafi
innocent, bila hatia
innovation, jambo jipya
innumerable, -ingi sana
inoculate, kutia dawa ya kuzuia ugonjwa
inopportune, kwa wakati usiofaa
inquest, upelelezi wa sababu ya kifo
inquire, kuuliza; kutafuta habari
inquiry, swali; upelelezi
inquisitive, -dadisi
insane, -enye wazimu
insanity, kichaa
insatiable, *isiyo*tosheleka
inscribe, kuandika

inscription, mwandiko; mchoro
insect, mdudu
insecticide, kiua-wadudu
insecure, si imara; si salama
insecurity, hatari; mashaka
insensible (be), kuzimia; kupotewa na ufahamu
inseparable, *i*siyotengeka
insert, kuingiza ndani
insertion, kitu kilichoingizwa
inside, ndani
insight, ufahamu
insignificant, duni
insincere, -danganyifu
insinuate, kuingiza kidogo kidogo
insinuation, uchongezi
insipid, chapwa
insist, insistence, kusema kwa nguvu; kushurutisha
insolence, ufidhuli
insolent, -fidhuli
inspect, kukagua
inspection, ukaguzi
inspector, mkaguzi
inspiration, maongozi ya moyoni
inspire, kutia moyoni
instability, utovu wa imara
instalment, fungu moja katika mfulizo
instance, mfano
for instance, kwa mfano
instantaneous, pale pale
instantly, mara moja
instead of, badala ya
instigate, kuanzisha
instigation, usukumizi
instinct, silika
instinctively, bila kufikiri
institute, institution, kuanzisha; kuweka
instruct, kufundisha
instruction, mafundisho
instructive, -enye mafundisho
instructor, mwalimu; fundi(ma)
instrument, chombo cha kufanyia kazi, hasa cha muziki
instrumental, -a kusaidia; -a muziki
insubordinate, -asi
insubordination, uasi
insufficient, haba
insulate, insulation, kuzuia
insult, kutukana; matukano

insuperable, *i*siyoshindika
insupportable, *i*siyovumilika
insurance, bima
insure, kufanya bima
insurrection, maasi juu ya serkali
intact, kamili
integrity, unyofu
intellect, intelligence, akili
intellectual, intelligent, -enye akili
intelligible, -a kufahamika
intemperance, ulevi
intemperate, bila kiasi
intend, kukusudia
intention, kusudi
intense, -a nguvu
intensify, kuongeza
intentionally, kwa kusudi
inter-, katikati; wao kwa wao
intercede for, kuombea
intercept, kushika njiani
intercession, maombezi
interchange, kubadilishana
interchangeable, -amfanommoja
intercourse, mazungumzo; *2* mambo ya mume na mke
interest, *1* usikizi; *2* faida; *3* kuvuta moyo
interesting, -a kuvuta moyo
interfere, interference, kujiingiliza
interim, muda wa kati
interior, upande wa ndani
intermediate, -a kati
interment, maziko
interminable, -a daima
intermission, kituo
intermittent, -a vipindi
intern, kufungia mahali fulani
internal, -a ndani
international, -a kuhusu mataifa yote
internment, kufungiwa
interpose, kujitia, kupangilia
interpret, kufasiri
interpretation, tafsiri; maana
interpreter, mfasiri
interrogate, kuulizauliza
interrogation, maulizo
interrupt, kudakiza
interruption, madakizo
interval, nafasi kati ya vipindi viwili

intervene, intervention, kujitia kati

interview, kuonana kwa habari fulani

intimate, -a siri

intimation, habari

intimidate, kutisha

intimidation, kitisho

into, ndani ya

intolerable, isiyovumilika

intolerance, ushupavu

intolerant, bila uvumilivu

intoxicant, kileo

  be intoxicated, kulewa

intoxication, ulevi

intricate, -enye matatizo

intrigue, shauri la hila

introduce, kuingiza; kujulishana

introduction, 1 kuingiza; kujulishana; 2 dibaji

intrude, kujidukiza

intruder, mdukizi

intrusion, udukizi

invade, kushambulia; kuruka mpaka

invalid, 1 mgonjwa; 2 batili

invasion, mwingilio; mashambulio

invaluable, -a thamani sana

invariable, sawasawa sikuzote

invent, kuvumbua; kubuni

invention, uvumbuzi; ubuni

inverse, -a kinyume

inversion, invert, kupindua

invest, investment, kukopesha fedha kwa riba

investigate, kupeleleza

investigation, upelelezi

inveterate, -zoevu

invigorate, kutia nguvu

invincible, isiyoshindika

invisible, isiyoonekana

invitation, barua ya kukaribisha

invite, kualika; kukaribisha

inviting, -a kuvuta

invoice, ankra; orodha ya bidhaa

involuntary, isiyokusudiwa

involve, kuingiza; kushughulisha

inward/ly, ndani

irate, -enye hasira

iron, 1 chuma; 2 pasi: kupiga pasi

ironmonger, mwuza vyombo vya chuma

irrational, isiyo na maana

irrecoverable, isiyopatikana tena

irregular, si ya kawaida; si ya taratibu

irrelevant, isiyohusu

irresistible, isiyoshindika

irresponsible, -zembe

irreverent, pasipo heshima

irrigate, kuleta maji shambani

irritable, -a hamaki

irritate, kuudhi

irritation, 1 kiwasho; 2 udhia

is, ni

island, kisiwa

isolate, kutenga

isolation, upweke

issue, matokeo; kutokea

italics, italiki

itch, upele; kuwasha

item, kitu kimoja; habari moja

its, -ake

itself, -enyewe

  by itself, peke yake

ivory, pembe

J

jackal, mbweha

jacket, koti

jagged, -a kuchongoka

jail, gereza

jam, 1 msongamano; kukwama; 2 matunda na sukari

jar, 1 chupa; 2 kukwaruza

jaw, taya(ma)

jealous (be), kuona wivu

jealousy, wivu

jeer, kufanya mzaha

jeopardize, kutia hatarini

jeopardy, hatari

jerk, mshtuo; kushtua, kushtuka

jest, neno la kuchekesha

jet, mruko wa ghafula

jetty, gati

Jew, Myahudi

jewel, johari

jigger, funza

jilt, kuvunja uchumba bure

job, kazi

join, kiungo; kuunga

joint, kiungo

jointly, kwa shirika
joke, neno la kuchekesha
jolly, -changamfu
jolt, kutikisa
jostle, kusukumana
jot down, kuandika kwa kifupi
journal, gazeti(ma)
journalist, mwandishi wa gazeti
journey, safari
joy, furaha
joyful, -enye furaha
jubilant, -enye shangwe
jubilation, shangwe
jubilee, sikukuu ya ukumbusho
judge, hakimu; jaji; kuhukumu
judgement, hukumu
judicial, -a kisheria
judicious, -a busara
juggler, mfanya kiinimacho
juice, maji ya matunda
jumble, takataka; kuburuga
jump, mruko; kuruka
junction, mwungano; njia panda
jungle, mwitu
junior, -dogo kwa umri au cheo
junk, takataka
jurisdiction, mamlaka
jury, waamuzi wa hatia ya mshtakiwa
just, _1_ -a haki; _2_ ndiyo kwanza; _3_ tu
justice, haki
justification, sababu ya haki
justify, kuthibitisha haki
jut out, kutokeza
juvenile, mtoto; -a kitoto

K

kapok (_tree_) msufi; (_cotton_) sufi
keel, mkuku
keen, -kali; -enye bidii
be keen on, kutaka sana
keep (kept) _1_ kuweka; _2_ kufuga; _3_ kukaa bila kuoza
keep on, kuendelea
keep to, kushika
keeper, mlinzi
keepsake, kikumbusho
kennel, tundu la mbwa
kept, _see_ **keep**
kernel, kiini
kerosine, mafuta ya taa

kettle, birika(ma)
key, ufunguo(f); msingi wa tuni
kick, teke(ma); kupiga teke
kid, mwana-mbuzi
kidnap, kuiba mtoto; kuteka mtu
kidney, figo
kill, kuua
kiln, tanuu
kin, kindred, jamaa
kind, _1_ namna; _2_ -ema
kindle, kuwasha moto
kindness, fadhili
king, mfalme
kingdom, ufalme
kipper, samaki kavu
kiss, kubusu
kitchen, jikoni
kitchen-garden, shamba la mboga
kite, mwewe; tiara
kitten, mtoto wa paka
knapsack, shanta
knead, kukanda
knee, goti(ma)
kneel (knelt) kupiga magoti
knew, _see_ **know**
knife, kisu
knight, cheo cha heshima
knit, knitting, kufuma
knob, kinundu
knock, pigo(ma); kugonga
knot, kifundo
know (knew, known) kujua
knowingly, kwa kusudi
knowledge, maarifa
known (be), kujulikana
well-known, maarufu
knuckles, konzi

L

label, kibandiko chenye jina; kubandika jina
laboratory, nyumba ya sayansi
laborious, -a kuchosha
labour, kazi; watu wa kazi; utungu wa kuzaa
labourer, mfanyi kazi
lace, nguo ya kimia; kigwe cha kiatu
lack, utovu
lacking, -tovu
lad, mvulana

ladder, ngazi
laden, -enyi mizigo
ladle, kata
lady, bibi(ma)
lag, kukawia nyuma
laid, lain, see lay, lie
lair, malalo ya mnyama wa mwitu
laity, see layman
lake, ziwa(ma)
lamb, mwanakondoo
lame, kiwete
lament, kuomboleza
lamentable, -a kusikitisha
lamentation, maombolezo
lamp, taa
lance, mkuki; kutia kisu
lancet, kisu cha daktari
land, nchi; nchi kavu; kushuka pwani
landlord, mpangisha nyumba
landmark, kionya njia
landscape, mandhari
landslide, maporomoko ya ardhi
lane, njia nyembamba
language, lugha
  bad language, matusi
lanky, mrefu na mwembamba
lantern, taa ya mkono
lap, pajani; kunywa kwa ulimi
lapse, usahaulifu; kurudi nyuma; kupita
lard, mafuta ya nguruwe
larder, kabati ya kuwekea chakula
lark, 1 ndege; 2 mchezo wa kitoto
large, -kubwa
largely, zaidi; hasa
larva, buu(ma)
larynx, kikoromeo
lash, kupiga mjeledi
lass, msichana
last, 1 kudumu; 2 -a mwisho
  last year, mwaka uliopita
late (be), kuchelewa
lately, siku hizi
lateral, -a upande
latest, -a mwisho;-a kisasa
lath, ufito(f); upapi(p)
lather, povu la sabuni
latitude, latidudo; nafasi
latrine, choo
latterly, siku hizi

laudable, -a kusifiwa
laugh, kucheka
laughable, -a kuchekesha
laughter, kicheko
launch, motaboti; kushua; kuanzisha
laundry, kiwanda cha dobi
lava, mawe yaliyoyeyuka
lavatory, choo
lavish, maridhawa
law, sheria
law court, korti
lawful, halali
lawless, -asi
lawn, bustani ya majani mafupi
lawsuit, kesi
lawyer, mwana sheria
lax, -legevu
laxative, dawa ya kuharisha
lay (laid) kuweka; kulaza; kutaga mayai
lay wait for, kuotea
lay waste, kuharibu nchi
layer, tabaka
  in layers, tabaka-tabaka
layman, Mkristo asiye padre
laziness, uvivu
lazy, -vivu
lead, risasi
lead (led), kuongoza
leader, kiongozi
leaf, jani(ma); ukurasa
leaflet, karatasi iliyochapwa habari
league, shirika(ma)
leak, kuvuja
lean (people) -embamba (meat) -nofu
lean (leant) kwenda upande
  lean on, kuegemea
leap, kuruka
leap year, mwaka mrefu
learn, kujifunza; kupata habari
learned, -enye elimu
learner, mwanafunzi
learning, elimu
least, -dogo kabisa
  not in the least, hata kidogo
leather, ngozi
leave (left) kuacha; kuondoka; kubakiza
leave, ruhusa; likizo
  take leave of, kuaga

leaven, chachu
leavings, mabaki
lecture, hotuba; kuhutubu; ku-karipia
lecturer, mwalimu; mtoa hotuba
led, *see* lead
 be led by, kufuata
ledge, ushi(ny)
ledger, daftari ya hesabu
leech, ruba
left, *1 see* leave; *2* -a kushoto
leg, mguu
legacy, urithi
legal, halali; a kisheria
legality, uhalali
legalize, kuhalalisha
legend, hekaya; mapokeo ya wa-zee
legible, -a kusomeka
legion, wingi
legislate, legislation, kufanya sheria
legitimate, halali
leisure, wasaa
leisurely, pasipo haraka
lemon (*tree*) mlimau; (*fruit*) li-mau(ma)
lend (lent) kuazima; kukopesha
length, urefu
lengthen, kuongeza urefu
lengthy, -refu
leniency, huruma
lenient, -enye huruma
lens, lenzi
lent, *1 see* lend; *2* Kwaresima
lentils, dengu
leopard, chui
leper, mwenye ukoma
leprosy, ukoma
less, -chache zaidi
 -less, pasipo
lessen, kupunguza
lesson, somo(ma); maonyo
lest, isiwe
let, *1* kuacha; *2* kuruhusu; *3* ku-pangisha
lethal, -a kufisha
lethargic, -legevu
lethargy, ulegevu
letter, *1* herufi; *2* barua
lettuce, saladi
level, usawa; sawasawa; kusawa-zisha

lever, mtaimbo
levy, chango; kutoza
lewd, -pujufu
liability, madaraka; welekevu; kizuizi
 be liable for, kupasiwa
 liable to, kuelekea
liar, mwongo
libel, kashifa; kukashifu
liberal, -karimu; tele
liberality, ukarimu
liberate, kufanya huru
liberty, uhuru
librarian, mtunza vitabu
library, maktaba
lice, chawa
licence, leseni; hati ya ruhusa
license, kuruhusu
licensee, mwenye leseni
lick, kulamba
lid, kifuniko
lie, uongo; kusema uongo
lie (lay, lain) kulala
life, uhai; maisha
lifebelt, mshipi wa kuelezea mtu majini
lifeboat, mashua ya kuopoa watu baharini
lifetime, maisha
life insurance, bima ya maisha
lift, mtambo wa kuinulia; kuinua
light (lit) *1* kuwasha; *2* nuru; *3* -epesi
lighten, *1* kuangaza; *2* kupunguza uzito
lighter, *1* tishari(ma); *2* -epesi zaidi
lighthouse, mnara wenye taa
lightning, umeme
like, *1* kupenda; *2* kama
 be like, kufanana na
likely, yamkini
likeness, wajihi; kifani
likewise, kadhalika
lily, yungiyungi(ma)
limb, mkono, mguu
lime, *1* (*tree*) mndimu; (*fruit*) ndimu; *2* chokaa
limit, mpaka; kuweka mpaka
limitation, mpaka; kizuizi
limited, -a kadiri
limitless, pasipo mpaka
limp, *1* dhaifu; *2* kwenda chopi

limpid, -angavu
line, mstari; safu; kutabikisha
linen, kitambaa cha kitani
liner, meli
linger, kukawia
lingering, -a kukawia
linguist, mwenye elimu ya lugha
lining, tabaka ya nguo
link, kiungo; kuunga
lion, lioness, simba
lionize, kutukuza
lip, mdomo
lipstick, rangi ya midomo
liquid, kitu cha majimaji
lisp, kitembe
list, 1 orodha; 2 kuinamia upande
listen, kusikiliza
listener, msikiaji
listless, -tepetevu
lit, see light
  be lit, kuwaka
literal, -a kufuata maneno
literary, -a kuhusu vitabu
  be literate, kujua kusoma na
  kuandika
literature, vitabu
litigation, daawa
litter, 1 taka zilizotupwa ovyo;
  2 wana-mbwa, etc., wa uzazi
  mmoja
little, -dogo
  a little, kidogo
live, hai; kuishi; kukaa
livelihood, maishilio
lively, -changamfu
livestock, mifugo
liver, ini(ma)
living, hai; maishilio
lizard, mjusi
load, mzigo; kupakiza
loaf, mkate
loam, udongo
loan, mkopo
loath to (be), kutotaka
loathe, kuchukia kabisa
loathing, machukio
loathsome, -a kuchukiza
lobby, ukumbi
local, -a kuhusu mtaa
locality, mahali fulani
locate, kuvumbua mahali
location, mtaa
lock, kufuli; kitasa; kufunga

locomotive, gari moshi
locust, nzige
lodge, kukaa
lodger, mpanga chumba
lodgings, mahali pa kukaa
loft, nafasi chini ya mapaa
lofty, -a juu sana
log, gogo(ma)
log-book, kitabu cha tarehe na
  habari
logical, -enye maana dhahiri
loin, kiuno
loincloth, shuka(ma)
loiter, kutangatanga
loiterer, mtangatanga
loneliness, upweke
lonely, -kiwa
long, -refu
long for, kutamani
long ago, zamani sana
long-standing, -a siku nyingi
long-suffering, -vumilivu
look, look at, kutazama
look after, kutunza
look for, kutafuta
look like, kufanana na
looking-glass, kioo
loom, kitanda cha mfumi
loop, kitanzi
loophole, tundu ukutani; njia ya
  kuokoka
loose, -a kulegalega: -a kupwaya
loosen, kulegeza; kufungua
loot, mateka; kuteka nyara
lop, kupogoa
lop-sided, pogo
Lord, Maulana; Bwana
lose (lost) kupoteza; kukosa ku-
  pata
loss, hasara
  be lost, kupotea
lot, 1 wingi; 2 kura
  cast lots, kupiga kura
  a lot of, -ingi
lotion, dawa ya kuoshea
lottery, mchezo wa bahati nasibu
loud, kwa sauti kuu
loud-speaker, kikuza-sauti
lounge, kukaa kivivu
louse, see lice
lovable, -a kupendwa; -a ku-
  pendeza
love, upendo: upendano; kupenda

lovely, -zuri
loving, -enye moyo wa kupenda
low, -fupi; -a chini
lower, chini zaidi; kushusha
lowlands, tambarare za chini
lowly, -nyenyekevu
loyal, -aminifu
loyalty, uaminifu
lozenge, kidonge cha kufyonza
lubricant, mafuta
lubricate, kulainisha kwa mafuta
lucid, -a kufahamika kwa urahisi
luck, bahati njema
lucky, -a bahati njema
lucrative, -a kuleta faida
ludicrous, -a kuchekesha
luggage, mizigo
luggage-van, behewa la mizigo
lukewarm, uvuguvugu
lull, muda wa kutulia; kutuliza
lullaby, kitumbuizo
luminous, -a kung'aa
lump, bonge(ma)
lump together, kutia pamoja
lumpy, -a vidongedonge
lunacy, kichaa
lunar, -a mwezi
lunatic, mkichaa
lunch, chakula cha adhuhuri
lung, pafu(ma)
lurch, kupepesuka; kuenda mrama
  leave in the lurch, kuacha katika shida
lure, mvuto; kuvuta
lurid, -a kutisha
lust, tamaa mbaya
lustily, kwa nguvu
lustre, mng'aro
lusty, -a nguvu
luxurious, -a anasa
luxury, anasa

M

machine, mtambo; mashine
mad, -enye wazimu
madam, bibi
madden, kukasirisha
made, *see* **make**
  be made, kufanywa; kushurutishwa
madness, ujinga kabisa

Madonna, Bikira Mariamu
magazine, *1* gazeti(ma); *2* bohari; magazini
maggot, buu(ma)
magic, uganga; kiinimacho
magician, mchawi
magistrate, jaji mdogo
magnanimous, -enye moyo mwema
magnet, sumaku; kitu cha kuvuta
magnetism, nguvu ya kuvuta
magnificent, -zuri kabisa
magnify, kukuza
magnitude, ukubwa
maid/en, mwanamwali; mtumishi wa kike
mail, posta
maim, kulemaza
main, -kuu
mainland, bara
maintain, kushika; kudumisha; kugharimia
maintenance, msaada; riziki
maize, mihindi; mahindi
majestic, -tukufu
majesty, enzi
major, -kubwa zaidi
majority, wingi (*zaidi ya nusu*)
make (made) *1* kufanyiza; *2* kushurutisha
make believe, kujifanya
make do, kutumia ingawa haifai sana
make good, kufaulu
make off, kukimbia
make out, kufahamu
make sure, kuhakikisha
make up, *1* kubuni; *2* kuacha ugomvi; *3* kujitia uzuri
make up for, kusawazisha
make up to, kujipendekeza kwa
malady, ugonjwa(ma)
malaria, homa ya mbu
male, -a kiume
malevolent, -enye nia ovu
malformation, kilema; kombo(ma)
malice, kijicho
malicious, -ovu
malign, kusingizia
malignant, -a shari
mallet, nyundo

malnutrition, ukosefu wa chakula chema

mammal, mnyama anyonyeshaye

man (men) mwanadamu; mtu; mwanamume

manage, kuongoza na kusimamia

manage to, kuweza; kudiriki

manageable, -a kuwezekana

management, maongozi; wakuu wa kazi

manager, meneja

mandate, amri

mane, manyoya ya shingoni

manfully, kwa ushujaa

mange, upele wa mbwa

mango (*tree*) mwembe; (*fruit*) embe(ma)

mangrove, mkoko; mkandaa

manhood, utu uzima

maniac, mkichaa

manifest, kudhihirisha; dhahiri

manifestation, ufunuo

manifesto, tangazo(ma)

manifold, -ingi

manioc, muhogo

manipulate, kutengeneza kwa mkono au akili

mankind, wanadamu

manly, -a kiume

manner, jinsi; namna

manners, adabu

mansion, jumba(ma)

manslaughter, kumwua mtu bila kusudi

manual, *1* -a mikono; *2* kitabu cha mafundisho

manufacture, kufanyiza bidhaa

manufacturer, mfanyiza bidhaa

manure, mbolea

manuscript (MSS) maandiko kwa mikono

many, -ingi

map, ramani

mar, kuumbua

marauder, mtekaji

marble, *1* marmari; *2* gololi(ma)

march, kuenda kiaskari

mare, farasi jike

margarine, namna ya siagi

margin, ukingo(k); pambizo(ma)

marine, -a bahari

mariner, baharia(ma)

maritime, kando ya bahari

mark, alama; kutia alama

market, soko(ma)

market-garden, shamba la mboga

marmalade, mseto wa machungwa na sukari

marquee, hema kubwa

marriage, ndoa

be married, kuozwa

marry (*man*) kuoa; (*woman*) kuolewa

marsh, bwawa(ma)

martial, -a vita

martyr, shahidi(ma); mteswa

martyrdom, mauti ya kishahidi

marvel, ajabu(ma); kustaajabu

marvellous, -a ajabu

masculine, -a kiume

mash, mseto; kuseta

mask, kifuniko cha uso

mason, mwashi

mass, wingi: chungu zima

massacre, mauaji; kuchinja ovyo

massive, -kubwa sana

mast, mlingoti

master, bwana(ma); mwalimu; kushinda

masterful, -enye nguvu

masterpiece, kazi bora kabisa

mat, jamvi(ma); mkeka

match, *1* kiberiti; *2* shindano-(ma); *3* kulingana

matchless, *isiyo* na kifani

mate, mwenzi

material, nguo; kitambaa; kitu cha kufanyia kazi

materialism, kufikiri mambo ya duniani tu

maternal, -a mama

mathematics, elimu ya hesabu

matrimony, ndoa

matron, bibi mkubwa

matter, *1* asili ya vitu vyote; *2* jambo(ma); *3* usaha

it doesn't matter, haidhuru

mattress, godoro(ma)

mature, -pevu; kupevuka

maturity, upevu

maul, kurarua kwa meno na makucha

maxim, mithali

maximum, kipeo

may (might) *1* ruhusa; *2* labda
maybe, labda
maze, tatizo(ma)
me, mimi
meadow, shamba la majani
meagre, haba
meal, *1* chakula; *2* unga
mean, *1* wastani; *2* -nyonge; *3* -enye choyo
mean (meant) *1* kukusudia; *2* kumaanisha
meaning, maana
meaningless, bila maana
meanness, unyimivu
means, uwezo wa kutenda
meanwhile, meantime, huko nyuma
measles, surua
measure, kipimo; kupima
measurement, kipimo
meat, nyama
mechanic, fundi(ma) wa mashine
mechanical, -a mashine
mechanization, utumizi wa mashine badala ya watu
medal, nishani
meddle, kujiingiza bure
mediaeval, zamani za miaka elfu; -a kale
mediate, kuamua; kupatanisha
mediation, upatanisho
mediator, mpatanishi
medical, -a dawa
medical department, Idara ya Utabibu
medicine, dawa
mediocre, si -zuri sana
meditate, meditation, kutafakari
medium, *1* -a kadiri; *2* njia
medley, mchanganyiko wa vitu kadha wa kadha
meek, -pole
meekness, upole
meet, kukutana
meeting, mkutano
melancholy, -a huzuni
melodious, -enye sauti tamu
melody, sauti tamu; tuni
melon, tikiti(ma)
melt, kuyeyuka; kuyeyusha
member, kiungo; mwanachama
memento, kumbukumbu(ma)

memorable, -a kukumbukwa
memorandum, maandiko mafupi ya kukumbusha
memorial, ukumbusho
memorize, kujifunza kwa moyo
memory, uwezo wa kukumbuka; kumbukumbu
menace, kitisho; kutisha
mend, kutengeneza kito kilichovunjika
menial, -nyonge
menstruate, kuingia mwezini
menstruation, hedhi
mental, *1* -a moyoni; *2* -a kichaa
mention, kutaja
not to mention, licha ya
menu, orodha ya vyakula
mercenary, -enye tamaa ya mshahara; askari mgeni wa mshahara
merchandise, biashara
merchant, tajiri; mfanyi biashara
merciful, -enye rehema
merciless, bila huruma
mercy, rehema; huruma
mere/ly, tu
merge, kuungana
merit, ustahili; kustahili
merited, -a haki
meritorious, -a kusifiwa
mermaid, zimwi la baharini
merriment, furaha
merry, -changamfu
mess, fujo(ma); matata
message, agizo(ma)
messenger, tarishi(ma)
metal, madini
metaphor, mfano
metaphorically, kwa mfano
meteor, kimwondo
meter, chombo cha kupimia
method, njia; taratibu
methodical, -a taratibu
metre (*length*) meta; (*poetry*) mizani
microbe, mikrobi; kijidudu
microphone, kikuza-sauti
microscope, darubini ya kukuza ukubwa
mid, middle, -a katikati
middle-aged, mtu wa makamu
middle ages, *see* **mediaeval**

middling, -a kadiri
midges, usubi
midnight, saa sita usiku
midway, katikati ya mwendo
midwife, mkunga
midwifery, ukunga
might, *1 see* **may;** *2* uwezo na nguvu
migrate, kuhama
migration, uhamaji
mild, baridi; -pole
mile, maili
mileage, jumla ya maili
militant, vitani
military, -a askari
milk, maziwa; kukama
mill, kinu cha kusagia
millet, mtama
millipede, jongoo(ma)
mimic, mimicry, kuiga
mince, nyama iliyosagwa; kusaga
mincemeat, *mince* ya matunda
mind, akili; kuangalia
  never mind, haidhuru
  I don't mind, Ni mamoja kwangu
mine, *1* -angu; *2* shimo la madini; *3* maini ya baruti
mineral, jamii ya mawe
mineral water, kinywaji kama *soda*
mingle, kuchanganya pamoja
miniature, mfano mdogo
minister (*church*) mhudumu; (*state*) waziri(ma)
minister to, kuhudumia
ministry, huduma; wizara
minor, -dogo zaidi
minority, -chache (*wasiofika nusu*)
minus, pasipo; kasa
minute, dakika; -dogo sana
miracle, mwujiza; ajabu(ma)
miraculous, -a ajabu
mirage, mazigazi
mire, tope(ma)
mirror, kioo cha kujitazamia
mirth, macheko
  For **mis-** *see page* 82
misadventure, tukio(ma) baya
misbehave, kukosa adabu
miscalculate, kufikiri yasivyo
miscarriage, kuharibika mimba

miscarry, kuenda upande mwingine
miscellaneous, -a namna nyingi
mischance, bahati mbaya
mischief, fitina; utundu
mischievous, -enye nia mbaya; -tundu
misconduct, misdeeds, matendo mabaya
miser, bahili
miserable, -enye hali mbaya
misery, huzuni; hali mbaya
misfortune, bahati mbaya; msiba
misgiving, shaka(ma)
misguided (be), kuongozwa vi baya
misinformed (be), kuarifiwa yasiyo kweli
misjudge, kupima visivyo
mislay (laid) kupoteza kwa muda
  be mislaid, kupotea
mislead, kukosesha
  be misled, huongozwa vibaya
mismanage, kutengeneza vibaya
misprint, kosa(ma) katika chapa
misrepresent, kueleza yasiyo kweli
miss, kukosa
  be missing, kutokuwapo
missile, silaha ya kurushwa kama kombora
mission, ujumbe; upelekwa
missionary, mpelekwa
mist, ukungu
mistake, kosa(ma)
mistake (mistook, mistaken) kukosea
mistress, bibi(ma)
misunderstand (stood) kutofahamu vema
misuse, kutumia vibaya
mitigate, mitigation, kupunguza
mix, kuchanganya pamoja
mixture, mchanganyiko
moan, kuugua
mob, ghasia ya watu
mobile, -enye mwendo
mobility, wepesi wa mwendo
mobilize, kuandaa vita
mock, kudhihaki
mockery, dhihaka
mode, namna, mtindo

model, mfano wa kufuatwa
moderate, -a kiasi; kupungua; kupunguza
moderately, si sana
moderation, kiasi
modern, -a kisasa
modernize, kugeuza upya
modest, -enye haya; -nyenyekevu
modesty, haya
modification, ugeuzi
modify, kugeuza kidogo
moist, -bichi; chepechepe
moisture, rutuba; maji
mole, fuko
molest, kusumbua
mollify, kuridhisha
moment, nukta
momentary, -a kupita upesi
momentous, -a maana sana
monarch, mfalme
monastery, nyumba ya wanaume watawa
money, fedha
mongrel, mbwa wa mbegu mbili
monk, mtawa mwanamume
monkey, kima, tumbili, etc.
monkey-nuts, njugu
monopolize, kujishikia yote
monopoly, haki ya peke yake
monotone, sauti (toni) isiyobadilika
monotonous, -a kuchosha kwa kuwa ileile tu
monsoon, msimu wa kaskazini au kusini
monster, dubwana(ma)
month, mwezi
monthly, kila mwezi
monument, nguzo ya ukumbusho
mood, tabia ya mtu
moon, mwezi
moonlight, mbalamwezi
mop, kitambaa cha kufutia maji; kufuta maji
moral, -a adili; mafundisho mema
morality, adili
more, zaidi
moreover, zaidi ya hayo
morning, asubuhi
morsel, kipande kidogo; mmego
mortal, -a mauti
mortality, mauti; hesabu ya watu waliokufa

mortar, 1 chokaa; 2 kinu
mortification, uchungu
mortify, kuaibisha; kufisha
mosque, msikiti
mosquito, mbu
mosquito net, chandalua
most, kupita yote
mostly, zaidi
moth, nondo
mother, mama mzazi
mother-in-law, mkwe
motion, mwendo
motionless, kimya
motive, kusudi(ma)
motor, mota; mtambo wa kuendesha
motorboat, motaboti
motorcar, motakaa
motorcycle, pikipiki(ma)
mottled, -enye madoadoa
mould, 1 udongo; 2 kuvu
moult, kupukutika manyoya
mound, chungu
mount, kupanda juu
mount, mountain, mlima
mountainous, -enye milima mingi
mourn, kuomboleza
mournful, -enye huzuni
mourning, kilio; matanga
mouse (mice) panya mdogo
mouth, kinywa
movable, -a kuweza kusogezwa
move, kusogea; kusogeza
movement, mwendo
mow, kukata majani
much, -ingi
muck, taka za zizini, etc.
mud, matope
muddle, fujo(ma)
muddy, enye matope mengi
mug, kikombe; kopo(ma)
mulberry (tree) mforsadi; (fruit) forsadi
mule, nyumbu
multiplication, multiply, kuzidisha
multitude, umati
mum, kimya
mumble, kumumunya maneno
mumps, matubwitubwi
mundane, -a dunia

municipal, -a kuhusu baraza ya mji
murder, uuaji wa kusudi
murderous, -a kutaka kuua
murmur, kunong'ona; kunung'unika
muscle, mshipa; musuli
muscular, -enye tambo
museum, nyumba ya kuwekea vitu vya tunu
mushroom, kiyoga
music, muziki
musical, -enye kupenda muziki
musician, mutribu
must, lazima
mustard, haradali, mustadi
muster, kukusanya
musty, -enye kuvu
mute, bila sauti; bubu
mutilate, kukata; kuvunja sehemu ya mwili
mutineer, askari mwasi
mutiny, maasi ya askari au mabaharia
mutter, kunung'unika
mutton, nyama ya kondoo
mutual, wao kwa wao; -ana
my, -angu
myself, mimi mwenyewe
mysterious, -a fumbo
mystery, siri; fumbo(ma)
mystify, kutatanisha
myth, hadithi ya zamani

N

nag, nagging, uchokochoko; kuzozana
nail, ukucha(k); msumari; kupiga misumari
naked, -tupu
name, jina; kutaja jina
  be named, kuitwa; kutajwa
namely, yaani
namesake, mwenye jina sawa
nap, usingizi mfupi
napkin, kitambaa cha mezani; winda wa mtoto mdogo
narrate, kusimulia
narration, narrative, masimulizi
narrow, -embamba
narrowly, kwa shida

narrow-minded, -a kukataa mawazo mapya
nasal, -a pua
nasty, -a kuchukiza
nation, taifa(ma)
national, -a taifa lote
nationality, taifa la mtu fulani
nationalize, kugeuza mali ya watu iwe mali ya taifa
native, mzalia
nativity, kuzaliwa
natural, -a kawaida; -a asili
naturalist, mwenye elimu ya viumbe
naturalize, kumhalalisha mgeni awe mwananchi
naturally, bila shaka
nature, utaratibu wa ulimwengu; maumbile
naught, hapana kitu
naughty, -baya
nautical, -a meli na bahari
naval, -a manowari
navigable, -a kupitika kwa vyombo
navigate, navigation, kuongoza vyombo vya baharini au hewani
navigator, nahodha(ma); baharia(ma)
N.B., Angalia sana
navy, jamii ya manowari
near, nearly, karibu
neat, nadhifu
neatly, vizuri
neatness, unadhifu
necessaries, mahitaji
necessarily, kwa lazima
necessary, -a lazima
necessitous, maskini
necessity, dhiki; kitu kilicho lazima
neck, shingo
necklace, mkufu
necktie, tai
need, haja; kuhitaji
needle, sindano; shazia
negative, kusema "La"; kukana
neglect, kutoangalia
neglectful, negligent, -zembe
negligence, uzembe
negligible, -dogo kabisa

negotiate, negotiation, kushauri-
ana
neighbour, jirani
neighbourhood, ujirani
neighbourly, -enye hisani
neither, wala
nephew, mpwa
nerve, mshipa wa fahamu; neva
　have the nerve, kuthubutu
nervous, -enye woga
nest, kiota; tundu
net, netting, wavu(ny)
　mosquito net, chandalua
neuralgia, maumivu ya neva
-neutral, bila upendeleo; nchi baki
neutrality, kutokuwamo
never, hapana kabisa; kamwe
nevertheless, walakini
new, -pya
New Testament, Agano Jipya
new year, mwaka mpya
news, habari
newspaper, gazeti(ma)
next, -a kufuata
nibble, kumegamega; kuguguna
nice, -zuri; -tamu
nicely, vizuri
nickname, jina la utani
nicotine, sumu iliyomo katika
　tumbako
niece, mpwa wa kike
nigh, karibu
night, usiku
　all night, usiku kucha
nightingale, ndege mwenye sauti
　tamu
nil, hapana kitu
nimble, -epesi
nine, tisa, kenda
nineteen, kumi na tisa
ninety, tisini
nip, 1 kufinya; 2 kwenda upesi
no, siyo; la; hapana
noble, bora
nobly, kwa uhodari
nobody, hapana mtu
nod, kuinamisha kichwa; kusi-
　nzia
nodule, kinundu
Noel, Krismas
noise, makelele; kishindo
noiseless, kimya
noisome, -a kuchukiza

noisy, -enye makelele
nominate, kutaja
nomination, kutajwa
non-, si
none, hata moja
nonsense, upuzi
nook, kipembe
noon, adhuhuri
no one, hapana mtu
noose, tanzi(ma)
nor, wala
normal, -a kawaida
normally, kwa kawaida
north, kaskazini
nose, pua
not, si
notable, mashuhuri
notch, pengo; kutia pengo
note, 1 barua fupi; 2 sauti katika
　muziki; 3 kuangalia
notes, muhtasari
noteworthy, notable, -a maana
nothing, hapana kitu
notice, tangazo(ma); kuona
notification, taarifa ya kujulisha
notify, kujulisha
notion, fikira; dhana
notoriety, sifa mbaya
notorious, -enye sifa mbaya
notwithstanding, ijapokuwa
nought, si kitu; sifuri
　come to nought, kubatilika
nourish, kulisha vema
nourishment, maakuli mema
novel, 1 -pya; -a kigeni; 2 kitabu
　cha hadithi
novelist, mtunga kitabu cha
　hadithi
novelty, kitu kipya
novice, anayejizoeza kazi fulani
now, sasa; siku hizi
　now and then, mara kwa mara
nowadays, siku hizi
nowhere, si mahali po pote
noxious, -a kuchukiza
nucleus, kiini
nude, -tupu
nudge, kutia mdukuo
nuisance, udhia; mchokozi
null, batili
nullification, tanguko(ma)
nullify, kubatilisha; kutangua
numb (be), kufa ganzi

number, hesabu; idadi; namba
 a number of, -ingi
numeral, tarakimu
numerous, -ingi
nun, mtawa wa kike
nuptual, -a arusi
nurse (*children's*) aya; kupakata;
 (*sick*) mwuguzi; kuuguza
nurture, malezi; kulea
nut, njugu, korosho, etc.; kokwa
nutritious, -a kulisha mwili

O

oar, kasia(ma)
oasis, chemchemi jangwani
oath, kiapo
oats, nafaka kama shayiri
obedience, utii
obedient, -sikivu
obey, kutii
object, *1* kitu; *2* kusudi; *3* ku-
 kataa
objection, pingamizi(ma)
objectionable, -a kuchukiza
objective, shabaha
obligation, wajibu
oblige, *1* kulazimisha; *2* kufanyia
 hisani
obliging, -enye hisani
obliterate, kufuta
oblivion, usahaulifu
oblong, umbo la mstatili
obnoxious, kuchukiza
obscene, -pujufu
obscenity, upujufu
obscure, si dhahiri
observant, -angalifu
observe, observation, *1* kuta-
 zama; kuangalia; *2* kusema
obsolete, isiyotumika sasa
obstacle, kizuizi
obstinacy, ukaidi
obstinate, -kaidi
obstruct, kupinga
obstruction, pingamizi(ma)
obtain, kujipatia
 be obtainable, kupatikana
obtrude, obtrusion, kujiingiza
obvious, dhahiri
occasion, nafasi; wakati(ny);
 sababu
occasional/ly, mara kwa mara

occupant, mkaazi; mwenyeji
occupation, kazi; uchumi
 be occupied, kushughulika
occupy, kukalia; kushughulisha
occur, kutukia
occurrence, matukio
ocean, bahari kuu
oculist, tabibu wa macho
odd, *1* -a kuchekesha; -a kigeni;
 2 isiyo na mwenzake
odious, -a kuchukiza
odour, harufu
of, -a
off, katika; mbali
offal, matumbo ya mnyama
offence, kosa(ma)
 take offence, kuchukizwa
offend, kuchukiza
offensive, -a kuchukiza
 take the offensive, kuanzisha
 vita
offer, kutoa; kutolea
 be offered, kutolewa
offering, kipaji; sadaka
offhand, *1* bils kujiweka tayari;
 2 bila heshima
office, afisi; kazi
officer, afisa wa askari; mwenye
 kazi ya serkali
official, *1* rasmi; *2* mwenye kazi
 ya serkali
offspring, mzao
often, mara nyingi
ogre, zimwi(ma)
oil, mafuta laini
ointment, mafuta ya kupaka
old, -a kale; -kuukuu
 old person, mzee
old-fashioned, -a mtindo wa
 zamani
olive (*tree*) mzeituni; (*oil*) halzeti
omen (*good*) ndege njema; (*bad*)
 ndege mbaya
omission, jambo lililoachwa
omit, kuacha kusudi; kukosa kutia
omnibus, basi(ma)
omnipotent, mwenyezi
on, *1* juu ya; *2* mbele
once, mara moja tu
 once upon a time, hapo kale
 at once, mara moja
one, moja
 one by one, -moja -moja

one-sided, -a upande mmoja
onion, kitunguu
only, *1* tu; *2* lakini
onward, mbele
opaque, *isiy*openyeka kwa nuru
open, wazi; kufungua; kufumbua
opening, nafasi; kipenyo
opera, hadithi iliyoigizwa na waimbaji
operate, kutenda kazi; kupasua mgonjwa
operation, kazi fulani; utabibu wa kupasua
opinion, rai; maono
opium, afyuni
opponent, mshindani
opportune, -a wakati wa kufaa
opportunity, nafasi; saa ya kufaa
oppose, kupinga
opposite, kuelekeana; kinyume
opposition, upingaji
  the Opposition (*Parliament*) Wajadili
oppress, kudhulumu
oppression, udhalimu
oppressive, -dhalimu
optical, -a macho
optimistic, -enye tumaini
option, hiari
optional, -a hiari
or, au; ama
oral, -a midomo
orange (*tree*) mchungwa; (*fruit*) chungwa(ma)
oration, hotuba
orator, msemaji
orchard, shamba la matunda
orchestra, kikosi cha wapiga ala za muziki
ordain, kuagiza
ordeal, jaribio kali
order, *1* taratibu; *2* amri; kuamuru
orderly, *1* askari mtumishi; *2* kwa taratibu
ordinance, sheria
ordinary, -a kawaida
ordination, kuamriwa wahudumu wa kanisa
ore, mawe yenye madini
organ, *1* kiungo cha mwili; *2* kinanda

organist, mpiga kinanda
organize, kuratibisha
oriental, -a mashariki
origin, asili
originally, mwanzoni
originate, kuanza; kuanzisha
ornament, pambo(ma)
orphan, yatima
orphanage, nyumba wanamotunzwa yatima
ostensible, -a kuonyeshwa kwa nje
ostentatious, -a majivuno
ostrich, mbuni
other, -ingine
otherwise, ama sivyo
ought to, kupaswa
  I ought to, imenibidi; imenipasa
ounce, wakia
our/s, -etu
ourselves, sisi wenyewe
out, nje
outbreak, matokeo mabaya ya ghafula
outcast, msikwao; maskini
outcome, tokeo(ma)
outcry, makelele
outdo, kushinda
outfit, mahitaji ya kazi fulani
outhouse, kibanda cha nje
outing, matembezi; mandari
outlaw, haramia(ma); **kuhari-**misha
outlay, gharama
outline, kuandika kwa kifupi habari au picha
outlook, *1* sura ya nchi; *2* hali ya mbele
outnumber, kuzidi
outrage, kosa baya sana
outrageous, -baya kabisa
outright, papo hapo; kabisa
outside, nje
outskirts, kiungani
outspoken (be), kusema bila kuficha
outstanding, *1* -a kutokeza; *2* bado kulipwa
outwardly, kwa nje
outwit, kukalamkia
oval, -enye umbo la yai
oven, jiko la kuokea

over, juu; zaidi ya
  over again, tena
  be over, *1* kubaki; *2* kuisha
overboard, baharini
overcome, kushinda
overflow, mafuriko; kufurika
overhear, kusikia maneno yasi-yokuhusu
overlook, *1* kutazama kutoka juu; *2* kusamehe; *3* kukosa kuona
oversight, *1* kosa la usahaulifu; *2* usimamizi
overtake, kufuata hata kufikia
overtime, kazi na malipo ya ziada
overturn, kupinduka; kupindua
owe, kuwa na deni; kuwiwa
owing to, kwa sababu ya
owl, bundi(ma)
own, *1* kuwa na kitu; *2* kukiri
  my own, -angu mwenyewe
owner, mwenyewe
ox (oxen), ng'ombe maksai
oyster, chaza

P

pace, hatua; mwendo
pacifist, mkana vita
pacify, kutuliza
pack, *1* kundi(ma); *2* mtumba; *3* kufunganya
package, packet, bahasha(ma)
pact, mapatano
pad, kitakia; kata
paddock, kitalu cha ng'ombe
paddle, kafi
padlock, kufuli
page, ukurasa(k)
pageant, igizo la mambo ya historia
paid, *see* **pay**
  be paid, kulipwa
pail, ndoo
pain, maumivu
  be painful, kuuma
painstaking, -angalifu
paint, rangi; kupaka rangi; kua-ndika picha
painting, picha ya rangi
pair, jozi; vitu viwili vya namna moja
palace, jumba la mfalme

palatable, -tamu
palate, kaa la kinywa
pale, pallid, -eupe
palm, *1* mnazi, mtende, etc.; *2* kitanga cha mkono
palm oil, mawese
palpable, dhahiri
palpitation, papo la moyo
paltry, hafifu
pamper, kudedekeza
pamphlet, kitabu kidogo bila jalada
pan, sufuria, kikaango, etc.
pandemonium, makelele mengi
pane, kipande cha kioo
pang, kichomo cha ghafula
panic, woga mkuu
  be panic-stricken, kushikwa na woga mkuu
pant, kutweta
pantry, kabati ya kuwekea cha-kula
pants, suruali
paper, karatasi; gazeti(ma)
paperbacks, jamii ya vitabu
parable, mfano wenye mafundi-sho
parachute, mwavuli wa kutele-mshia watu
parade, gwaride; kukoga
paradise, peponi
paraffin, mafuta ya taa
paragraph, fungu la sentensi
parallel, sambamba
paralyse, kupoozesha
  be paralysed, kupooza
paralysis, kipooza
paramount, -kuu
parasite, kimelea
parcel, bahasha
parched (be), kukauka
pardon, masamaha; kusamehe
pardonable, -a kusameheka
parent, mzazi
parentage, ukoo
parish, mtaa wa Kanisa
parity, usawa
park, *1* bustani kubwa; *2* kiwanda cha motakaa
parliament, halmashauri kuu
parochial, -a kuhusu *parish*
parody, mwigo wa kuchekesha
parole, ahadi ya kutotoroka

parrot, kasuku
parry, kukinga, kuepa
parson, padre(ma)
part, sehemu; kipande; kuachana
partake, kushiriki
partial, si kamili
 be partial to, kupenda; kupendelea
partiality, upendeleo
participate, kushiriki; kuwamo
particle, kipande kidogo mno
particular, -angalifu; maalum
particularly, hasa
particulars, habari zote moja moja
parting, kuachana
partisan, mfuasi mshupavu
partition, gawio(ma); mkato; kugawa; kukata
partly, kwa nusu
partner, mshiriki katika kazi
partnership, bia; shirika
party, *1* karamu; *2* jamii ya watu wenye shauri moja
pass, *1* kipito; kupita; *2* cheti cha njia; *3* kufaulu
passage, kichochoro; usafiri
passenger, abiria
passer-by, mpitaji
passion, harara; tamaa
passionate, -enye harara
passport, ruhusa ya kupitia nchi za kigeni
past, -a zamani; *iliyo*pita
 go past, kupita
paste, wambiso; kuambatisha
pastime, mchezo
pastor, mchungaji wa roho
pastry, maandazi yaliyookwa
pasture, machunga; malisho
pat, kupapasa kwa mapigo mepesi
patch, kiraka; kutia kiraka
patchy, -a hali mbalimbali
paternal, -a baba
path, njia ndogo
pathetic, -a kutia huruma
patience, saburi; uvumilivu
patient, -vumilivu; mgonjwa anayetibiwa
patiently, kwa saburi
patriot, mzalendo
patriotism, uzalendo

patrol, askari wa zamu; kutembelea mahali
patron, mfadhili
patronize, kufadhili
pattern, kielezo; namna
pauper, fukara
pause, kituo; kutua
pavement, sakafu kando ya njia
pavilion, banda(ma); hema kubwa
paw, mguu wa mnyama
pawn, kuweka rehani
pawpaw (*tree*) mpapai; (*fruit*) papai(ma)
pay (**paid**), mshahara; kulipa; kuleta faida
payment, malipo
pea, mbaazi, choroko, etc.
peace, amani
peaceful, peaceable, -tulivu
peacemaker, msuluhishi
peak, kilele; ncha ya juu
peal, mlio wa radi au kengele nyingi
pearl, lulu
peasant, mkulima
pebbles, makokoto
peck, kudonoa
peculiar, -a peke yake
peculiarity, tofauti
peculiarly, hasa
pedal, kanyagio(ma)
pedestrian, mwenda kwa miguu
pedigree, ukoo bora
peel, ganda(ma); kumenya
peep, kuchungulia
peephole, ufa wa kuchungulia
peg, kigingi; chango
pelican, mwari
pellet, kidonge
pell-mell, kaka-kaka
pen, kalamu ya wino
penalty, adhabu; malipo
penance, kitubio
pencil, kalamu
pendulum, mizani (*ya saa,* etc.)
penetrate, kupenya
penetrating, -a kupenya ndani
penguin, *1* ndege ya nchi za baridi; *2* jamii ya vitabu
penis, uume
penitence, toba
penitent, -enye toba
pension, malipo ya uzeeni

pent up (be), kuzuiwa
penury, umasikini
people, watu; taifa(ma)
pepper, pilipili
peppermint, peremende
per, kwa
perceive, kuona; kutambua
percentage, sehemu ya mia
perch, kituo cha ndege; kutua
perchance, labda
peremptory, -kali; -a lazima
perfect, kamili
perfection, ukamilifu
perforate, kutoboa
perforation, kitundu
perform, kutenda; kutimiza; ku-
cheza mbele ya watu
performance, mchezo wa kuiga,
kuimba, etc.
perfume, marashi
perhaps, labda; yumkini
peril, hatari
perilous, -a hatari
period, kipindi
periodical, *1* -a kurudiarudia;
2 gazeti(ma)
perish, kufa; kuharibika
perishable, -a kuharibika upesi
perjury, kuapa uongo
permanent, -a kudumu
permeate, kupenya na kuenea
ndani
permissible, halali
permission, ruhusa
permit, *1* cheti cha ruhusa; kuru-
husu
pernicious, -baya sana
perpendicular, -a wima
perpetrate, kufanya tendo baya
perpetual, -a daima
perplex, kutatanisha
perplexity, mashaka
persecute, kudhulumu; kutesa
persecution, udhalimu; mateso
perseverance, persistence, udu-
mu; bidii
persevere, persist, kudumu;
kuendelea bila kuchoka
person, mtu
personal, -a mwenyewe tu
personnel, jamii ya watumishi
perspective, kitu kinavyoone-
kana kikitazamwa toka mbali

perspiration, jasho
perspire, kutoka jasho
persuade, kushawishi
persuasion, ushawishi
persuasive, -enye maneno ya
kuvutia
pertain to, kuhusiana na
perturb, kufadhaisha
pervade, kuingia na kuenea
pervasive, -a kuenea
perverse, -kaidi
perversity, ukaidi
pervious, -a kupenyeka
pessimism, upesi wa kukata
tamaa
pest, balaa
pester, kuudhi
pestilence, maradhi mabaya ya
kuenea sana
pestle, mchi wa kutwangia
pet, kipenzi
petition, dua; kuomba
petrify, kuduwaza
be petrified, kuduwaa
petrol, mafuta ya motakaa
petty, -dogo, hafifu
phase, hali ya kipindi
phenomenal, -a ajabu sana
philanthropic, -karimu
philanthropy, upendo na ufa-
dhili
philosophical, -tulivu, -a busara
philosophy, elimu ya asili; filo-
sofia
phlegm, makohozi
phonetics, elimu ya matamko
photograph, picha iliyopigwa
kwa kamera
phrase, fungu la maneno ma-
chache
physical, -a kuhusu mwili
physician, tabibu(ma)
piano, kinanda
pick, kuchuma
pick, pickaxe, sululu(ma)
pick out, kuchagua
pick up, kuokota
pickle, *1* matata; *2* kupika
achali
pickles, achali
pickpocket, poketimani(ma)
picnic, mandari
pictorial, -enye picha nyingi

picture, picha; sanamu
picturesque, -a kupendeza macho
pie, nyama au matunda katika *pastry*
piece, kipande
pier, gati itokezayo baharini
pierce, kutoboa; kupenya
pig, nguruwe
pigeon, njiwa
pigeon-hole, daka(ma)
pile, chungu; kupanganya
pilfer, kuiba kidogo kidogo
pilgrim, mhaji
pilgrimage (make a), kuhiji; kuzuru mahali patakatifu
pill, kidonge cha dawa
pillar, nguzo
pillow, mto
pillow-case, mfuko wa mto
pilot, rubani(ma)
pimple, dutu(ma)
pin, pini
pin-up girl, kisura
pincers, kibano
pinch, kufinya
pineapple, nanasi(ma)
pink, -ekundu -eupe
pint, kibaba
pioneer, mtangulizi
pious, -tawa
pip, kokwa dogo
pipe, *1* kiko; *2*; *2* bomba(ma); *3* filimbi
pirate, haramia(ma) wa bahari
pistol, bastola
pit, shimo(ma)
pitch, *1* lami; -eusi sana; *2* kutupa; kuvurumisha
pitcher, gudulia
piteous, pitiable, -a kuhuzunisha
pitiful, *1* -enye huruma; *2* -enye kuhuzunisha
pitiless, bila huruma
pitted (be), kududuka
pity, *1* huruma; *2* jambo la kusikitisha
placard, tangazo la kubandikwa ukutani
placate, kuridhisha
place, mahali; mwahali; kuweka
placid, -tulivu
plague, tauni; balaa

plain, *1* tambarare; *2* dhahiri; *3* bila mapambo
plaintiff, mdai
plait, ukili(k); shupatu(ma); kusuka; kusokota
plan, ramani; shauri(ma); mpango; kuazimia
plane, *1* randa; kupiga randa; *2* eropleni
planet, sayari
plank, ubao(mb)
plant, mmea; kupanda
plantation, shamba(ma)
plaster, lipu; kandiko(ma); kupiga lipu; kukandika
plate, sahani
platform, jukwaa(ma); sakafu ya stesheni
play, mchezo; kucheza
player, mchezaji
plea, maombi
plead, kuleta hoja
plead guilty, kukiri kosa
pleasant, -a kupendeza
please, kupendeza; tafadhali
pleasure, furaha; anasa
pledge, ahadi; kuahidi; rehani; kuweka rehani
plentiful, tele; -ingi
plenty, wingi
pliable, pliant, -a kupindika
plight, hali mbaya
plod, kuenda kwa taabu
plot, *1* kiwanja; *2* hila; kufanya hila
pluck, *1* kuchuma; kunyonyoa; *2* moyo wa kiume
plug, kizibo; kuziba
plumage, manyoya ya ndege
plumber, fundi wa mabomba ya maji
plump, -nene; -nono
plunder, kuteka
plunge, kutumbukiza; kujitupa
poach, kuiba mawindo
poacher, mwizi wa mawindo
pocket, mfuko wa nguo
pod, ganda(ma)
poem, poetry, mashairi
poet, mshairi
point, *1* ncha; *2* jambo(ma); *3* kuelekeza kwa kidole
pointed, *ili*yochongoka

pointless, bila maana
poison, sumu; kutia sumu
poisonous, -a sumu
poke, kuchokoa; kuchocha
pole, mti, nguzo; mlingoti
north pole; south pole, ncha ya kaskazini; ncha ya kusini
police, polisi(ma)
policy, *1* hati ya bima, etc.; *2* maongozi
polish, dawa ya kung'arisha; kung'arisha
political, -a kuhusu utawala wa nchi
political party, chama cha siasa
politics, siasa
polite, -enye adabu
politeness, adabu; heshima
poll, *1* kichwa; *2* uchaguzi wa manaibu
pollute, kuchafua; kunajisi
pollution, uchafu; unajisi
pomegranate (*tree*) mkomamanga; (*fruit*) komamanga(ma)
poly-, -ingi
polygamy, kuoa wake wawili au zaidi
pompous, -a kutakabari
pond, ziwa dogo
ponder, kufikiri
ponderous, -zito sana
pony, farasi mdogo
pool, kidimbwi
poor, maskini
pop, kuzibuka bu!
popcorn, bisi
popular, -a kupendwa na watu wengi
popularity, sifa za watu
populated (be), kukaliwa na watu
population, jamii ya watu wa mahali fulani
populous, -enye wakaaji wengi
porch, ukumbi(k)
porcupine, nungu
pore, kinyweleo
pore over, kukazia mawazo
pork, nyama ya nguruwe
porous, -a kupapa maji
porpoise, pomboo
porridge, uji mzito
port, bandari

portable, -a kuchukulika mkononi
porter, mchukuzi
portfolio, *1* jalada ya kutia barua, etc.; *2* uwaziri
portion, fungu(ma)
portrait, picha ya mtu
Portuguese, Mreno
position, mahali; hali; cheo
positive, -a hakika
possess, kuwa na
possession, mali; milki
possessor, mwenyewe
possibility, yumkini
be possible, kuwezekana
possibly, labda
post, *1* nguzo; *2* mahali pa kazi; *3* posta
postage, ada ya posta
postman, mpeleka barua
postmark, chapa ya posta
poster, tangazo la ukutani
posterity, vizazi vitakavyokuja
postpone, postponement, kuahirisha
pot, chombo; chungu; etc.
potato, kiazi
potent, -a nguvu
potential, -a kuwezekana baadaye
pothole, shimo refu; kishimo barabarani
pottery, vyombo vya udongo
pouch, mfuko
poultry, kuku, mbata, etc.
pounce on, kuvamia
pound, ratli; pauni; kuponda; kutwanga
pour, kumimina
pour away, kumwaga
poverty, umaskini
powder, unga; poda
power, uwezo; mamlaka
powerful, -enye nguvu nyingi
powerless, bila nguvu
practicable, -a kuwezekana
practical, -a kufaa; -a busara
practically, kwa kweli; karibu
practice, desturi; mazoezi
practise, *1* kufanya kazi fulani; *2* kujizoeza
praise, sifa; kusifu
praiseworthy, -a kusifiwa
pram, kigari cha mtoto mdogo

pray, kusali
prayer, sala
preach, kuhubiri
preacher, mhubiri
   For prefix pre *see page* 82
precarious, -a hatari
precaution, hadhari
precautionary, -a hadhari
precede, kutangulia
precedence, utangulizi wa he-shima
precedent, jambo la zamani la kuongoza
preceding, -*iliyo*tangulia
precious, -enye thamani
precipice, genge(ma)
precipitate, kuhimiza kwa ha-rara
précis, muhtasari
precise, halisi
precision, usawa
preclude, preclusion, kuzuia
predecessor, mtangulizi
predicament, hatari; mashaka
predict, kubashiri
prediction, ubashiri
predominant, *iliyo* kuu
preface, dibaji
prefer, kupenda zaidi
preferable, afadhali
preference, upendeleo
preferential, -a kupendelewa
preferment, nyongeza ya cheo
pregnant (be), kuwa na mimba
prejudice, machukio bila sababu ya haki
preliminary, -a kutangulia
premature, kabla ya wakati wake
premeditated, *iliyo* kwisha kuku-sudiwa
premises, nyumba na kiwanja chake
premium, *1* malipo ya kufanya bima; *2* ziada
premonition, onyo la mbele
preparation, matengenezo
preparatory, -a kwanza
prepare, kufanya tayari
prepay, kulipa mbele
preponderance, wingi zaidi
preposterous, -a upuzi
prescribe, kuagiza

prescription, dawa iliyoagizwa
presence, be present, kuwapo
   at present, sasa; siku hizi
present, *1* zawadi; kutoa; *2* -a sasa
presently, baadaye kidogo
presentiment, maono ya mbele
preserve, preservation, kuhi-fadhi
preside over, kusimamia
president, rais
press, kusonga
   the press, waandishi wa maga-zeti
pressing, muhimu; -a haraka
pressure, mkazo
prestige, sifa ya ubora
presume, *1* kudhani; *2* kuthubutu
presumption, *1* lililo yamkini; *2* ujuvi
pretence, uongo
pretend, kujifanya; kudanganya
pretext, sababu isiyo kweli
pretty, -zuri
prevail, kushinda
prevalent, -a kuenea
   be prevalent, kuchaga
prevent, kuzuia
preventative, kitu kinachozuia
prevention, zuio(ma)
previous, -a kutangulia
prey, mateka
price, bei
priceless, -a thamani sana
prick, kuchoma
prickle, mwiba
pride, kiburi
pride oneself on, kujivunia
priest, kuhani(ma); kasisi(ma)
primary, -a kwanza
prime, -a kwanza; bora
Prime Minister, waziri mkuu
primitive, -a zamani za kwanza
prince, mwana wa mfalme
princess, binti wa mfalme
principal, *1* -kuu; mwalimu mkuu; *2* rasilmali
principally, zaidi; hasa
principle, kanuni
print, chapa; kupiga chapa
printer, mpiga chapa
priority, haki ya kutangulia
prison, kifungo; gereza(ma)

prisoner, mfungwa
privacy, faragha
private, *1* -a mwenyewe tu; *2* -a faragha
privately, in private, faraghani
privation, dhiki
privilege, haki ya mtu fulani
prize, tuzo; kuthamini
be probable, kuelekea; yamkini
probability, yamkini
probably, labda
probation, wakati wa kupimwa
probe, kuchungua
problem, matatizo
problematic, si hakika
procedure, utaratibu; mwenendo
proceed, kuendelea
proceedings, mambo yatendwayo
proceeds, mapato
process, njia ya kufuatwa; kazi
procession, mafuatano; maandamano
proclaim, kutangaza
proclamation, tangazo(ma)
procrastination, kuahirisha
procurable, -a kupatikana
procure, kupata
prodigy, kitu cha ajabu
produce, kutoa; kuzaa
product, mazao; matokeo ya kazi
production, matoleo; ufanyizaji
profane, -a kudharau matakatifu; kutia unajisi
profess, kusema wazi; kujidai
profession, *1* kazi ya elimu; *2* ushuhuda
professor, mwalimu mkuu
proffer, kutoa
proficiency, ustadi
proficient, -stadi
profit, faida
profitable, -a kuleta faida
profound, -a maana sana
profusion, wingi
progeny, wazao
programme, azimio la mambo ya kufanyika
progress, maendeleo; kuendelea mbele
progressive, -a kuendelea mbele
prohibit, kukataza
prohibition, makatazo

project, azimio(ma)
projectile, kitu cha kurushwa
prolong, kuongeza urefu
prolonged, -refu
prominent, -a kutokeza; -a kujulikana sana
promise, ahadi; kuahidi
promising, -a kutumainiwa
promote, kuendeleza; kuongeza cheo
promotion, nyongeza ya cheo
prompt, *1* -epesi; *2* kukumbusha maneno
promptly, mara moja
pronounce, kutamka
pronouncement, tangazo(ma)
pronunciation, matamko
proof, ushahidi
prop, nguzo; kuegemeza
propaganda, ushawishi
propagate, kuzalisha; kueneza
propel, kusukumia mbele
propensity, maelekeo
proper, -a kufaa
properly, vizuri
property, mali
prophecy, unabii; ubashiri
prophesy, kutoa unabii; kubashiri
prophet, nabii(ma); mbashiri
propitiate, kuridhisha
propitiation, kipatanisho
propitious, -a heri
proportion, sehemu; kadiri
proposal, proposition, shauri(ma); azimio(ma)
propose, kutoa shauri; kuazimu
proprietor, mwenyewe
prose, maandiko yasiyo mashairi
prosecute, *1* kuendesha; *2* kushtaki kortini
prosecution, *1* mfulizo; *2* ushtaki
prosecutor, mshtaki
prospect, yanayotazamiwa mbele
prospector, mchunguzi wa ardhi ya madini
prospectus, maelezo mafupi ya kampuni, skuli, etc.
prosper, kusitawi
prosperity, usitawi
prostitute, kahaba(ma); malaya
prostrate, kifudifudi
protect, kulinda

protection, ulinzi; himaya
protest, teto(ma); makatazo; kushuhudia; kutokubali
protracted, -a muda mrefu
proud, -enye kiburi
 be proud of, kuona fahari
prove, kuthibitisha; kuhakikisha
proverb, mithali
proverbial, -a kujulikana sana
provide, kuweka tayari
provided that, iwapo
providence, maongozi ya Mungu
providential, kwa rehema ya Mungu
province, jimbo(ma)
provisional, -a kitambo
provisions, vyakula
provocation, uchokozi
provoke, kuchokoza
prow, omo(ma); gubeti
prowl, kuzungukazunguka kama simba
proximity, ujirani
prudence, busara
prudent, -enye busara
pry, kudadisi
P.S., nyongeza ya barua
psalm, zaburi
P.T.O., tazama kwa pili
puberty, ubalehe
public, waziwazi; -a watu
 the public, watu
publication, 1 tangazo(ma); 2 vitabu na magazeti
public-house, hoteli
publicity, maenezi ya habari
publish, kuchapa na kutoa vitabu; kutangaza
publisher, mtoa vitabu
pudding, chakula kitamu
puddle, kidimbwi
puff, kupuliza; kutweta
 be puffed up, kuringa
pugnacious, -a kutaka vita
pull, kuvuta
pullet, mtoto wa kuku
pulp, mseto; kuseta
pulpit, mimbara
pulse, vipigo vya mishipa ya damu
pump, bomba(ma); kuvuta kwa bomba
pumpkin, boga(ma)
punch, kupiga ngumi

punctual, kwa saa barabara
punctuate, kutia vituo
punctuation, vituo
puncture, kitundu; kichomeo; kuchoma
punish, kuadhibu
punishment, adhabu
punt, kuendesha mashua kwa pondo
pupil, mwanafunzi
puppet, mtoto wa bandia
puppy, mtoto wa mbwa
purchase, kununua
purchases, vitu vilivyonunuliwa
pure, safi
purge, purify, kutakasa
purity, usafi
purple, urujuani
purpose, kusudi
 on purpose, makusudi
purse, kifuko cha kutilia fedha
pursue, kufuatia; kufukuzia
pursuit, ufukuzo
pus, usaha
push, kusukuma
put, kuweka
put off, kuahirisha
put on, kuvaa
put out, 1 kutoa; 2 kuzima
 be put out, kuudhika
put to flight, kukimbiza
put up with, kuvumilia
puzzle, kitendawili; kutatanisha
pygmy, mbilikimo(-)
python, chatu

Q

quack, 1 ayari; 2 kulia kama bata
quadruped, mnyama mwenye miguu minne
quake, kutetemeka
qualification, sifa ya uwezo
qualify, kustahili
quality, aina; ubora
quantity, kiasi
quarantine, kutengwa kwa sababu ya ugonjwa
quarrel, ugomvi; kugombana
quarry, chimbo(ma); kuchimbua
quarter, 1 robo; 2 mtaa
quarterly, kila miezi mitatu
quarters, makao

quash, kutangua; kukomesha
quay, gati
queen, malkia
queer, -a kigeni
quench, kuzima; kutuliza
query, swali(ma); kuuliza
question, swali(ma)
questionable, -a shaka
queue, kujipanga mstarini
quick, -epesi
  be quick! Upesi!
quickly, upesi
quiet, kimya; -tulivu
quit, kuacha
  be quits, kuwa sawa
quite, kabisa
quiver, podo; kutikisika
quiz, mashindano ya maswali
quota, fungu la mtu au mtaa katika chango
quote, quotation, kutaja maneno ya mtu mwingine
q.v., rejea

R

rabbit, kisungura
race, *1* mashindano ya mbio; kushindana mbio; *2* taifa
racial, -a kuhusu taifa
rack, chanja(-)
racket, *1* kibao cha kuchezea mpira; *2* makelele; *3* ujanja
radiance, mwangaza
radiate, kuenea pande zote
radiation, maeneo ya nuru, joto, etc.
radical, -a tangu chini
radio, redio
radius, kipimo toka katikati ya duara
raffle, bahati nasibu
raft, chelezo
rafter, kombamoyo(ma)
rag, *1* kitambaa kibovu; *2* mzaha
rage, hasira
ragged, *i*liyotatuka
raid, shambulio(ma); kushambulia
rail, reli; upapi
railings, kitalu cha nguzo na papi
raiment, mavazi
rain, mvua; kunyesha mvua

rainbow, upindi wa mvua
raise, kuinua
raisins, zabibu kavu
rake, jembe la meno
rally, kusanyiko(ma); kukusanyika
ram, *1* kondoo dume; *2* kushindilia
ramble, matembezi mashambani
rampart, boma(ma)
ramshackle, -bovubovu
ran, *see* **run**
rang, *see* **ring**
ransack, kutafuta kila mahali
ransom, ukombozi; kukomboa
rap, kugotagota
rape, kunajisi mwanamke kwa jeuri
rapid, -a kwenda kasi
rare, adimu
rarely, mara chache tu
rash, *1* upele; *2* -jasiri
rat, panya
rate, *1* mwendo; kadiri; *2* kodi
  at any rate, iwayo yote
rather, *1* afadhali; *2* kidogo si sana
ratification, idhini; thibitisho (ma)
ratify, kuthibitisha
ratio, uhusiano
ration, kupimia; kipimo
rational, -enye akili
rations, posho
rattle, kayamba(ma); kutatarika
ravage, kuteka; kuharibu
ravenous, -enye njaa kuu
ravine, genge(ma)
raw, -bichi
ray, mshale wa nuru
raze, kuangusha hata chini
razor, wembe(ny)
reach, kufikia
react, reaction, kushawishiwa na jambo lililotangulia
reactionary, mwenye kupinga maendeleo
read, reading, kusoma
reading (*printed matter*) somo(ma)
ready, tayari
ready-made, -a kutungua
real, -a hakika
reality, hakika

realize, kutambua

really, kweli, hasa

realm, milki

reap, kuvuna

reaper, mvunaji

rear, *1* upande wa nyuma; *2* kulea

reason, *1* akili; kufikiri; *2* sababu; maana

reasonable, -a maana; -a haki

reassure, kuondoa shaka

rebate, kipunguzi

rebel, mwasi; kuasi

rebellion, maasi

rebuke, karipio(ma); kukaripia

recall, *1* kukumbuka; *2* kumwita mtu arudi

recapitulate, kurudia kwa machache

recede, kurudi, nyuma

receipt, stakabadhi

receive, kupokea; kupewa

recent, -a siku hizi

recently, juzi; hivi karibuni

receptacle, chombo cha kuwekea kitu

reception, baraza; makaribisho

recess, *1* daka(ma); *2* likizo(ma)

recipe, maelezo ya upishi

recipient, mtu apewaye

reciprocal, -a wao kwa wao; -ana

reciprocate, kutendeana

recital, tafrija ya muziki

recitation, masimulizi

recite, kusimulia

reckless, -bila uangalifu

reckon, kuhesabu; kudhani

reclaim, kurudishia ardhi hali njema

recognition, utambuzi

recognize, kutambua

recoil, kurudi nyuma

recollect, kukumbuka

recollection, ukumbuko

recommend, kusifu

recommendation, sia njema

recompense, kutuza; uradhi; fidia; kuridhisha

reconcile, kupatanisha

reconciliation, upatanisho

record, *1* kuandika habari; *2* kipeo cha ubora; *3* sahani ya gramafoni

recount, *1* kusimulia; *2* kuhesabu tena

recover, recovery, *1* kupata tena; *2* kupata nafuu

recreation, maburudisho; tafrija

recrimination, lawama(ma)

recruit, kuandika askari

recruits, askari wapya

rectangular, -enye pembe nne za mraba

rectify, kusahihisha; kuondoa kosa

recur, recurrence, kurudia

recurrent, -a kurudia mara kwa mara

red-, -ekundu

red tape, uzuizi wa bure

redeem, kukomboa

redemption, ukombozi

redouble, kuzidisha

redress, njia ya kupata haki

reduce, reduction, kupunguza

redundance, be redundant, kuzidi kuliko hesabu inayotakiwa

reed, tete(ma)

reef, mwamba baharini

reek, kunuka

reel, *1* kidonge; *2* kulewalewa

refectory, mezani

refer to, kurejea; kutaja

referee, mwamuzi

reference, *1* marejeo; *2* cheti cha sifa

with reference to, kwa habari ya

refine, kutakasa

refinery, kinu cha kufanyizia sukari

reflect, reflection, *1* kurudisha nuru; *2* kufikiri

reflector, kioo cha kurudisha nuru

reform, reformation, kuondoa makosa; kutengeneza

reformatory, nyumba wanamoongolewa watoto wakosaji

refractory, -kaidi

refrain, *1* kiitikio cha wimbo; *2* kujizuia

refresh, kuburudisha

refreshment, kiburudisho

refrigerator, chombo cha baridi cha kuwekea chekula

refuge, kimbilio(ma)

take refuge, kukimbilia

refugee, mkimbilizi
refuse, refusal, kukataa
refuse, takataka, kifusi
refute, refutation, kukanusha
regal, -a kifalme
regale, kufurahisha
regard, kuangalia; kudhania
regarding, kwa habari ya
regardless, bila kujali
regards, salamu
regiment, jeshi la askari
region, wilaya
register, daftari(ma); orodha ya majina
regret, majuto; kujuta
regular, -a kawaida; -a taratibu
regularity, utaratibu
regularly, kwa taratibu
regulate, kurekebisha
regulation, sharti(ma); amri
rehearse, rehearsal, kujizoeza kabla ya siku yenyewe
reign, enzi; kumiliki
reimburse, kurudisha gharama
reinforce, kutia nguvu zaidi
reinforcements, watu na manufaa ya kuongeza nguvu
reject, kukataa
rejoice, kufurahi
rejoicing, furaha; shangwe
rejoin, kurudia; kujibu
rejoinder, jibu(ma)
relapse, kurudia hali mbaya
relate, 1 kuhadithia; 2 kuhusu
be related, kuhusiana; kuwa na ukoo mmoja
relation, relative, jamaa
relax, relaxation, kulegea; kulegeza
relay, kupokea na kupeleka
release, kufungua
relent, kuacha ukali
relentless, pasipo huruma
relevant, -a kuhusu
be relevant, kuhusu
reliable, -a kutumainiwa; madhubuti
reliance, tumaini
relic, kitu cha zamani kilichobaki hata sasa
relief, faraja
relieve, kuondoa taabu
religion, dini

relinquish, kuacha
relish, kufurahia; 2 kitoweo
reluctance, moyo usiotaka
be reluctant, kutotaka
rely on, kutegemea
remain, kubaki; kukaa
remainder, remains, mabaki; masazo
remand, kurudisha kifungoni
remark, maneno machache; kusema
remarkable, -a ajabu; -a maana
remedy, dawa
remember, kukumbuka
remembrance, ukumbuko
remind, kukumbusha
reminder, ukumbusho
remission, masamaha
remit, 1 kusamehe; 2 kupeleka fedha
remittance, fedha iliyopelekwa
remnant, baki(ma)
remonstrance, udaku; onyo(ma)
remorse, majuto
remorseless, bila huruma
remote, -a mbali
remove, removal, kuondoa; kuhamisha
remunerate, kulipa
remuneration, ijara; ujira
rend, kurarua
render, kutoa
renew, renewal, kufanya upya
renounce, renunciation, kukataa
renovate, kufanyiza kama kwanza
renown, sifa
renowned, mashuhuri
rent, 1 mahali palipopasuka; 2 kodi ya nyumba
reorganize, kuratibisha upya
repair, kutengeneza kitu kibovu
repairs, matengenezo
reparation, malipo
repay, kurudisha fedha
repeal, kubatilisha
repeat, kusema or kufanya tena
repetition, marudio
repel, kurudisha nyuma; kuchukiza
repellent, -a kuchukiza
repent, be repentant, kutubu
repentance, toba

replace, kuweka badala
replenish, kujaza tena
reply, jibu(ma); kujibu
report, taarifa; ripoti; kuarifu
reporter, ripota(ma); mwandishi
repose, mustarehe
reprehensible, -a kulaumika
represent, *1* kufananisha; *2* kuwakilisha
representative, naibu(ma)
repress, kutiisha; kuonea
repressive, -a kutiisha
reprieve, achilio(ma); kuachilia
reprimand, lawama; kukemea
reprisal, kisasi
reproach, lawama; kulaumu
reproduce, kuzaa; kufuatisha
reproduction, uzazi; mfano
reproof, karipio(ma)
reprove, kukaripia
reptile, jamii ya nyoka na mjusi
republic, jamhuri
repudiate, kujitenga na
repugnant, -a kuchukiza
repulse, kuepusha
repulsive, -a kuchukiza
reputation, sifa
request, maombi; kuomba
require, *1* kuhitaji; *2* kuamuru
requisition, kutoza kwa nguvu
requite, kulipa mema au mabaya
rescue, kuokoa; kuopoa
research, uchunguzi
resemblance, sura moja
resemble, kufanana na
resent, kuchukia
resentful, -enye uchungu
resentment, uchungu
reserve, *1* akiba; kuweka: *2* risavu;
  be reserved, *1* kuwekewa; *2* -nyamavu
reside, kukaa
residence, makao; nyumba
resident, mwenyeji
residue, baki; mashudu
resign, resignation, kujiuzulu
  be resigned, kuridhika; kushukuru
resist, kupinga
resistance, upinzani
resolute, thabiti

resolution, *1* uthabiti; *2* shauri mkataa
resolve, kuyakinia
resort, mahali pa kuendea kwa matembezi au msaada
resource, mahali patokapo msaada
resourceful, -enye busara
respect, staha; kustahi
respectable, -stahiki
respectful, -enye adabu
respecting, kwa habari ya; mintarafu
respiration, respire, kuvuta pumzi
respite, pumziko(ma)
resplendent, -a fahari
respond, kuitika
response, itikio(ma)
responsibility, madaraka
responsible, -enye madaraka; -aminifu
rest, *1* pumziko(ma); kupumzika; *2* mabaki
restaurant, hoteli; mkahawa
restitution, malipo
restive, restless, pasipo utulivu
restore, restoration, *1* kurudisha; *2* kutengeneza
restrain, kuzuia
restraint, kizuizi
restrict, kuwekea mpaka
restriction, sharti ya kuzuia
result, matokeo
  result from, kutokea
  result in, kutokeza
resume, kuanza tena
resumption, mwanzo mpya
resurrection; ufufuo; kiyama
retail, rejareja
retailer, mchuuzaji
retain, kushika
retaliate, kulipiza kisasi
retaliation, kisasi
retard, kukawilisha
retention, kushikilia
retire, *1* kurudi nyuma; *2* kuacha kazi
retirement, faragha; mapumziko
retort, kujibu kwa ubishi
retreat, mahali pa kukimbilia; kurudi nyuma
retrench, kupunguza gharama

retribution, mapatilizo

retrograde, kurudia hali ya nyuma

retrospective, -a kutazama nyuma

return, marejeo; kurudi; kurejea

reunion, mkutano baada ya kufarakana

reveal, kufunua

revel in, kufurahia

revelation, ufunuo

revenge, kisasi; kulipiza kisasi

revenue, mapato ya Serkali kwa kodi, etc.

reverence, uchaji; staha

reverent, -nyenyekevu

reverse, upande wa pili; kupindua

revert to, kurejea

review, ukaguzi; kukagua

revile, kushutumu; kutukana

revise, revision, kusahihisha; kujikumbusha masomo

revival, ufufuo

revive, kuhuisha; kufufua

revoke, kutangua

revolt, maasi; kuasi

revolution, *1* mzunguko; *2* mageuzi makuu; *3* maasi juu ya mtawala

revolve, kuzunguka

revolver, bastola

reward, tuzo; kutuza

rheumatism, baridi yabis

rhino/ceros, kifaru

rhyme, kina

rhythm, mwendo; mizani

rib, ubavu(mb)

ribbon, utepe(t)

rice, mpunga; mchele; wali

rich, tajiri

riches, utajiri; mali

rid of (get), kujiondolea; kuachia mbali

riddle, kitendawili

ride, kupanda baiskeli au mnyama

ridge, mgongo; tuta(ma)

ridicule, dhihaka

ridiculous, -a kuchekesha

rifle, bunduki

rift, ufa(ny)

right, *1* -a kuume; *2* -a haki; *3* sawasawa

   all right! vema!

rigid, *i*liyokazana

rim, ukingo(k)

rind, ganda(ma)

ring (rang, rung) kupiga kengele

ring, pete; duara

ringleader, mtangulizi katika matata

rinse (*clothes*) kusuza; (*mouth*) kusukutua

riot, ghasia

rioters, wafanya ghasia

R.I.P., Astarehe kwa amani

rip, kupasua

ripe, -bivu

ripen, kuiva

ripple, kiwimbi

rise (rose, risen) kuinuka; kuumuka

risk, hatari; kuhatarisha

risky, -a hatari

rival, mshindani; kushindana

river, mto

road, njia; barabara

roar, ngurumo; kunguruma

roast, kuoka motoni

rob, kuibia

robber, mwizi; mnyang'anyi

robe, vazi(ma); kuvaa

robin, ndege mwenye kifua chekundu

rock, *1* mwamba; *2* kupembea; kupembeza

rod, ufito(f)

rogue, ayari

roll, kwenda mrama

roll along, kufingirika; kufingirisha

roll up, kukunja kwa kuzungusha

roll, *1* mkate; *2* orodha ya majina; *3* mdundo

romp, kucheza na kurukaruka

roof, mapaa; dari

room, chumba

roomy, -enye nafasi

root, shina(ma); mizizi

rope, kamba

rosary, tasbihi

rose, *1* *see* **rise**; *2* waridi(ma)

rosette, shada

rosy, -ekundu; -zuri

rot, kuoza

rotate, *1* kuzunguka; *2* (*crops*) kupangilia
rotation, *1* mzunguko; *2* mapangilio
rotten, -bovu
rough, -a kuparuza
round, duara; mviringo
  be round, kuviringana
  go round, kuzunguka
  turn round, kugeuka
rouse, kuamsha; kustusha
route, njia
routine, taratibu ya kila siku; kawaida
row, *1* safu; *2* kupiga makasia; *3* makelele
royal, -a kifalme
royalty, *1* ujamaa wa mfalme; *2* malipo ya mtunga kitabu
R.S.V.P., Tafadhali lete jibu
rub, kusugua; kufikicha
rubbish, takataka; upuzi
rudder, usukani(s)
rude, -enye kukosa adabu
rudimentary, -a mwanzo tu
rudiments, maarifa ya kwanza
rug, zulia(ma)
ruin/s, magofu; mabomoko; kuangamiza; kuharibu
rule, kanuni; amri; kutawala
  as a rule, kwa kawaida
ruler, *1* mtawala; *2* rula
rumour, uvumi; fununu
  be rumoured, kuvumika
run (ran) *1* kwenda mbio; *2* kuchujuka rangi
run after, kufuatia mbio
run away, kukimbia; kutoroka
run down, *1* kupotewa na nguvu; *2* kusingizia
run out of, kuishiwa na
rung, *1* see **ring**; *2* kipandio cha ngazi
rupture, kuvunja
rural, -a mashambani
rush, kikaka; kuenda kasi
rushes, matete
rust, kutu
rustle, mchakacho; kuchakarisha
rut, mfuo wa magurudumu njiani
ruthless, pasipo huruma

S

sabotage, kuharibu makusudi
sack, gunia(ma); kuondoa kazini
sacred, wakf; -takatifu
sacrifice, dhabihu; kutoa dhabihu
sad, -enye huzuni
sadden, kuhuzunisha
saddle, kiti cha baiskeli au farasi
sadness, huzuni
safe, salama
safeguard, kinga; kuhifadhi
safety, usalama
sag, kunepa
said, see **say**
sail, tanga(ma); kutweka tanga
sailor, baharia(ma)
saint, mtakatifu
sake, ajili
salad, mboga mbichi; saladi
salary, mshahara; ujira
sale, mnada; upunguzi wa bei
saliva, mate
salt, chumvi
salutary, -enye faida
salutation, salamu
salute, kusalimu
salvage, vitu vilivyookolewa baada ya gharika au moto
salvation, wokovu
same, ile ile; kile kile; etc.
sample, kiolezo; mfano
sanctify, kutakasa
sanction, idhini
sanctions, matendo ya kuonya
sanctity, utakatifu
sanctuary, mahali patakatifu au pa salama
sand, mchanga
sandbank, fungu(ma)
sandal, kiatu
sane, -enye akili timamu
sang, see **sing**
sanitary, -a kutunza afya
sanitation, maangalizi ya afya na usafi
sanity, akili timamu
sap, utomvu
sapling, mti mchanga
sarcasm, maneno machungu
sardines, dagaa
sash, mshipi
Satan, Shetani

satchel, shanta; mkoba
satellite, kizunguka-dunia; kifuasi
satire, dhihaka
satirical, -a dhihaka
satisfaction, ridhaa
satisfactory, -a kufaa
satisfy, kuridhisha; kutosheleza
saturate, kulowesha kabisa
Saturday, Jumamosi
sauce, mchuzi
saucepan, sufuria
saucer, kisahani
saunter, kutembea polepole
savage, -kali
save, *1* kuokoa; *2* kuweka akiba
savings, fedha iliyowekwa
saviour, mwokozi
savoury, -a kukolea vema
saw, *1 see* see; *2* msumeno
sawdust, unga wa mbao
say (said) kusema
say to, kuambia
scaffold, jukwaa(ma)
scald, kuunguza kwa maji ya moto
scale, *1* kipimio; *2* gamba(ma)
scales, mizani
scan, kutazama
scandal, aibu; machongezi
scandalize, kuchukiza
scandalous, -a kuchukiza
scanty, haba
scar, kovu
scarce, haba
scarcely, kwa shida
scarcity, uchache
scare, kutisha
scarecrow, kitisha-ndege
scarlet, rangi nyekundu
scatter, kutapanya
be scattered, kutapanyika
scene, scenery, sura ya nchi; mandhari
scent, harufu; marashi
sceptical, -enye shaka
sceptre, fimbo ya kifalme
scheme, mpango
scholar, *1* mtaalamu; *2* mwanafunzi
scholarship, *1* elimu ya juu; *2* tuzo ya kulipiwa masomo
school, chuo; shule

science, elimu; sayansi
scissors, mkasi
scold, kukaripia
scoop, kukomba
scope, eneo(ma); nafasi
scorch, *1* kuunguza; *2* kuendesha kasi
score, korija; kuandika bao
scorn, dharau; kudharau
scornful, -bezi
scorpion, nge
scoundrel, mlaghai
scourge, mjeledi; maafa; kupiga
scout, mpelelezi; skauti; kupeleleza
scrap, kipande kidogo
scrape, kuparuza
scrape through, kufaulu kwa shida
scratch, mtai; kupiga kucha; kukuna
scrawl, scribble, kuandika vibaya; kuchorachora
scream, screech, kiyowe; kulia kwa nguvu
screen, *1* kiwambo; kusetiri; *2* kuchunguza sana
screw, skrubu
scribble, *see* scrawl
Scripture, Maandiko Matakatifu
scrub, kusugua kwa burashi
scruple, shaka
scrupulous, -angalifu sana
scrutinize, kuchunguza
scrutiny, uchunguzi
scuffle, kububurushana
sculptor, mchora mawe
sculpture, sanamu ya kuchora
scum, povu
scythe, mundu mkubwa
sea, bahari
sea-level, usawa wa bahari
seal, *1* muhuri; kutia muhuri; *2* mnyama wa bahari
search, kutafuta
searchlight, kurunzi
season, *1* majira ya mwaka; *2* kukoleza chakula
seasonable, -a kupatana na wakati
seasoning, kiungo cha chakula
seat, kiti
secede, kujitoa katika ushirika

secluded, -a faragha
seclusion, faragha
second, *1* nukta; *2* -a pili
secondary, -a cheo cha pili
secondhand, si mpya
secondrate, hafifu
secrecy, faraghani
secret, siri
secretary, karani(ma)
secrete, kuficha
secretly, kwa siri
sect, madhehebu
section, mkato; sehemu
secular, -a kuhusu ulimwengu huu
secure, salama
security, usalama
sedative, dawa ya kutuliza
sediment, mashudu
seduce, kutongoza: kupotoa
see (saw, seen) kuona; kufahamu
seed, mbegu; mzao
seedling, mche
seek, kutafuta
seem, kuonekana
seemly, -zuri
seen (be), kuonekana
seesaw, pembea
segregate, segregation, kubagua
seize, seizure, kukamata; kushikilia
seldom, mara chache
select, kuchagua
selection, vitu vilivyochaguliwa
self, nafsi; -enewe; -ji-
self-assertion, kujitanguliza
self-confidence, kujitegemea
self-control, kujiweza
self-importance, majivuno
self-respect, kujistahi
self-same, *i*le *i*le
self-service store, duka la kujihudumia wenyewe
selfish, -enye choyo
self will, ukaidi
sell (sold) kuuza
semblance, dalili; ufananaji
semi-, nusu
send (sent) kupeleka; kutuma
send back, kurudisha
senior, mkubwa kwa umri au cheo
seniority, utangulizi

sensation, ushangao; maono
sensational, -a kushangaza
sense, akili; maana
common-sense, busara
sensible, -a busara
sensitive, upesi wa kuchomwa moyo
sensual, -a kuamsha tamaa
sent (be), kutumwa; kupelekewa
sentence, *1* hukumu; kukata hukumu; *2* fungu la maneno
sentimental, -enye moyo mwanana
sentry, askari wa zamu; mlinzi
separate, mbalimbali; kutenga; kuachana
separation, kuachana
sepulchre, kaburi(ma)
sequel, matokeo; mwisho
sequence, ufuatano
seraph, malaika
serene, -tulivu
serenity, utulivu
serf, mtumwa
sergeant, sajini
serial, -a kufuatana kwa utaratibu
series, mfululizo
serious, -a maana; -enye fikira
sermon, mahubiri
serpent, nyoka
servant, mtumishi
serve, kutumikia; kufaa
service, kazi; ibada
serviceable, -a kufaa
servitude, utumwa
session, kipindi cha mkutano
set, *1* kuweka; *2* kuchwa jua
settle, *1* kutuliza; *2* kukata shauri; *3* kukaa mahali
settlement, makao
settlers, masetla; wageni
seven, saba
seventeen, kumi na saba
seventy, sabini
sever, kukata
several, -ingi kidogo; baadhi ya
severe, -kali
severity, ukali
sew, kushona
sewage, maji machafu ya nyumbani na mjini

sewer, bomba la kuchukulia maji machafu
shabby, -a kuchakaa
shade, shadow, kivuli; kutia kivuli
shake (shook, shaken) kutikisa; kutikisika
shaky, -a kutikisika
shallow (maji) machache
sham, -a uongo
shame, aibu; kuaibisha
a shame, si haki
shameful, -a kuaibisha
shampoo, kuosha nywele
shape, umbo(ma); namna
share, fungu(ma); kugawa; kushiriki
shareholder, mshiriki mali ya kampuni
shark, papa
sharp, -kali; -erevu
sharpen (*knife*, etc.) kunoa; (*pencil*) kuchonga
shatter, kuvunja vipande vipande
shave, kunyoa
she, yeye (mwanamke)
sheaf, mganda
shear, kukata manyoya ya kondoo
shears, mkasi mkubwa
sheath, ala(ny); kifuniko
shed, kibanda
sheep, kondoo
sheet (*bed*) shuka; (*paper*) karatasi
shelf(ves), rafu; kibao
shell, kombe na kome za pwani; ganda gumu; kumenya
shelter, kimbilio(ma); kifuniko
shepherd, mchungaji
shield, ngao; kinga; kulinda; kusetiri
shift, kusogeza; zamu ya kazi
shine (shone) kung'aa
ship, meli; chombo
shipwreck, kuvunjika meli
shirk, kuepuka kazi
shirt, shati(ma)
shiver, kutetemeka
shoal, *1* kundi la samaki; *2* maji haba
shock, kishindo; mshtuko; kufadhaisha
shocking, -a kuchukiza

shoddy, hafifu
shoe, kiatu
shook, *see* shake
shoot (shot), *1* kupiga bunduki; *2* kuchipuka
shooting star, kimwondo
shop, duka(ma)
shopkeeper, mwenye duka
shoplifting, kuiba vitu dukani
shore, pwani
short, -fupi; -pungufu
shortcomings, ukosefu
shorten, kufupisha; kupunguza
shorthand, mwandiko wa kukata
shorthanded, bila watu wa kutosha
shortly, baadaye kidogo
shortsighted, -a kuweza kuona vya karibu tu
short-tempered, -a hamaki
shot, *1 see* shoot; *2* marisaa
shoulder, bega(ma)
shout, kupiga kelele
shove, kusukuma
shovel, sepeto(ma)
show, onyeshano(ma); tamasha; kuonyesha
show off, kupiga mikogo; kuringa
shower, manyunyu
shrink (shrank, shrunk) kunywea; kurudi
shrink from, kutotaka
shrivel, kukauka; kusinyaa
shroud, saanda
shrub, mti mfupi
shudder, kutetemeka
shun, kuepuka
shunt, kusogeza
shut, kufunga, kufumba
shutters, mbao za dirisha
shy, -enye haya
shyness, haya
sick, mgonjwa
sickle, mundu
sickness, ugonjwa
side, upande
sideways, kwa upande; kimbavumbavu
siding, njia ya kando
siege, mazingiwa ya vitani
sieve, chekecheke
sieve, sift, kuchekecha
sigh, kuhema

sight, uoni

sign, *1* dalili; alama; *2* kutia sahihi

signal, ishara; kionyo; kuashiria; kuonya

signature, sahihi

significance, maana

significant, -enye maana

signify, kuonyesha maana fulani

silage, majani mabichi ya *silo*

silk, hariri

silly, -jinga; -puzi

silo, shimo la kutengenezea cha-kula cha ng'ombe

silver, fedha

similar, -a kufanana

similarity, ufanani

similarly, vilevile

similitude, mfano

simmer, kuchemka polepole

simple, rahisi; bila mambo mengi

simplification, simplify, kufa-nya rahisi

simulate, simulation, kujifa-nya; kuiga

simultaneous, sawia; palepale

sin, dhambi

since, tangu; tokea

sincere, -nyofu

sincerely, kwa moyo

sincerity, un'yofu; kweli

sinful, -enye dhambi

sing(sang, sung) kuimba

singer, mwimbaji

single, moja tu; peke yake

singly, moja moja

singular, -a peke yake

singularity, tofauti

sinister, -a shari

sink, kuzama

sink in, kutopea

sinner, mwenye dhambi

sip, kionjo; kunywa kidogo kidogo

sir, bwana

sisal, katani

sister, dada

sister-in-law, shemeji

sit, kukaa; kuketi

site, kiwanja; mahali

sitting-room, sebule

situation, mahali; hali; mambo yalivyo

six, sita

sixteen, kumi na sita

sixty, sitini

size, ukubwa; kipimo

skate, kuteleza juu ya barafu

skein, fundo la uzi; kataa

skeleton, mifupa ya mwili

sketch, picha iandikwayo upesi

skid, kuteleza

skilful, -stadi; -bingwa

skill, ustadi; ubingwa

skim, *1* kuengua; *2* kusoma juu-juu

skin, ngozi; ganda(ma)

skip, kurukaruka

skipper, nahodha; kapiteni(ma)

skirt, shuka ya kike

skit, kiigo cha kuchekesha

skull, fuu la kichwa

sky, mbingu; anga

sky-blue, samawati

skyscraper, jengo lenye orofa nyingi

slab, bamba(ma)

slack, -legevu; -a kulegalega

be slack, kulegea

slacken, kulegeza

slam, kushindika kwa kishindo

slander, masingizio; kusingizia

slang, maneno ya kutumika ka-tika maongezi tu

slanting, mshazari; -a kwenda upande

slap, kupiga kofi

slapdash, -a purukushani

slash, kukatakata

slate, kigae cha kuezekea; kibao cha kuandikia

slaughter, kuchinja

slave, mtumwa

slavery, utumwa

slay, kuua

sledge, sleigh, gari ya kuteleza bila gurudumu

sleep (slept) kulala usingizi

be sleepy, kusinzia

be sleepless, kuwa macho

sleeve, mkono wa nguo

slender, -embamba

slice, ubale(mb); kipande che-mbamba

slide, kuteleza

slight, madhili; -dogo

slightly, kidogo

slim, -embamba
slime, tope la kunata
sling (slung) kombeo(ma); mweleka; kuvurumisha
slink, kwenda kisirisiri
slip, kuteleza; kuponyoka
slipper, kiatu
slippery, -enye utelezi
slipshod, -a kupurukusha
slit, kupasua; kuchana
slope, mtelemko; kutelemka
sloping, -a kwenda upande
slot, tundu jembamba
slothful, -vivu
slovenly person, mkoo
slow, -kokotevu; si -epesi
slowly, polepole
slug, koa uchi
sluggard, mvivu
slum, mtaa mchafu wenye nyumba mbovu
slumber, usingizi; kulala usingizi
slump, mshuko wa bei wa ghafula
sly, -enye hila
slyly, kwa hila
small, -dogo
smallpox, ndui
smart, 1 malidadi; 2 -epesi; 3 kuchochota
smash, kuvunja kabisa
smear, kupaka
smell, harufu; kunusa; kunuka (bad); kunukia (sweet)
smile, kuchekelea
smith, mhunzi
smoke, moshi; kutoa moshi; kuvuta tumbako
smooth, laini
smother, kusonga roho; kufunika
smoulder, kuwaka kidogo tu
smudge, waa(ma)
smuggle, kuingiza kwa siri
smuggler, mpenyezi
smuts, masizi
snack, chakula kidogo
snag, kizuizi
snail, konokono(ma)
snake, nyoka
snap, kukatika; kualika
snap at, kung'akia; kusema kwa hamaki
snap up, kushikilia upesi

snapshot, picha iliyopigwa kwa kamera
snare, tanzi(ma); kunasa
snarl, kutoa ukali
snatch, kunyakua
sneak, kuenda kifichifichi; kuchongea
sneer, kudharau
sneeze, kupiga chafya
sniff, kuvuta puani
snip, kukata kidogo kwa mkasi
snob, mpenda makuu
snore, kukoroma usingizini
snort, (animals) kukoroma
snout, pua ya mnyama
snow, theluji
snub, kukatiza kwa dharau
snuff, ugolo
so, hivi; sana; kwa hiyo
so that, ili
soak, kulowesha
soap, sabuni
soar, kuruka juu angani
sob, kulia kwa kwikwi
sober, -a kiasi; -enye busara; si mlevi
sociable, -kunjufu
social, -a urafiki
social centre, jumba la starehe
society, 1 urafiki; 2 chama; shirika
socket, tundu la kushikia kitu
soda, magadi
soft, -ororo; -teketeke
soften, kulainisha
soil, udongo; kuchafua
sojourn, kukaa kwa muda
solace, faraja; kufariji
solar, -a jua
sold, see sell
  be sold, kuuzwa
solder, lehemu; kulehemu
soldier, askari
sole, 1 -a peke yake; 2 wayo(ny)
solemn, -a kuheshimiwa
solicit, 1 kuomba; 2 kubemba
solicitor, mwanasheria
solid, imara; -gumu
solitary, -a peke yake
solitude, upweke: faragha
soluble, -a kuyeyuka
solution, 1 myeyusho; 2 ufumbuzi

solve, kufumbua
solvent, dawa ya kuyeyusha
  be solvent, kutofilisika
sombre, -a kuondoa furaha
some, -ingine; baadhi ya
somebody, someone, mtu (sijui nani)
somehow, kwa njia yo yote
something, kitu (sijui nini)
sometimes, mara kwa mara
somewhere, mahali (sijui wapi)
son, mwana
son-in-law, mkwe
song, wimbo(ny)
soon, sasa hivi
soot, masizi
soothe, kutuliza
sorceror, mchawi
sorcery, uchawi
sordid, -chafu
sore, kidonda
  be sore, kuuma
sorely, sana
sorrow, huzuni
  be sorry, kusikitika
sort, namna; aina
sort out, kuainisha; kupanga
S.O.S., wito wa kutaka msaada
soul, roho
sound, 1 sauti; 2 -zima
soup, mchuzi
sour, -chungu
source, asili; mwanzo
south, kusini
southern, -a kusini
souvenir, kumbukumbu
sovereign, mfalme
sow, nguruwe jike; kupanda mbegu
sower, mpandaji
space, 1 nafasi; 2 anga za juu
spacious, -enye nafasi; -kubwa
spade, jembe la kizungu
spanner, koleo
spare, -a akiba; kutoa; kuachilia
spark, cheche
sparkling, -a kumetameta
sparse, haba
spasm, mshtuko; bidii ya kipindi
spasmodic, mara kushika, mara kuacha
spawn, mayai ya samaki; kutoa mayai

speak (spoke, spoken) kusema, kunena
speaker, mwenye kusema
spear, mkuki
special, maalum; -a peke yake
specialist, mtaalamu katika kazi fulani; daktari mkuu
specialize, kufuata elimu ya namna moja
specially, hasa; zaidi
species, aina
specific, 1 dhahiri; 2 -a kuainisha; 3 dawa maalum
specification, taarifa ya kuainisha
specify, kupambanua; kutaja sawasawa
specimen, kiolezo
speck, kiwaa kidogo
speckled, -enye mawaa
spectacle, jambo la kutazamisha
spectacles, miwani
spectacular, -a kutazamisha
spectator, mtazamaji
speculate, kukisia; kubahatisha
speculation, mabahatisho ya fedha
speech, usemi; lugha; hotuba
  be speechless, kuduwaa
speed, 1 kadiri ya mwendo; 2 kwenda mbio
speedily, kwa haraka
speedometer, mtambo wa kupimia mwendo
speedy, -a haraka
spell, spelling, kuendeleza herufi za neno
  cast a spell, kutabana
spend, kutumia fedha au nafasi
sphere, umbo la mpira; mazingira
spice, bizari, basibasi, dalasini, etc.
spider, buibui
  spider's web, utando(t)
spike, ncha kali ya chuma
spill, kumwaga; kuangusha
spin, kusokota uzi; kuzunguka vuru
spine, uti wa mgongo
spinster, mwanamke asiyeolewa
spire, mnara uliochongoka juu
spirit, 1 roho; pepo; 2 mvinyo
spiritual, -a kiroho

spit, kutema mate
spite, chuki
  in spite of, ingawa; ijapokuwa
spiteful, -a chuki
splash, kurusha maji
splendid, -zuri sana
splendour, fahari
splice, kuunganisha
splint, gango(ma)
splinter, kibanzi
split, kupasua; kuchana
spoil, nyara; kuteka; kuharibu
spoke, 1 see speak; 2 tindi(ma);
  taruma(ma)
spokesman, msemaji kwa ajili ya
  wenzake
sponge, sifongo
spongy, yavuyavu
sponsor, mdhamini
spontaneous, kwa hiari; bila
  ushawishi
spoon, mwiko; kijiko
sport, michezo; kuwinda
spot, 1 doa(ma); kipele; 2 mahali
spotless, safi kabisa
spouse, mume; mke
spout, mdomo wa chombo
sprain, kutegua; kuteguka
sprawl, kutandawaa
spray, marasharasha; kunyunyiza
spread, kuenea; kueneza; kupaka
sprig, kitawi
spring, 1 (England) miezi March–
  May; 2 chemchemi; 3 mtambo
spring (sprang, sprung) ku-
  ruka
sprinkle, kunyunyiza
sprout, kuchipuka
sprung, see spring
spur, 1 kichocheo; 2 mahali pana-
  potokeza
spurious, -a uongo
spurn, kukataa kwa dharau
spurt, mbio za ghafula; bubujiko
  la ghafula
spy, mpelelezi; kupeleleza
squabble, kubishana
squad, kundi dogo la askari
squalid, -chafu; duni
squander, kupoteza mali
square, mraba
squash, kuponda; kusonga
squeak, kulia kama panya

squeal, kulia kama watoto wa
  nguruwe
squeeze, kukamua
squint, makengeza
squirt, kupuliza maji kwa ki-
  bomba
stab, kuchoma mkuki
stability, imara
stabilize, kuimarisha
stable, 1 imara; 2 banda(ma);
  zizi(ma)
stack, chungu ya majani, kuni,
  etc.; kupanganya
staff, 1 fimbo; 2 jamii ya wafanya
  kazi
stage, jukwaa; mwendo kati ya
  kituo na kituo
stagger, kupepesuka
staggering, -a kushangaza
stagnant water, maji yanayolala
stagnate, kukosa maendeleo
stain, waa(ma); kutia waa
stainless, bila waa; isiyoshika
  kutu
staircase; stairs, ngazi ya nyu-
  mbani
stale, -kavu; -bovu
stalk, kikonyo; kunyatia
stall, 1 meza ya kuwekea bidhaa;
  2 zizi
stammer, kigugumizi; kugugu-
  miza
stamp, 1 tikiti ya posta; 2 ku-
  chapua miguu
stampede, makimbizi ya ghafula
stand, kusimama
standard, kanuni ya ubora
standardize, kuweka kanuni; ku-
  fuata kanuni
staple, -enye maana zaidi
star, nyota
starch, wanga; kutia wanga
stare, kukaza macho
start, mwanzo; kuanza; kuanzi-
  sha
startle, kustusha
startling, -a kustusha
starvation, njaa kali
starve, kudhoofika kwa njaa
state, 1 Serkali; 2 hali
statement, taarifa
statesman, mwenye rai katika
  mambo ya Serkali

station, kituo; cheo; kuweka mahali
stationary, -a kusimama
stationery, vifaa vya kuandika
statistics, maelezo kwa hesabu
statue, sanamu iliyochorwa
stature, kimo
statute, amri
staunch, thabiti; kuzuia damu
stay, kukaa kwa muda
steadfast, steady, imara, thabiti
steal (stole, stolen) kuiba; kwenda kimya
stealthy, -a siri
steel, chuma cha pua
steep, _1_ -a kuinuka ghafula; _2_ kuloweha
steer, kushika usukani; kuongoza
stem, shina(ma)
stench, uvundo
step, hatua; daraja(ma)
sterile, tasa, gumba
sterilize, kufisha vijidudu vya ugonjwa
sterling, _1_ fedha ya Kiingereza; _2_ -a kuaminiwa
stern, _1_ -kali; _2_ shetri
stew, kutokosa
steward/ess, mtumishi wa abiria
stewardship, maangalizi ya mali ya watu
stick, _1_ fimbo; _2_ kunata
sticky, -a kunata
stiff, -gumu
stifle, kusonga
stigma, aibu
stile, daraja ya kuvukia kitalu
still, _1_ -tulivu; _2_ lakini; hata sasa
stillness, shwari
stimulant, stimulus, kichocheo
stimulate, kuchochea; kutia nguvu
sting, kuuma kama nyuki
stingy, -nyiminyimi
stink, kuvunda
stipulate, kuweka masharti
stipulation, sharti(ma)
stir, kukoroga
stir up, kuvuruga; kuchochea
stitch, kushona
stock, akiba
stockade, boma(ma)

stockings, soksi ndefu
stodgy, -zito
stoical, -vumilivu
stoke, kutia makaa
stolen, _see_ **steal**
  be stolen, kuibiwa
stomach, tumbo(ma)
stone, jiwe(mawe); (_of fruit_) kokwa(ma)
stood, _see_ **stand**
stool, kiti kifupi
stoop, kuinama
stop, kituo; kikomo; kusimama, kusimamisha; kukoma, kukomesha
stop up, kuziba
stopgap, badala(ma); funikapengo
stopper, kizibo
store, akiba; ghala(ma); duka(ma); kuweka akiba
storey, orofa
stork, korongo(ma)
storm, dhoruba
story, hadithi
stout, -nene
stove, jiko(meko)
stow, kupakiza mizigo
stowaway, mjificha melini
straggler, mtangatanga
straight, sawa; -a kunyoka
straighten, kunyosha
strain, _1_ kuvuta kwa nguvu; _2_ kuchuja; kichujio
strand, _1_ jino la kamba; _2_ ufukoni
  be stranded, kupwelewa; kuachwa katika shida
strange, -a kigeni
stranger, mgeni
strangle, kunyonga
strap, 'ukanda(k)
stratagem, werevu
strategy, maarifa ya vita
straw, mbua kavu za nafaka
stray, kupotea njia
streak, mlia
stream, kijito
street, njia ya mji
strength, nguvu
strengthen, kuongeza nguvu
strenuous, -gumu
stress, mkazo; kukaza
stretch, kunyosha

stretcher, machela ya kuchukulia mgonjwa
strew, kutawanya chini
strict, -kali
stride, hatua ndefu
strife, ugomvi
strike, *1* pigo(ma); kupiga; *2* mgomo; kugoma
string, uzi; kigwe
stringent, -a mkazo
strip, kipande chembamba; chane; kuondoa; kuvua
stripe, mlia
striped, -enye milia
strive, kujitahidi
stroke, *1* pigo(ma); *2* kupapasa
stroll, kutembea polepole
strong, -a nguvu
stronghold, ngome
structure, muundo; jengo(ma)
struggle, kushindana; kufanya jitihada
stubborn, -kaidi
student, mwanafunzi
study, kujifunza; kuchungua
stuff, *1* kitambaa; *2* kujaza
stuffing, kitu cha kujazia
stumble, kujikwaa
stumbling-block, kikwazo
stump, kigutu
stun, kuzimisha akili; kuduwaza
be stunned, kuzimia; kuduwaa
stunted (be), kuvia
stupefy, kuduwaza
stupid, -pumbavu
stupidity, upumbavu
sturdy, -a nguvu
stutter, kigugumizi: kugugumiza
sty, banda la nguruwe
style, mtindo
sub, chini ya
subdue, subject, subjugate, kutiisha
subject, *1* raia; *2* jambo; kisa
submarine, chini ya bahari
submerge, kuzamisha
submission, utii
submit to, kutii; kuvumilia
subordinate, -a chini
subscribe, kutoa fedha kwa gazeti, etc.
subscription, malipo ya gazeti, etc.

subsequent, -a baadaye
subside, kushuka; kupungua
subsidize, kusaidia kwa fedha
subsidy, fedha ya msaada
subsist on, kuponea
subsistence, maishilio
substance, kitu
substantial, -a hakika; -a maana
substantiate, kuthibitisha
substitute, substitution, kutia badala
subterranean, chini ya nchi
subtract, kutoa
suburb, kiunga
suburban, -a kiungani
subversion, upinduzi
subvert, kupindua
succeed, *1* kufaulu; *2* kufuata
success, sudi
successful, -enye kufaulu
succession, mafuatano
successive, -a kufuatana
successor, mrithi; mwenye kufuata
succour, msaada; kusaidia
succumb, kushindwa
such, -a namna hiyo
such as, kama
suck, kufyonza; kunyonya
suckle, kunyonyesha
suction, mfyonzo
sudden, -a ghafula
sue, kudai
suffer, kuumwa; kupatwa na
suffering, maumivu
suffice, kutosha
sufficient, -a kutosha
suffocate, suffocation, kuzuiwa pumzi
suffrage, haki ya kuchagua madiwani kwa kura
sugar, sukari
sugarcane, muwa(miwa)
suggest, kutoa shauri
suggestion, shauri(ma)
suggestive, -a kufikirisha
suicide, kujiua
suicidal, -a kuleta hasara kubwa
suit, kufaa
suitable, -a kufaa
sulk, kununa
sulky, -kimwa

sulphur, kiberiti
sultry, -a hari
sum, jumla
summarily, bila kukawia
summarize, kufupisha
summary, muhtasari
summer, kiangazi
summit, kilele; upeo
summon, kualika
summons, mwaliko kortini
sun, jua(ma)
Sunday, Jumapili
sundry, kadha wa kadha
sung, see sing
sunrise, mapambazuko; kucha
sunset, kuchwa; machweo
sunshine, jua
super, bora
superb, -zuri kabisa
supercilious, -a kiburi
superficial, -a juujuu
superfluity, mazidio
superfluous, -a zaidi
superintend, kuangalia
superintendence, maangalizi
superintendent, mwangalizi
superior, bora
superiority, ubora
supernatural, si ya ulimwengu huu
superstition, ibada ya ujinga
supervise, kuangalia
supervision, maangalizi
supper, chakula cha jioni
supplant, kutwaa mahali pa
supplement, nyongeza
supplementary, -a kuongeza
supplication, maombi
supplies, vyakula; manufaa
supply, kutoa; kuruzuku
support, 1 tegemeo(ma); kutege-meza; 2 msaada; kusaidia
suppose, kudhani; kukisi
supposing, ikiwa
supposition, wazo(ma)
suppress, suppression, kuko-mesha; kushinda
supremacy, enzi kuu
supreme, juu ya yote
supremely, sana mno
sure, -a hakika
make sure, kuhakikisha
surely, bila shaka

surety, dhamana
surf, povu ya mawimbi
surface, uso; upande wa nje
surfeit, kinaya
be surfeited, kukinaishwa
surge, kuumuka
surgeon, daktari wa kupasua
surgery, kazi ya kupasua; afisi ya daktari
surmise, kudhani
surmount, kushinda
surname, jina la ukoo
surpass, kushinda
surplus, ziada
surprise, jambo lisilotazamiwa; kushangaza
surrender, kujitoa
surreptitious, -a siri
surround, kuzunguka
surroundings, mazingira
survey, kutazama; kuaua
surveyor, bwana pima
survival, survive, kupona katika hatari
survivor, mwenye kuokoka
susceptible, -epesi wa kupatwa
suspect, kushuku
suspend, 1 kutundika; 2 kuacha kwa muda
suspense, mashaka
suspension, kuachwa kwa muda
suspicion, shaka
suspicious, -enye kushuku
sustain, 1 kutegemeza; 2 kupatwa na
sustenance, riziki
swab, pamba au kitambaa cha kupangusia
swagger, kuranda
swallow, 1 mbayuwayu; 2 ku-meza
swam, see swim
swamp, bwawa(ma)
swampy, -a matope
swan, ndege mkubwa wa maji
swarm, kundi la wadudu; ku-songamana
sway, kuwayawaya
swear, kuapa
swear at, kulaani; kutukana
sweat, jasho; kutoa jasho
sweep, kufagia
sweep up, kuzoa

sweepstake, mchezo wa bahati nasibu
sweet, -tamu
sweetheart, mchumba
sweetness, utamu
swell (swelled, swollen) kuvimba; kuumuka
swelling, kivimbe
swerve, kuepa
swift, -epesi
swim (swam, swum) kuogelea
swindle, kupunja
swindler, ayari
swine, nguruwe
swing, pembea; kuning'inia
swing arms, kupunga mikono
switch, mtambo wa stimu; swichi
swollen (be), kuvimba
swoop, kurukia
swap, kubadili
sword, upanga(p)
swum, see swim
syllable, silabi
syllabus, muhtasari
symbol, dalili
symmetrical, -enye ulinganifu
sympathetic, -enye huruma
sympathize with, kufariji
sympathy, faraja
symptom, dalili
synagogue, sinagogi(ma)
synonymous, -enye maana moja
synopsis, ufupisho wa habari
synthetic, -a kubuniwa; si asilia
syphilis, kaswende
Syria, Sham
syrup, asali
system, utaratibu; mwili
systematic, -a utaratibu

T

table, 1 meza; 2 orodha
taboo, mwiko
tabulate, kupanga kwa orodha
tacit, bila kusema
taciturn, -nyamavu
tack (sailing) kubisha; (sewing) kushikiza
tackle, 1 vifaa; 2 kushikilia
tacks, misumari midogo
tact, busara
tactics, njia za busara

tadpole, mtoto wa chura
tail, mkia
tailor, mshona nguo
taint, uvundo
take (took, taken) kutwaa
take after, kufanana na
take away, kuondoa
take care, kuangalia
take fright, kuogopa
take hold, kushika
take in, 1 kufahamu; 2 kudanganya
take leave, kuaga
take off, kuvua
take out, kutoa
take place, kufanyika
take to, 1 kupenda; 2 kupeleka
take to pieces, kukongoa
take up, kujishughulisha na
tale, hadithi
tell tales of, kuchongea
tale-bearer, mchongezi
talent, majaliwa; akili
talented, -elekevu
talk, maongezi; kuongea
talkative, -enye maneno mengi
tall, -refu
tally, kuwa sawa
tame, kufuga; -pole
tamper with, kuchezea bila ruhusa
tan, kutia ngozi dawa isioze
tangerine, chenza
tangible, -a kugusika
tangle, mtatizo; kutatiza
tank, tangi(ma)
tanker, meli ichukuayo mafuta
tap, 1 bulula; 2 kugotagota; 3 kugema
tape, utepe
tape-measure, kipimio
tapestry, zulia ya ukutani
tar, lami
tardy, -a kukawia
target, shabaha
tariff, orodha ya bei
tarnish, kupata kutu
tarry, kukawia
tart, 1 -chungu; 2 matunda na pastry
task, kazi
tassel, kishada
taste, ladha; kuonja

tasteless, chapwa
tasty, -a kukolea
tatters, nguo mbovumbovu
tattoo, *1* mdundo; tamasha ya kiaskari: *2* chale
taught, *see* teach
  be taught, kufundishwa
taunt, kudhihaki
taut, iliyokazwa
tavern, hoteli
tax, kodi
taxi, taksi
tea, chai
teapot, birika ya chai
teach(taught), kufundisha
teacher, mwalimu
teaching, mafundisho
team, timu
tear (tore, torn) kutatua
tears, machozi
tease, kuchokoza
teaspoon, kijiko kidogo
teat, chuchu
technical, -a ufundi
tedious, -a kuchosha
teenager, kijana; msichana
teeth, meno
teethe, kuota meno
telegram, simu
telegraph, kupeleka simu
telephone, simu ya midomo
telescope, darubini ya nyota
tell (told) kuambia; kuarifu
temper, temperament, tabia
  lose temper, kukasirika
temperance, kiasi
temperate, -a kiasi
temperature, kadiri ya joto
tempest, tufani
temple, hekalu(ma)
temporal, -a dunia hii
temporarily, kwa muda tu
temporary, -a kitambo
tempt, kushawishi
temptation, mvuto
tempting, -a kutamanisha
ten, kumi
tenacious, -a kushikamana
tenacity, nguvu ya kushikamana
tenant, mpangaji wa nyumba
tend, kutunza
tend to, kuelekea
tendency, maelekeo

tender, -ororo
tender-hearted, -enye huruma
tense, *1* wakati (*grammar*); *2* iliyokazwa; -a kufadhaisha
tension, kadiri ya mkazo
tent, hema
tentative, -a kujaribia
tepid, -a uvuguvugu
term, muda
terminate, kukomesha
termination, mwisho
terminus, kituo cha mwisho
termites, mchwa
terms, masharti
  come to terms, kupatana
terrace, mtaro
terrestrial, -a dunia
terrible, -a kutisha
terribly, sana
terrific, -kubwa mno
terrify, kutisha
territory, nchi
terror, hofu kuu
test, kujaribu; kupima
testament, wusia; agano(ma)
testify, kushuhudia
testimonial, barua ya sifa
testimony, ushahidi
tether, kufungasha kwa kamba
text, aya
textbook, kitabu cha mafundisho
textiles, vitambaa kwa jumla
than, kuliko
  more than, zaidi ya
thank, kushukuru
thankful, -enye shukrani
thankfulness, shukrani
thankless, pasipo shukrani
thanks, thank you, ahsante
thanksgiving, ibada ya kushukuru
that, -le
thatch, kuezeka; maezeko
thaw, kuyeyuka barafu
theatre, jumba la michezo ya kuigiza
theft, wizi
their, theirs, -ao
them, wao
themselves, wao wenyewe
then, wakati ule; ndipo; kisha
thence, toka huko
thenceforth, tokeapo

theology, elimu ya Dini
theoretical, -a akili si matendo
theory, kisio(ma)
there, pale; kule; mle
thereafter, baada ya hayo
therefore, kwa hiyo
therewith, thereupon, ndipo
thermometer, kipima-joto
these, hawa, hizi, etc.
they, wao
thick, -nene
thicket, kichaka
thickness, unene
thief, mwizi, mwivi
thimble, subana
thin, -embamba
 get thin, kukonda
thing, kitu; jambo(mambo)
think (thought) kuwaza; ku-
 dhani; kufikiri
third, -a tatu
 a third, thuluthu
thirst, kiu
 thirst for, kuonea shauku
thirsty, -enye kiu
thirteen, kumi na tatu
thirty, thelathini
this, huyu, hii, etc.
thither, huko
thorn, mwiba
thorny, 1 enye miiba; 2 -enye
 matata
thorough, thoroughly, kamili
thoroughfare, barabara
those, wale; zile; etc.
though, ingawa, ijapo
thought, wazo(ma); see think
thoughtful, -zingativu
thousand, elfu
thrash, kupiga
thread, uzi mwembamba
 thread a needle, kutunga uzi
threat, tisho(ma)
threaten, kutisha
three, tatu
thresh, kupura
threw, see throw
thrice, mara tatu
thrifty, -wekevu
thriller, hadithi ya kusisimua
thrilling, -a kusisimua
thrive, kusitawi
throat, koo; umio

throb, kupwita
throne, kiti cha enzi
throng, msongamano; kusonga-
 mana
through, kupitia
throughout, wakati wote
throw (threw, thrown) kutupa
 be thrown, kutupwa
thrust, kusukuma
thud, mshindo
thumb, kidole gumba
thunder, ngurumo; radi; kupiga
 radi
Thursday, Alhamisi
thus, hivyo
thwart, kupinga
tick, kupe; papasi; pigo la saa
ticket, tikiti
tickle, kutekenya
tide, maji kujaa na kupwa
tidings, habari
tidy, nadhifu; kunadhifisha
tie, 1 tai; 2 kwenda sare; 3 ku-
 funga kwa kamba
tier, tabaka; daraja(ma)
tiger, simba wa Bara Hindi
tight, -a kukaza
 be tight, kubana
tighten, kukaza
tile, kigae
till, 1 kulima; 2 hata; mpaka
timber, boriti na mbao
time, wakati; saa
 be in time, kuwahi
times, mara
timetable, orodha ya saa
timid, mwoga
tin, bati; kopo
tin-opener, kifungua-kopo
tingle, kuchachatika damu
tinkle, kulia kama njuga
tint, tinge, rangi hafifu
tiny, -dogo sana
tip, 1 ncha; 2 bakshishi; 3 kuina-
 misha
tip over, kupindua, kupinduka
tipsy (be), kulewa
tire, kuchosha
 be tired, kuchoka
tiredness, uchovu
tiresome, -a kuchosha
tissue, shashi; tisu
title, jina

title-deed, hati ya kuthibitisha uenyeji
to, kwa
 to and fro, huko na huko
toad, chura
toadstool, uyoga wa sumu
toast, 1 mkate uliobanikwa; 2 salamu za karamuni
tobacco, tumbako
today, leo
toe, kidole cha mguu
together, pamoja
toil, kazi ngumu; kujikokota
toilet, 1 choo; 2 kuvalia
token, dalili
tolerable, -a kuvumilika
tolerant, -vumilivu
tolerate, kuchukuana na
toll, 1 ada ya kupita; 2 mlio wa kengele ya majonzi
tomato, nyanya
tomb, kaburi(ma)
tomorrow, kesho
ton, kiasi cha frasila 64
tone, sauti
 tone down, kupunguza
tongs, koleo
tongue, ulimi; lugha
tonic, dawa ya nguvu
tonight, usiku huu
too, kupita kiasi; mno; pia
tool, zana ya kazi
tooth, jino
toothbrush, mswaki
top, 1 upande wa juu; 2 pia
topic, jambo linalofikiriwa
topical, -a kuhusu wakati
torch, kurunzi; tochi
tore, see tear
torment, mateso; kutesa
torn (be), kutatuka
tornado, kimbunga
torpedo, topito
torpid, kimya kama mfu
torrent, furiko la maji
tortoise, kobe(ma)
tortuous, -a kuzungukazunguka
torture, mateso makali mno; kutesa mno
toss, kurusha juu
total, jumla
totter, kutikisika

touch, kugusa
 be in touch with, kuonana mara kwa mara
touching, -a kutia huruma
 be touchy, -a kuhamaki
tough, -gumu
tour, safari ya hiari; kusafiri
tourist, msafiri wa hiari
tournament, mchezo wa vita
tow, kuvuta kwa kamba
towards, kwenda kwa
towel, kitambaa cha kufutia
tower, mnara
town, mji
toxic, -a sumu
toy, kitu cha kuchezea
trace, 1, dalili; 2 kufuatisha
track, njia; nyayo; kuaua nyayo
tract, 1 kitabu kidogo; 2 eneo la nchi
tractable, -sikivu
tractor, trakta(ma)
trade, biashara; kazi; kufanya biashara
trader, mchuuzi
trade-mark, chapa ya bidhaa
trade union, chama cha wafanyakazi
tradition, mapokeo
traditional, -a tangu zamani
traffic, magari yapitayo barabarani
tragedy, jambo la huzuni kuu
tragic, -a kuhuzunisha sana
trail, utambaazi; alama
train, garimoshi; kuongoza
training, mafundisho, mazoezi
traitor, msaliti
tramp, mtangatanga
trample, kukanyaga
tranquil, -tulivu
tranquillity, utulivu
tranquillize, kutuliza
trans-, kuvuka
transact, kufanyana shughuli
transaction, shughuli
transcribe, transcription, kufuatisha maandiko
transfer, kuhamisha
transform, transformation, kugeuza kabisa
transgress, kuvuka mpaka
transgression, dhambi; kosa(ma)

transition, wakati wa mabadiliko
transitory, -a kupita
translate, kufasiri
translation, tafsiri
translator, mfasiri
transmission, upelekaji
transmit, kupeleka
transparent, -angavu
transpire, kujulikana
transplant, kupandikiza
transport, uchukuzi
transpose, kubadilisha mahali
trap, mtego; kutega
trash, vitu hafifu; upuzi
travel, kusafiri
traveller, msafiri; abiria
traverse, kupitia
travesty, kiigo cha dhihaka
trawler, meli ya kuvulia samaki
tray, sinia; chano
treacherous, -danganyifu
treachery, usaliti
tread, kukanyaga
treason, uhalifu juu ya mtawala
treasure, hazina; tunu; kutunuka
treasurer, bwana fedha
treasury, hazina ya serkali
treat, kutendea; kutibu; karamu; tafrija
treatise, maandiko juu ya habari maalumu
treatment, utabibu; jinsi ya ku-tenda
treaty, mkataba wa mapatano
treble, -a mara tatu
tree, mti
tremble, kutetemeka
tremendous, -kubwa sana
trench, handaki(ma)
trend, maelekeo
trepidation, tetemeko(ma)
trespass, kuingia bila ruhusa
trial, taabu; kesi
triangle, pembetatu
tribe, kabila
tribunal, baraza ya hukumu; korti
tributary, -a chini; -dogo zaidi
tribute, kodi
  pay tribute to, kusifu
trick, hila; kiinimacho
trickle, kutiririka
trifle, kitu kidogo tu

trifling, -dogo
trigger, mtambo wa bunduki
trim, nadhifu; kusawazisha
trimming, mapambo; urembo
trinity, utatu
trinket, kishaufu
trip, matembezi ya kujifurahisha
triple, -tatu pamoja
triplets, watatu kwa uzazi mmoja
trip over, trip up, kujikwaa
trippers, watembezi katika *trip*
triumph, shangwe ya kushinda
triumphal, triumphant, -enye shangwe ya kushinda
trivial, hafifu
trolley, gari la kusukumwa
troop, kikosi
troops, jeshi la askari
trophy, kumbukumbu la kushinda
tropical, -a joto jingi
tropics, nchi za joto
trot, kuenda shoti
trouble, taabu; kusumbua
troublesome, -sumbufu
trousers, suruali
trousseau, nguo za bibi arusi
truant, mtoro
truce, amani ya muda
trudge, kujikokoteza
true, -a kweli
truly, kwa kweli
trumpet, tarumbeta
truncheon, rungu(ma)
trunk, *1* shina la mti; *2* kasha(ma)
trust, imani; kuamini
trustee, mdhamini
trustful, -tumainifu
trustworthy, -aminifu
truth, kweli
truthful, msema kweli
try, *1* kujaribu; *2* kuhukumu
trying, -sumbufu
tsetse fly, mbung'o
tub, pipa(ma)
tube, mrija
Tuesday, Jumanne
tuft, kishungi
tug, sitima ndogo; kuvuta kwa nguvu
tuition, mafundisho
tumble, kuanguka
tumbler, bilauri
tumour, kivimbe

tumult, msukosuko
tune, tuni; kulinganisha sauti
tuneful, -enye sauti nzuri
tunnel, shimo refu chini ya nchi
turban, kilemba
turbid, -enye matope
turbulent, -a msukosuko
turf, majani mafupi
turkey, *1* Turuki; *2* bata mzinga
turmoil, fujo(ma)
turn, zamu; kugeuka; kuzunguka
in turn, kipokeo
take turns, kupokezanya
turtle, kasa
turtle-dove, hua
tusk, pembe
tussle, kubumburushana
tutor, mwalimu
tweezers, kibano
twelve, thenashara
twenty, ishirini
twice, mara mbili
twig, kitawi
twilight, ukungu wa jioni
twin, pacha
twine, kitani
twinge, mchomo
twinkle, kumeremeta
twirl, kuzungusha vuru
twist, kusokota
two, mbili
type, *1* mtindo; *2* herufi za chapa;
kuandika kwa taipu
typewriter, taipu
typhoon, kimbunga
tyranny, udhalimu
tyrant, mdhalimu
tyre, mpira wa gurudumu

U

ugly, -enye sura isiyopendeza
ulcer, kidonda
ulterior, -a siri; -a nyuma
ultimately, mwishowe
ultimatum, onyo la mwisho
umbrella, mwavuli
umpire, mwamuzi
For un *see page* 82
unable (be), kutoweza
unaccustomed (be), kutozoea
unadorned, bila mapambo
unaided, bila msaada

unalterable, *i*siyobadilika
unanimous, kwa umoja
unanswerable, *i*siyokanikana
unanswered, *i*siyojibiwa
unarmed, bila silaha
unashamed, bila haya
unasked, bila kutakiwa
unassisted, bila msaada
unassuming, -nyenyekevu
unattainable, *i*siyopatikana
unavoidable, *i*siyoweza kuepu-
kwa
unawares, bila kutazamiwa
unbearable, *i*siyovumilika
unbecoming, si -zuri
unbelief, be unbelieving, kuto-
sadiki
unbiassed, bila upendeleo
unbind, kufungua
unbounded, bila mipaka
unbusiness-like, bila utaratibu
unbutton, kufungua vifungo
uncanny, -a kutisha
unceasing, -a daima
uncertain, bila hakika
uncertainty, shaka
unchangeable, *i*siyobadilika
uncharitable, bila huruma
uncivilized, bado kustaarabika
unclaimed, bado kudaiwa
uncle, mjomba; baba mdogo
uncomfortable, bila raha
uncommon, *1* -a kigeni; *2*
nadra
uncomplaining, -vumilivu
uncompromising, -a kushikilia
shauri lake
unconcerned, -kavu wa macho
unconditional, bila masharti
uncongenial, -a kuchukiza
unconnected, bila uhusiano
unconquerable, *i*siyoshindika
unconscious (be), kuzimia; kuto-
fahamu
unconsciously, bila kujua
uncontrollable, *i*siyozuilika
unconventional (be), kutofuata
kawaida
uncultivated, *i*siyolimwa
undamaged, *i*siyopata hasara
undated, *i*siyotiwa tarehe
undaunted, -shupavu
undecided (be), kusitasita

undeniable, *isiyo*kanikana
under, chini ya
  be underdone, kutoiva vema (*meat*)
  be underfed, kudhoofika kwa njaa
undergo (went, gone) kutendewa
underground, chini ya ardhi
underhand, -enye hila
underlie (lay, lain) kuwa chini ya
underline, kupiga mstari chini
underling, mtu wa chini
undermine, kufukua chini: kudhoofisha
underneath, chini ya
underrate, kudunisha kupita kiasi
understand (understood) kufahamu
undertake (took, taken) kuahidi kufanya
undertaking, kazi iliyoahidiwa
undervalue, *see* underrate
underwear, nguo za kuvaa ndani; andawea
undeserved, *isiyo* haki
undesirable, *isiyo*faa
undid, *see* undo
undignified, si adabu
undiminished, *isiyo*pungua
undisturbed, bila wasiwasi
undivided, -ote; -zima
undo (did, done) kufungua; kutangua
  be undone, kufunguka
undoubted, bila shaka
undress, kuvua nguo
undue, unduly, kupita kiasi
undulating, -a kuinuka na kushuka
undying, *isiyo* na mwisho
unearth, kuzua
unearthly, si ya dunia hii
uneasiness, fadhaa
uneasy, -enye fadhaa
uneatable, *isiyo*faa kwa chakula
unedifying, -a aibu
uneducated, asiyesoma
unemployed, asiye na kazi
unequal, si sawa kwa kiasi
unequalled, bila kifani
unessential, si -a lazima

uneven, si sawa
unexpected, -a ghafula
unexplained, *isiyo*elezeka
unfailing, -a sikuzote
unfair, si haki
unfasten, kufungua
unfavourable, -baya
unfeeling, -enye moyo mgumu
unfold, kukunjua
unforeseen, *isiyo*tazamiwa
unfortunate, -enye bahati mbaya
unfortunately, kwa bahati mbaya
unfounded, bila sababu ya haki
unhappy, -enye huzuni
unheeded, bila kuangaliwa
unhoped for, -a bahati njema
unicorn, "pembemoja", mnyama wa hadithi
unification, mwunga(ma)no
unify, kuungamanisha; kusawazisha
unilateral, -a upande mmoja tu
unimportant, -dogo
unintentional, si kwa kusudi
uninterrupted, bila kukatizwa
unique, -a namna ya peke yake
unison, kwa sauti moja
unite, kuungana; kuunganisha
unity, umoja
universal, -a mahali pote
universe, ulimwengu na mazingira yake
university, chuo kikuu
unjust, si haki
unjustifiable, bila sababu ya haki
unkind, unkindly, bila hisani
unknowingly, bila kujua
unknown, *isiyo*julikana
unlawful, haramu
unless, isipokuwa
unlike, mbalimbali; si kama
unlikely, si yamkini
unload, kupakua
unlock, kufungua
unluckily, kwa bahati mbaya
unlucky, asiye na bahati
unmannerly, -a kukosa adabu
unmerciful, -katili
unmistakable, dhahiri
unmitigated, kabisa
unnatural, -potofu
unnecessary, *isiyo*hitajika
unnoticed, bila kuonekana

unobtainable, isiyopatikana
unoccupied (be) (*house*) kutoka-liwa; (*person*) kutokuwa na shu-ghuli
unopposed, bila kupingwa
unpack, kufungua mzigo
unpick, kufumua
unpleasant, -a kuchukiza
unpopular, isoyopendeka
unprecedented, bila kifani
unprejudiced, bila upendeleo
unprepared, isiyotayarishwa
unproductive, unprofitable, isi-yoleta faida
unquestionably, bila shaka
unreasonable, isiyo maana
unreliable, si thabiti
unremitting, bila kukoma
unreservedly, bila masharti
unripe, -bichi-
unrivalled, bila kifani
unroll, kukunjua
unruly, -kaidi
unsatisfactory, isiyoridhisha
unsatisfied, asiyeridhika
unscrupulous, bila unyofu
unseen, isiyoonekana
unselfish, asiye na choyo
unsettled, asiyetulia
unspeakable, isiyoelezeka
unsuitable, isiyofaa
unthinkable, bila maana
unthinking, bila kufikiri
untidy, si nadhifu
untie, kufungua
until, hata; mpaka
untrue, uongo
unusual, si kawaida; nadra
unvarying, bila ugeuzi
unwell, mgonjwa
unwholesome, -baya kwa afya
unwilling, kwa kinyongo
unwind, kuzongoa
unworthy, isiyostahili
unwritten, isiyoandikwa
up, upon, juu (ya)
up-country, barani
uphold, kuthibitisha
upkeep, gharama
upper, -a juu zaidi
upright, 1 wima; 2 -nyofu
uprising, maasi juu ya serkali
uproar, makelele

uproot, kung'oa
upset, turn upside-down, ku-pindua
upshot, matokeo
upstairs, katika orofa ya juu
up-to-date, -a siku hizi
upwards, juu
urban, -a mji
urge, kusisitiza
urgent, muhimu; -a haraka
urine, mkojo
us, sisi
usage, kawaida
use, faida; kutumia
used to, kufanya zamani
  be used to, kuzoea
useful, -a kufaa
useless, -a bure
usual, -a kawaida
usurp, kujitwalia bila haki
usurpation, unyang'anyi
usury, riba
utensil, chombo
utility, manufaa
utilize, kutumia
utmost, upeo
utter, utterly, kabisa
utterance, usemi
uvula, kilimi

V

vacancy, nafasi
vacant, -tupu
vacate, kuondoka
vacation, likizo(ma)
vaccinate, kuchanja
vaccine, dawa ya kuchanjia
vacuum, chombo kilichotolewa hewa ndani
vacuum cleaner, kifyonza-vumbi
vagabond, vagrant, mtanga-tanga
vague, si dhahiri
vain, 1 -a kujiona; 2 -a bure
  in vain, bure
valiant, -shujaa
valid, halali
valley, bonde(ma)
valour, ushujaa
valuable, -a thamani
valuation, kisio cha kima
value, kima; kutunuka

valueless, duni
van, motakaa ya mizigo
vandal, mharabu
vanguard, watangulizi
vanish, kutoweka
vanity, *1* ushaufu; *2* ubatili
vanquish, kushinda
vaporize, kugeuza mvuke
vapour, mvuke
variable, -badilifu
variation, badiliko(ma)
varied, various, -a namna nyingi
variegated, -a rangi nyingi
varnish, dawa ya kung'ariza mti
vary, kubadilika
vase, chombo cha kutilia maua
vast, -kubwa mno
vault, *1* kuba; *2* kuruka juu
vaunt, kujivuna
veal, nyama ya ndama
vegetables, mboga
vegetation, mimea
vehement, -a nguvu
vehicle, gari(ma)
veil, utaji; kifuniko
vein, mshipa wa damu
velocity, kadiri ya mwendo
venerable, mheshimiwa
venerate, kuheshimu
veneration, heshima
vengeance, kisasi
venomous, -enye sumu
ventilate, ventilation, kupisha hewa safi
venture, kuthubutu
venturesome, -jasiri
verandah, baraza
verbal, -a maneno tu
verdict, hukumu
verge, ukingo(k)
verifiable (be), kuweza kuthibiti-shwa
verify, verification, kuthibitisha
veritable, halisi
vermin, wanyama waharibifu
vernacular, lugha ya wananchi
versatile, hodari katika kazi za namna nyingi
verse, mashairi
versed, stadi
version, tafsiri; kisa
versus, kupambana na
vertical, wima

very, sana
vessel, chombo
vest, fulana
vestige, dalili
veteran, mzee mjuzi
veterinary, -a kuhusu mago-njwa ya wanyama
veto, katazo(ma); kukataza
vex, kutia uchungu
vexation, uchungu
be vexed, kuona uchungu
vibrate, vibration, kutikisika
vicar, kasisi wa mtaa
vice, uovu; ufisadi
vice versa, kwa kinyume kadha-lika
vicinity, ujirani
vicious, -ovu; -kali
vicissitudes, mageuzi
victim, mteswa
victimize, kudhulumu
victor, mshindi
be victorious, kushinda
victory, ushindi
view, mandhari; kutazama
vigil, mkesha
vigilance, hadhari
vigilant, -enye hadhari
vigorous, -a nguvu
vigour, nguvu
vile, -baya; -nyonge
village, kijiji
villain, mtu mkorofi
vindicate, vindication, kuthibi-tisha haki
vindictive, -a kuweka kisasi
vine, mzabibu
vineyard, shamba la mizabibu
violate, kutenda jeuri; kuvunja sheria
violation, jeuri; mvunjo
violence, nguvu; jeuri
violent, -a nguvu sana
viper, nyoka
virgin, bikira(ma)
virginity, ubikira
virtue, wema
virtuous, -ema
visa, sahihi ya mtazamaji
visibility, mwangaza
visible, -a kuonekana
vision, *1* uoni; *2* njozi
visit, ziara(ma); kuzuru

visitor, mgeni
vital, -a maana sana
vitality, afya na nguvu
vitiate, kupunguza nguvu
viva voce, mtihani kwa midomo
vivid, dhahiri
vivisection, uvumbuzi wa dawa kwa kutumia wanyama
vocabulary, jumla ya maneno; kamusi ndogo
vocal, -a sauti ya mtu
vocation, wito
vociferous, -enye makelele
voice, sauti ya mtu
void, -tupu
 be void, kubatilika
volcano, volkeno
voluble, -enye maneno mengi
volume, _1_ kitabu; _2_ ukubwa
voluminous, -kubwa
voluntary, kwa hiari
volunteer, mjitoa kwa hiari
vomit, kutapika
voracious, -lafi
vote, kuchagua kwa kura
voter, mchaguzi
vouch for, kushuhudia
voucher, cheti cha ushuhuda
vouchsafe, kujalia
vow, nadhiri
vowel, vokali
voyage, safari ya baharini
vulgar, _1_ -a watu wote; _2_ -a kukosa adabu
vulgarity, utovu wa adabu
vulnerable (be), kuweza kudhurika

W

wade, kupitia maji kwa miguu
wafer, mkate mdogo mwembamba
waft, kupeperusha
wag, _1_ kusukasuka; _2_ mcheshi
wage, mshahara; ujira
 wage war, kupigana
wager, bahatisho la fedha
wagon, gari la ng'ombe
wail, kuomboleza
wailing, kilio
waist, kiunoni
wait, muda wa kungoja; kungojea

waiter, waitress, mtumishi mezani
waive, kuacha kudai
wake (woke) kuamka; kuamsha
walk, kwenda kwa miguu
 go for a walk, kwenda kutembea
wall, ukuta(k)
wallet, mkoba
wallow, kugaagaa matopeni
wan, -eupe
wand, fimbo nyembamba
wander, kuzungukazunguka
wane, kupungua
wangle, kupata kwa werevu
want, kutaka; kuhitaji
 be in want of, kuhitaji; kupungukiwa na
wanton, -pumbavu
war, warfare, vita
ward off, kukinga
warden, mlinzi
wardrobe, kabati ya kuwekea nguo
warehouse, magazini
wares, bidhaa
warm, -enye moto wa kadiri
warmth, joto la kadiri
warn, kuonya
warning, onyo(ma)
warrant, taarifa rasmi
warrior, askari hodari
wart, dutu(ma)
warthog, ngiri
was, _see_ be
wash, kuosha; (_clothes_) kufua; (_hands_) kunawa; (_feet_) kutawadha
washerman, dobi
wasp, mdudu kama nyuki
waste, kupoteza; -a kutupwa
waste away, kudhoofika
waste place, pori(ma)
 lay waste, kuharibu nchi
wasteful, -potevu
watch, _1_ saa ya mkono; _2_ ulinzi; kuangalia
watchdog, mbwa wa kulinda
watchman, mlinzi
water, maji; kutia maji
water-closet (W.C.), choo
waterfall, poromoko la maji
waterproof, watertight, _isiyo_-vuja maji

wave, wimbi(ma); kupepea; ku-
  punga mkono
waver, kusitasita
wax, nta
way, njia
waylay, kuotea njiani
we, sisi
weak, dhaifu
weaken, kudhoofisha
weakness, udhaifu
  have a weakness for, kupenda
  sana
wealth, mali
wealthy, tajiri
wean, kuachisha ziwa
weapon, silaha
wear (wore, worn) kuvaa
  wear out, kuchakaa
  wear well, kudumu
wearisome, -a kuchosha
weary, kuchosha
  be weary, kuchoka
weather, hali ya hewa
weave (wove woven) kufuma
web, utando(t)
wed, kuoa; kuolewa
wedding, arusi
wedge, kabari
Wednesday, Jumatano
wee, -dogo sana
weeds, magugu; kwekwe
week, juma(ma)
weekly, kila juma
weep (wept) kulia
weevils, vidudu walao nafaka
  ghalani
weigh, kupima uzani
weight, uzani, uzito
weighty, -a maana
weird, -a kutisha kidogo
welcome, kukaribisha kwa furaha
welfare, hali njema
welfare centre, nyumba ya
  starehe; welfea
well, 1 kisima; 2 mzima; 3 vizuri;
  4 je
  be well, kuwa hajambo
  get well, kupona
went, see **go**
west, magharibi
western, -a magharibi
wet, majimaji
  get wet, kulowana

whale, nyangumi
wharf, gati
what, nini
whatever, cho chote; nini?
what for? kwa nini?
what kind of? gani?
wheat, ngano
wheatmeal, unga wa ngano
wheedle, kurairai
wheel, gurudumu(ma)
wheelbarrow, kigari cha kutu-
  miwa shambani
when, wakati wa; -po-; lini?
whence, mahali pa kutoka; wapi?
whenever, wakati wo wote; lini?
where, mahali; -po-; wapi?
wherever, mahali po pote; wapi?
whereupon, ndipo
whether, kama
which, ipi? zipi? etc.
whichever, yo yote; zo zote, etc.
while, wakati; maadam; -po-
whine, kulalamika
whip, mjeledi; kupiga mjeledi
whip-hand, nguvu ya kutiisha
whirl, kuvurumisha
whirlwind, chamchela
whiskers, ndevu za mashavuni
whisper, mnong'ono; kunong'ona
whistle, filimbi; kupiga mluzi
white, -eupe
white ants, mchwa
white hair, mvi
whitewash, chokaa
whither, wapi?
whittle, kukatakata
whiz, vuruvuru; kuvurumika
who, whom, nani; -ye-; -o-
whoever, ye yote; wo wote
whole, -zima; kamili
wholesale, kwa jumla; kocho
  kocho
wholesome, -enye afya
wholly, kabisa
whooping cough, kifaduro
whore, kahaba
whose, -a nani?
why, kwa nini? mbona? kumbe!
wick, utambi(t)
wicked, -ovu
wickedness, uovu
wide, -pana
widen, kupanua

wide awake (be) kuwa macho
widespread, -a mahali pengi
widow, widower, mjane
width, upana
wife, mke
wild, -a mwitu
wilderness, nyika
wilful, -kaidi
will, *1* nia; *2* usia(ma); *3* -ta-
willing, -enye nia
wilt, kufifia
wily, -janja
win (won) kushinda
wince, kunywea
wind, upepo
wind (wound) kuzonga; kutatia
windfall, pato la bahati
winding, -enye mapindi
windmill, kinu cha upepo
window, dirisha(ma)
wine, divai
wing, ubawa(mb)
wink, kukonyeza jicho
winner, mshindi
winnings, mapato ya ushindi
winter, majira ya baridi
wintry, -a baridi kali
wipe, wipe out, kufuta
wire, uzi wa madini, waya
wireless, simu ya upepo; redio
wisdom, hekima, busara
wise, -enye busara; mtaalamu
wish, ombi(ma); takwa(ma); ku-
taka
  I wish, Laiti ninge . . .
wistfully, kwa kutaka sana
wit, uchekeshi
witch, mwanamke mchawi
witchcraft, uchawi
with, na; kwa; pamoja na
withdraw (drew, drawn) kutoa;
kujitoa
wither, kunyauka
withhold, kunyima
within, ndani (ya); katika
without, bila; pasipo
withstand, kupinga
witness, shahidi(ma); ushuhuda;
kushuhudia
wits, akili
witty, -a kuchekesha
wives, *see* wife
wizard, mwanamume mchawi

wizened, iliyofinyaa
wobble, kutikisika
woeful, -enye ole
wolf (wolves) mbwa mwitu
woman, mwanamke
  women, wanawake
womb, tumbo la uzazi
wonder, ajabu; kustaajabu
  I wonder if, Sijui kama
wonderful, -a ajabu; -zuri sana
won't, will not
woo, kuposa
wood, mti, mbao, mwitu
wooded, -enye miti mingi
wooden, -a mti
wool, sufu
woollen, -a sufu
word, neno(ma); ahadi
work, kazi; kufanya kazi
worker, workman, mfanya kazi
workmanship, ustadi
works, workshop, kiwanda cha
kazi
world, ulimwengu; dunia
worldly, -enye kupenda anasa za
dunia
worldwide, -a kuenea mahali pote
worm, nyungunyungu; mchango
  be wormeaten, kutobolewa na
funza
worn, *see* wear
  be worn, kuvaliwa
  be worn out, kuchakaa
worry, udhia; kuudhi
  be worried, kuudhika
worrying, -sumbufu
worse, -baya zaidi
worship, ibada; kuabudu
worst, -baya kabisa
worth, thamani
worthless, duni
  be worthwhile, kustahili kufa-
nyika
worthy, -a kustahili sifa
wound, *1 see* wind; *2* jeraha; ku-
jeruhi
wrangle, kubishana
wrap up, kufunga kwa karatasi
na uzi
wrapper, karatasi au nguo ya
kufunikia
wrath, ghadhabu
wrathful, -enye ghadhabu

wreath, shada la maua mfano wa pete kubwa

wreck, wreckage, mavunjiko ya chombo baharini

be wrecked, kupwelewa; kuvunjika

wrench, kupopotoa

wrestle, kushindana mweleka

wretched, -enye hali mbaya

wriggle, kuvinginyika

wring, kukamua

wrinkle, kifinyo

be wrinkled, kufinyana

wrist, kiwiko cha mkono

writ, hati ya serkali

write (wrote, written) kuandika

writer, mwandishi

writing, mwandiko

writings, maandiko

wrong, -baya; si sahihi kudhulumu

be wrong, kukosea

be wronged, kudhulumiwa

do wrong, kukosa

wrongfully, bila haki

X

X-ray, Miali ipenyayo mwili

Y

yacht, chombo cha matanga

yard, _1_ ua(ny); _2_ yadi

yarn, _1_ uzi wa kufumia; _2_ hadithi

yawn, mwayo; kupiga miayo

year, mwaka

yearly, -a kila mwaka

yearn, kuonea shauku

yearning, shauku

yeast, chachu; hamira

yell, kupiga kelele

yellow, rangi ya manjano

yelp, kulia kama mbwa akiumia

yes, naam; ndiyo

yesterday, jana

yet, lakini

not yet, bado

yield, _1_ mazao; kuzaa; _2_ kukubali

yoke, nira

yolk, kiini cha yai

yonder, kule; huko

you, wewe; ninyi

young, -dogo; -changa

young man, kijana

youngster, mtoto

your, yours, -ako; -enu

yourself, wewe mwenyewe

yourselves, ninyi wenyewe

youth, kijana

Yule, Yuletide, Krismas

Z

Zanzibar, Unguja

zeal, bidii

zealous, -enye bidii

zebra, punda milia

zero, sifuri; pa kuanzia

zigzag, upogoupogo

zinc, namna ya madini nyeupe

zip, kifungo cha kufungia nguo

zone, sehemu maalum ya dunia

zoo, mahali pa kutunza na kuonyesha wanyama

zoology, elimu ya wanyama